广东外语外贸大学南国商学院极地问题研究中心资助出版

中国–北欧旅游经济合作研究

杨励　周念林　编著

WUHAN UNIVERSITY PRESS
武汉大学出版社

图书在版编目(CIP)数据

中国-北欧旅游经济合作研究/杨励,周念林编著.—武汉:武汉大学出版社,2020.6(2022.4 重印)
ISBN 978-7-307-21586-3

Ⅰ.中…　Ⅱ.①杨…　②周…　Ⅲ.旅游经济—国际合作—经济合作—研究—中国、北欧　Ⅳ.①F592　②F595.3

中国版本图书馆 CIP 数据核字(2020)第 105901 号

责任编辑:黄金涛　　责任校对:李孟潇　　版式设计:马　佳

出版发行:**武汉大学出版社**　(430072　武昌　珞珈山)
(电子邮箱:cbs22@whu.edu.cn　网址:www.wdp.com.cn)
印刷:武汉邮科印务有限公司
开本:720×1000　1/16　印张:15.75　字数:250 千字　插页:1
版次:2020 年 6 月第 1 版　2022 年 4 月第 2 次印刷
ISBN 978-7-307-21586-3　定价:45.00 元

前　　言

我国政府在《中国的北极政策》(2018)白皮书中，倡导中国企业与北极国家共同合作开发北极旅游资源，推动北极旅游业的可持续发展，并从战略角度，强调了维护各国在北极的共同利益，推动北极可持续发展的重要性。

本书以《中国的北极政策》所提出的政策目标和基本原则为指导，以习近平(2013)首创的以合作共赢为核心的新型国际关系理论为基础，围绕促进“一带一路”“冰上丝绸之路”的建设，在三个维度展开我国与北欧国家的旅游经济合作的研究：

一是在宏观层面，分析如何通过中国—北欧国家旅游政策的合作，保持相互间旅游政策的便捷性互利性和可持续性。对于中国—北欧国家旅游经济合作存在的问题，探讨如何构建和完善相关的合作机制，以更好地协调和解决旅游经济问题。

二是在中观维度，集中探讨中国—北欧国家在旅游基础设施、极地产业链分工、旅游产业链等领域产能合作的可能性和机遇。原因在于，一方面，面对不断增长的旅游发展需要，北欧国家与旅游相关的基础设施和交通运输体系有待进一步发展改善；另一方面，中国正在推进的全域旅游，能够为双边旅游产业链的整体提升和经济增长带来新的机遇。而中国与北欧国家在清洁能源、环保技术、航运技术等具有世界领先优势的产业领域进行合作，可带动中国相关产业结构的升级，实现互利共赢。

三是在微观层面，根据统计，近年来中国游客到北欧旅游的主要类别为度假休闲旅游，本书将研究如何通过双边的旅游合作，增加商务旅游、特色旅游，促进民心相通和文化交流，以进一步加强我国与北欧等极地国家间的国际经济合作。

本书不是研究通常意义上的旅游产品开发、旅游需求和供给均衡、已经成熟的旅游合作模式，亦不是关注合作双方旅游人数规模的扩大，而是基于与北欧国家现有的合作基础，探寻与北欧国家在旅游基础设施、在实现相互间旅游产业链优势互补上的可能合作途径与机遇，以促进“一带一路”，特别是“冰上丝绸之路”的建设。

本书主要包括两个部分，共计六章。第一部分主要阐述中国—北欧旅游经济合作的背景和意义，由广东外语外贸大学的杨励教授撰写。第二部分论述中国与北欧五国(丹麦、冰岛、瑞典、芬兰、挪威)在旅游经济现有的合作基础上，通过互补短板、互利合作、共建双赢，以此发掘未来的合作机遇。这一部分由第二章至第六章构成。分别由广东外语外贸大学南国商学院管理学院的陈迪、经济学院的刘小芳、吴丽华、夏海霞、周念林等老师撰写。

在本书付梓出版之际，要特别感谢广东外语外贸大学南国商学院各级领导的大力支持，感谢广东外语外贸大学南国商学院极地问题研究中心对本书项目的资助，同时衷心感谢武汉大学出版社的蔡宏志编辑、黄金涛编辑及其各位同仁们，为本书出版所做的大量工作。另外，本书在编写过程中，尽可能参考了所能搜集到的国内外已有研究成果和资料。限于篇幅和时间，没有全部标列，在此一并表示由衷谢意。

在本书写作过程中，由于笔者水平有限，难免存在不足和遗漏之处，欢迎读者不吝批评与指正。

杨　励

2019 年 8 月于广州

目　　录

第一章　中国—北欧旅游经济合作研究导论 …… 1
第一节　中国—北欧旅游经济合作背景和意义 …… 1
一、合作背景与目标 …… 1
二、中国—北欧旅游经济合作意义 …… 6
第二节　旅游经济合作理论综述 …… 7
一、合作理论 …… 8
二、旅游合作理论 …… 9
第三节　研究重点和分析框架 …… 17
一、研究重点 …… 17
二、分析框架 …… 19

第二章　中国—丹麦旅游经济合作研究 …… 21
第一节　丹麦旅游经济发展概况 …… 21
一、丹麦国家概况 …… 21
二、丹麦旅游资源概况 …… 25
三、旅游在丹麦国民经济中的地位 …… 28
第二节　中国—丹麦旅游经济政策背景 …… 30
一、中国、丹麦与北极的关系 …… 30
二、中丹关系与丹麦旅游经济政策 …… 34
第三节　中国—丹麦旅游经济合作 …… 39
一、北极旅游发展的背景 …… 39
二、中国—丹麦旅游合作现状 …… 41
第四节　中国—丹麦旅游合作存在的问题与完善协调机制 …… 45
一、中丹旅游合作存在的问题 …… 45

二、中丹低碳旅游发展 …… 49
三、完善中丹旅游合作协调机制 …… 51
结语 …… 54

第三章　中国—冰岛旅游经济合作研究 …… 55
第一节　冰岛国家概况 …… 55
一、冰岛简介 …… 55
二、冰岛人文文化概况 …… 57
第二节　冰岛旅游经济发展概况 …… 60
一、冰岛自然旅游资源概况 …… 60
二、旅游在冰岛国民经济中的地位 …… 64
三、冰岛旅游发展政策 …… 67
第三节　中国"一带一路"、北极政策与中国旅游经济政策 …… 67
一、中国"一带一路"倡议简介 …… 67
二、中国"冰上丝绸之路"与北极—冰岛 …… 69
三、"冰上丝绸之路"与中国的旅游政策 …… 74
第四节　中国—冰岛旅游经济合作 …… 76
一、中冰合作概况 …… 76
二、冰岛旅游市场基本分析 …… 77
三、"一带一路"背景下旅游和关联企业"走出去"的优势与机遇 …… 83
四、中国—冰岛旅游合作方向 …… 85
第五节　中国—冰岛旅游合作存在的问题与完善协调机制 …… 92
一、中冰"冰上丝绸之路"旅游合作的地缘影响 …… 92
二、加强顶层设计，有效发挥政府引导作用 …… 93
三、建立"冰上丝绸之路"旅游合作多层次体系 …… 94
四、发挥双方企业积极性，形成共同发展格局 …… 95
结论 …… 96

第四章　中国—瑞典旅游经济合作研究 …… 98
第一节　瑞典旅游经济发展概况 …… 98
一、瑞典国家概况 …… 98

二、瑞典旅游经济概况……101
三、瑞典旅游经济在国民经济中的地位……106
第二节 中国—瑞典旅游经济政策……110
一、瑞典与中国“一带一路”倡议……110
二、瑞典与中国参与北极治理政策……111
三、瑞典旅游经济政策……113
第三节 中国—瑞典旅游经济合作研究……120
一、中瑞企业社会责任合作……122
二、中瑞科技合作……124
三、中瑞旅游合作现状……126
第四节 中国—瑞典旅游经济合作存在的问题与完善协调机制……138
一、现有合作较少针对瑞典来华旅游市场……138
二、合作层次浅、范围窄，未能充分利用中瑞双方旅游业优势……139
三、瑞典旅游行业发展瓶颈……140
四、完善中瑞旅游协调机制……141
结论……144

第五章 中国—芬兰旅游经济合作研究……146
第一节 芬兰概况……146
一、芬兰发展指标……147
二、芬兰主要产业和资源……148
第二节 中国—芬兰旅游经济政策……151
一、中国旅游经济政策……151
二、芬兰旅游经济政策……153
三、中芬出入境和海关政策……157
第三节 芬兰旅游经济发展概况……160
一、芬兰旅游经济基本战略……160
二、芬兰主要市场……161
三、芬兰旅游业贡献……162
四、芬兰旅游吸引力……163

五、芬兰国际后勤表现指数…… 164
六、芬兰的港口与航线…… 166
第四节　中国—芬兰旅游经济合作…… 167
一、中芬合作基础…… 167
二、市场需求…… 169
三、合作优势…… 170
四、旅游经济投资与合作…… 173
五、合作领域…… 178
六、加强在北极事务上的合作…… 183
第五节　中—芬旅游经济合作存在的问题与完善协调机制…… 183
一、中芬旅游经济合作存在的问题…… 183
二、完善协调机制…… 184
结论　…… 185

第六章　中国—挪威旅游经济合作研究…… 187
第一节　挪威旅游经济发展概况…… 187
一、挪威王国国家概况…… 187
二、挪威的旅游资源…… 189
三、挪威旅游业在国民经济中所处地位…… 192
第二节　中国—挪威旅游经济合作…… 193
一、中挪旅游经济合作战略意义…… 193
二、中挪旅游经济合作基础…… 195
三、中挪旅游经济政策有着共同目标…… 201
四、中挪旅游经济的合作方略…… 206
第三节　中挪旅游经济合作的潜在问题与完善合作机制…… 234
一、中挪旅游经济不同的合作模式可能出现的潜在问题…… 234
二、建全和完善中挪旅游经济合作机制…… 236
结论…… 239

参考文献…… 241

第一章　中国—北欧旅游经济合作研究导论

在我国提出并实施"一带一路"倡议，不断推进与相关国家自由贸易区建设，积极打造人类命运共同体的新的国际合作背景下，旅游业已经成为我国战略性产业，目前以高端游、生态游为特点的北欧旅游，正成为我国旅游的新热点。旅游业的发展需要与我国参与极地治理，建设"冰上丝绸之路"相结合。而通过与北欧国家旅游经济的合作，增进与北欧国家的民心相通和文化交流，带动双边旅游产业链的升级，将实现互利共赢，促进中国—北欧经济的增长。

第一节　中国—北欧旅游经济合作背景和意义

一、合作背景与目标

（一）中国—北欧旅游经济合作背景

目前北极面临气候变化和生态环境改变等跨区域、全球性挑战。过去三四十年间，北极气温升高的幅度是全球的两倍，北极气温上升速度快于全球变暖的速度，导致北极冰层迅速消融，进一步引起海平面上升。根据当前冰层消融的速度，未来全球海平面将上升 1 米，这是世界各国需要共同面对的气候灾难和重大挑战。① 北极升温和海冰融化，不但对中国的生态环境、气候系统产生直接的影响，关系到中国在农业、

① 张佚．解析中国北极政策白皮书：反驳"中国威胁论"，坦荡参与治理，澎湃新闻，2018 年 1 月 30 日。

林业、渔业等产业发展、粮食安全、沿海地区安全、海洋等领域的经济利益，而且北极问题已超出北极国家间问题和区域问题的范畴，涉及北极域外国家的利益和国际社会的整体利益，攸关人类生存与发展的共同命运，具有全球意义和国际性的影响，① 需要北极国家和域外国家共同参与治理。

同时，极地冰盖逐年消融所显现的战略通道和战略资源可获得性的提高，已经引起世界众多国家竞相在极地进行战略布局，寻求在北极进行全球治理，这将引致北极地缘政治格局、国际贸易和航运格局、重要资源利益分配格局发生重大改变。北极的航道和资源开发利用将对中国的能源战略和经济发展产生巨大影响。② 首先，北极航道开发将促进国际航运与全球贸易发展，但是随船舶活动增多而增加的污染排放，会加剧北极生态环境脆弱性，对北极乃至全球环境造成不利影响。控制环境污染问题是跨区域问题，需要北极国家和域外国家共同合作加以解决；③ 其次，北极航线开发利用会影响世界航运网络格局，使世界港口地位、航线数量、区域凝聚力等发生变化。④ 根据相关国际法，中国享有参与北极航线利用权，与此同时需要承担促进极地可持续发展、维护北极和平的全球责任；⑤ 再次，北极航道的开辟，能使中国避开常年处于不稳定状态的中东地区、存在安全风险的东亚地区航线，缩短航运里程和节约航运成本。⑥

由于中国正处在工业化快速发展阶段，是世界贸易大国和能源消费大国，有着大量的对欧洲贸易和对其他地区大西洋港口的贸易需求、能

① 中华人民共和国国务院新闻办公室.《中国的北极政策》白皮书，2018 年 1 月 26 日。

② 中华人民共和国国务院新闻办公室.《中国的北极政策》白皮书，2018 年 1 月 26 日。

③ 张侠. 解析中国北极政策白皮书：反驳“中国威胁论”，坦荡参与治理，澎湃新闻，2018 年 1 月 30 日。

④ 李振福、陈卓、陈雪、陈霄，北极航线开发与“冰上丝绸之路”建设：一个文献综述[J]. 中国海洋大学学报(社会科学版)，2018 年第 11 期。

⑤ 杨剑. 北极航运与中国北极政策定位[J]. 国际观察，2014 年第 1 期。

⑥ 孙凯、刘腾. 北极航运治理与中国的参与路径研究[J]. 中国海洋大学学报(社会科学版)，2015 年第 1 期。

源资源需求。北欧国家具有优厚的资源禀赋，富含地热、风能等清洁能源，在可再生能源，特别是风能和生物能源热电联产领域，具有世界一流水平。北欧国家的油气和矿产等非生物资源丰富，已经探明的北极油气资源的85%以上分布在北极国家专属经济区内的陆架区内。挪威的石油天然气、矿产资源出口、鱼类出口均位居世界前列。同是渔业大国和鱼类出口大国，农副渔产品出口大国的丹麦，猪肉近90%用于出口，奶酪、黄油、貂皮、鱼类出口量居世界前列，农业科技水平和生产效率均居于世界前列。瑞典富含铁矿、森林和水力资源，是欧洲最大的铁矿砂出口国，医药技术和药品质量居于世界领先地位。冰岛和芬兰的航运技术先进，海运业发达。①中国的能源资源需求与极地国家在能源资源等领域的供给能力，具有明显的贸易互补性。②

中国虽然已是世界上第二大经济体，但是现有国际经贸规则在本质上仍由发达国家主导，缺乏适合新兴国家利益需求的极地治理的经贸制度性安排。而北欧的通航、贸易、资源、科考、环境等，对中国未来的战略发展布局与和平崛起具有重大的战略价值。面对全球性问题的挑战，中国作为世界第二大经济体、最大货物贸易国、第三大对外直接投资国，国际影响力已经位居世界第二，③ 新的国际定位已定为全球性大国，④ 在参与全球经济治理和极地治理过程中，对于至关重要的全球经济规则的制定，极有必要掌握全球经济规则制定和极地治理的话语权与主动权，⑤ 以提升在国际经贸规则重塑中的实际影响力，和彰显大国对

---

① 中华人民共和国驻冰岛经商参处网站，2018年12月14日。中华人民共和国驻芬兰经商参处网站，2017年1月11日。中华人民共和国驻瑞典经商参处网站。中华人民共和国驻挪威经商参处网站。中华人民共和国驻丹麦经商参处网站，2017年7月3日。

② 王永中．“一带一路”建设与中国开放型经济的转型发展，SIIS中国社会科学院世界经济与政治研究所工作论文，2016年3月20日。

③ 田丰．“一带一路”背景下的中国担当与国际产能合作，中国社会科学院世界经济与政治研究所工作论文，2017年10月9日。

④ 马学礼．“一带一路”倡议的规则性风险研究[J]．亚太经济，2015年第6期。

⑤ 习近平．在十八届中共中央政治局第二十七次集体学习时的演讲，2015年10月12日。

时代、对世界、对极地治理的责任担当。①中国作为北极理事会的观察员、国际北极科学委员会等北极治理平台成员国、北极事务的重要利益攸关方，需要通过参与极地的全球治理，以提升在极地全球治理的话语权和规则制定权。

(二)中国—北欧旅游经济合作目标

中国政府(白皮书，2018)明确指出北极政策的目标是认识北极、保护北极、利用北极和参与治理北极，维护各国和国际社会在北极的共同利益，推动北极的可持续性发展。提出以“尊重、合作、共赢、可持续”的基本原则参与北极事务，实现各参与方之间的共赢，确保北极国家、域外国家和非国家实体的普惠。强调中国在北极航道基础设施建设和运营方面加强与北极国家的合作、在保护北极生态环境的前提下参与北极矿产资源和油气开发、与北极国家进行在清洁能源开发的技术、清洁能源的供应和替代利用等方面合作、加强与北冰洋沿岸国在养护和开发渔业资源合作，以实现北极地区的和平与合作、推动全球治理良性发展。②

(三)合作范式、合作架构、合作路径

中国政府提出的“一带一路”倡议和“冰上丝绸之路”赋予中国参与重塑国际经济规则、参与全球和极地治理、扩大与北欧国家经济合作的重大机遇，因为“一带一路”和“冰上丝绸之路”开创和指明了国际经济合作新范式，即“五通”——以共商共建共赢共享为合作理念。加强同沿线国家发展战略对接的政策沟通；以推进合作国家之间基础设施建设为主要切入点的设施联通；以贸易和投资便利化、自由贸易区建设为主要路径的贸易畅通；以合作国家之间多层次多渠道融资为保障的资金融通；以增进各国人民间的相互信任和友好往来，为当地民生带来改善的民心相通。以此构建了沿线国家政府、企业、社会机构、民间团体开展

① 门洪华．应对全球治理危机与变革的中国方略[J]．中国社会科学，2017年第10期。

② 张侠，解析中国北极政策白皮书：反驳“中国威胁论”，坦荡参与治理，澎湃新闻，2018年1月30日。

形式多样的互利合作，多主体、全方位、跨领域的合作平台，① 促进经济要素有序自由流动、资源高效配置和市场深度融合，共同打造开放、包容、均衡、普惠的区域经济合作架构。②“冰上丝绸之路”作为“一带一路”的重要补充，延伸丝绸之路经济带的海上通道，③ 在广义上，指穿越北极圈，连接北美、东亚和西欧三大经济中心的海运航道圈，覆盖了整个北极航线和北极区域。在狭义上，“冰上丝绸之路”指以中国为始发地，与经由北极航线区域及沿线港口与腹地的国家和地区，共同建设中国经北冰洋连接欧洲与北美地区的蓝色经济通道，以实现“一带一路”向北方延伸，成为连接东北亚与北美、北欧的生产市场和消费市场的海上运输走廊，④ 进一步促进世界互联互通和推进欧亚经济发展。

“一带一路”，冰上丝绸之路的合作框架，也指明了中国大力深化国际产能合作、使中国产业链更好融入到全球的产业链、价值链的路径。一方面，以“一带一路”建设为契机，推动国内已经形成的巨大产能和建设能力走出去，以促进国际产能和装备制造合作，提高有效供给来催生新的需求。⑤ 另一方面，通过推进与“一带一路”、冰上丝绸之路国家之间的国际产能合作，融入在“一带一路”区域服务的价值链，提升中国服务业在整个全球价值链中的地位。⑥

在“一带一路”，冰上丝绸之路沿线国家的连通性逐渐增强的进程中，合作的重点将逐渐由基础设施领域逐渐转向产能合作领域，从交通

① 王毅．构建以合作共赢为核心的新型国际关系．学习时报，2016 年 6 月 20 日。

② 习近平．大变局下新调整：“一带一路”重新定位中国与世界的关系．人民日报，2017 年 5 月 16 日。

③ 刘惠荣、李浩梅．北极航线的价值和意义：“一带一路”战略下的解读[J]．中国海商法研究，2015(2)：3-10.

④ 李振福．“冰上丝绸之路”与北极航线开发[J]．学术前沿，2017 年第 10 期。

⑤ 王毅．构建以合作共赢为核心的新型国际关系．学习时报，2016 年 6 月 20 日。

⑥ 王绍媛．中国服务业“一带一路”区域价值链与全球价值链的关系研究．第九届中国服务贸易年会演讲，上海：2019 年 1 月 13 日。

走廊转向经济走廊。①

当前的重大机遇之一是，世界各国在节能环保、新能源汽车、生物医药、新一代信息技术、高端装备制造、新材料等战略性新兴产业的国际分工形态还未最终形成，中国在这些领域可以与沿线占有技术优势的北欧国家和其他发达国家合作，共建高端产业园区，搭建跨国企业创新产业和新兴产业集群，助推中国产业链跃升到全球高端价值链。②

二、中国—北欧旅游经济合作意义

在我国参与极地全球治理，实施"一带一路""冰上丝绸之路"全球倡议，不断推进相关国家与我国的自由贸易区建设，并以新兴大国打造人类命运共同体的新的国际合作框架下，我国政府指出北极旅游作为新兴的北极活动，中国已是北极游客的来源国之一，强调积极支持和鼓励企业与北极国家合作开发北极旅游资源，倡导北极的低碳旅游、生态旅游和负责任旅游，推动北极旅游业可持续发展。

旅游业不仅是世界经济增长中发展最快和规模最大的产业，而且已经成为我国国民经济战略性产业，以高端游、生态游为特点的北欧旅游已经形成我国旅游的新热点，旅游业的发展需要与我国参与极地治理，"一带一路""冰上丝绸之路"全球倡议、我国有关与北欧国家合作共同开发北极旅游资源、推动北极旅游业可持续发展北极政策和目标相结合。

（一）通过与北欧国家旅游经济的合作，助推我国与极地国家自由贸易区的建设

目前"一带一路"沿线的区域国际旅游规模占据全球旅游总量的70%以上，跨越了世界两大主要旅游客源地和旅游目的地，是全球旅游的新增长点。通过与沿线国家在旅游基础设施联通、单一签证、天空开放、旅游信息共享、旅游服务标准对接、品牌共享、联合市场营销等领

① 徐绍史．"一带一路"与国际产能合作：行业布局研究[M]．北京：机械工业出版社，2017年版。

② 曾刚、赵海、胡浩．"一带一路"倡议下中国海外园区建设与发展报告（2018）．北京：中国社会科学出版社，2018年版。

域的合作，推动我国与“一带一路”和“冰上丝绸之路”沿线国家向旅游自由贸易区,① 经济自由贸易区发展。

（二）借助全域旅游，融入北欧国际产能合作

“全域旅游”首次被写入于2017年《国务院政府工作报告》，标志全域旅游正式上升为国家战略。全域旅游的作用，是以“旅游+”来推动旅游与其他产业和行业的融合发展、加强旅游业与相关产业和行业的统筹协调发展、改善旅游线路综合交通运输体系和基础设施通达条件、实现旅游业从门票经济向产业经济的转变。② 通过在北欧国家开展全域旅游，合作开发北极旅游资源，实现旅游资源的跨境连接，合作进行旅游基础设施建设等，可以带动双边旅游产业链的升级，实现互利共赢。

（三）通过开展在北欧国家多种形式的旅游，为我国实现在极地的经济利益创造良好的国际环境

开展在北欧国家的低碳旅游、生态旅游和负责任旅游，与北欧国家进行包括博览会、展会、运动会、乡村城市特色旅游等多种形式的合作，能够增强民心相通、文化交流、友好往来，为我国航道开发、资源能源需求和开发利用、与北欧国家的产业合作，营造良好的国际氛围和环境，以助力于我国参与极地全球治理，为我国实现在极地的经济利益打下良好的国际社会基础。

第二节　旅游经济合作理论综述

旅游经济具有跨学科、多层次特点，与此相应，旅游合作理论也涉及不同学科和研究维度。根据对国内外大量有关文献的梳理，将旅游经济合作理论分为四大类：对旅游经济有较大影响的合作理论、国际旅游合作理论、区域旅游合作理论与实践、极地旅游合作理论。

① 邹统钎．“一带一路”旅游合作愿景、难题与机制[J]．旅游学刊，2017年第6期。

② 李金早．推动全域旅游进一步发展——《关于促进全域旅游发展的指导意见》解读．新华社，2017年3月22日。

一、合作理论

新制度经济学、社会交换理论、共生理论、产业聚集理论、资源基础理论、博弈论等合作理论对旅游经济合作都产生了不同程度的影响。

新制度主义理论认为，制度提供了人类相互影响的框架，构成一种经济秩序的合作与竞争关系。因为制度作为一系列被制定出来的规则、守法程序和行为的道德伦理规范，旨在约束追求主体福利或效用最大化利益的个人行为。① 而新制度经济学中的区域空间结构的“核心—边缘”理论是廊道型带状区域旅游合作模式的理论基础。②

社会交换理论认为，任何人际关系，本质上就是社会交换关系。只有社会人与人之间精神和物质的交换过程达到互惠平衡时，人际关系才能和谐，而且只有在互惠平衡的条件下，人际关系才能维持。③

共生理论（德贝里，1897）认为，共生包括：一是构成共生体或共生关系的基本能量生产和交换单位的共生单元；二是由共生组织和共生行为等共生单元相互作用的方式构成的共生模式；三是由人文环境、政治环境、市场环境等组成的共生环境。共生不仅研究合作，也强调在相互理解和积极竞合过程中，创造新的、跨越式的能量和关系。④

资源基础理论（resource-based theory）将研究目标集中在资源的特性和战略要素市场上，把企业看成是资源的集合体，认为企业竞争优势根源于企业的特殊资源，这种特殊资源能够给企业带来经济租金，企业的生存既需要从周围环境中吸取资源，也需要与周围环境相互依存、相互作用才能使企业保持可持续优势和相互间的差异。⑤

产业聚集理论（cluster theory）主张在特定区域，通过相关产业、公司、供应商、特定制度和协会的集聚，打造出专业化生产要素优化集聚

---

① 何增科．新制度主义：从经济学到政治学[M]．三联书店，1996年版。

② 淮建军、王征兵、赵寅科．新丝绸之路经济带研究综述[J]．学术界，2015年第1期。

③ 霍曼斯．社会科学的本质[M]．中国人民大学出版社，1967年版。

④ 李强、魏巍．共生理论在城市群研究中的应用研究综述[J]．榆林学院学报，2011年第5期。

⑤ Prahalad，C. K.，and Hamel，G.，The core competence of the corporation [J]. Harvard Business Review，1990(3)：79-91.

地，使企业共享区域公共设施、市场环境和外部经济，降低信息交流和物流成本，形成区域集聚效应、规模效应、外部效应和区域有效竞争市场。① Dianne(1999)强调影响旅游产业集聚的因素，主要有资源禀赋、区位和可进入性、政府政策、服务设施、市场关联、城市化水平、规模经济等方面，特别是旅游枢纽，能通过实现对周边的控制力影响腹地旅游产业聚集。②例如大型综合性枢纽机场是巨大的人流和物流中转中心，其发展和完善将促进区域旅游业繁荣发展。③ 而且旅游枢纽对旅游产业聚集的生命周期有着重要影响，④交通枢纽在旅游枢纽建设中起到至关重要的作用，不仅可增强目的地的可达性，并有助于在旅游合作区域中起到旅游枢纽作用。⑤

增长极理论认为，经济增长通常是从一个或数个“增长中心”逐渐向其他部门或地区传导。因此，应选择特定的地理空间作为增长极，以带动经济发展。⑥

二、旅游合作理论

(一)国际旅游合作理论

Augustyn(2000)等认为，评估旅游合作有五个关键因素：知识储备、合适的目标、合理的合作结构、有效的合作行动、合作的可持续性。⑦

---

① Porter, M. E., The competitive advantage of nations[M]. New York: The Free Press, 1990.

② Dianne, D., Destination place planning and design[J]. Annals of Tourism Research, 1999(4): 772-791.

③ O'Kelly, M. E., A geographer's analysis of hub-and-spoke networks [J]. Journal of Transport Geography, 1998(3): 171-186.

④ 王淑新、何元庆、王学定．中国入境旅游经济的集聚与分散的实证分析[J]. 中国软科学，2011(10)：123-130。

⑤ Lew, A. A. and Mckercher B., Trip destinations, gateways and itineraries: The example of Hong Kong[J]. Tourism Management, 2002(6): 609-621.

⑥ 弗朗索瓦，佩鲁．略论“增长极”概念［J］．经济学译丛，1988年第9期。

⑦ Augustyn, M. Knowles T., Performance of Tourism Partnerships: A Focus on York[J]. Tourism Management, 2000(21): 341-351.

Tosun 和 Tosun(2000)的研究发现，发展中国家参与旅游发展受到运作层面、结构层面和文化层面三方面影响。其中运作层面主要限制因素为：政府中心化，协调机制较差，信息不畅。结构层面主要限制因素有：规划人员态度偏颇，知识技能缺乏，精英主导等。文化层面主要限制因素有：社区参与能力。①

Liberato 等(2018)根据跨境合作对边境地区的可持续性和发展产生的影响，提出了国家之间的合作对旅游目的地旅游业起着关键作用，是促进旅游目的地可持续发展的必要条件。②张志辰(2008)认为，由于区域合作具有利益主体的多元性和利益的广泛性，通过建立区域利益均衡机制，才能解决在区域旅游合作中的利益冲突，促进合作，打造区域旅游合作圈。③ Perkmann(2007)研究了跨境合作的作用，表示欧盟成员国的所有内部边界都应参与建立统一的合作网络，而不是分裂的边界，才能为促进共同利益，共同福利，在国际关系发展和治理中发挥更重要的作用。④

Jonathan(2002)相信，在区域旅游一体化的发展过程中，要扩展合作内容，使旅游利益与债券、中央和地方政府的支持密切相关，才能促进旅游业的发展。⑤ 陈俊安、麻新华(2012)运用利益相关理论，认为利益关系是影响合作的主要因素，建立旅游跨国合作机制具有必要性。⑥

Sparke 和 Sideway(2004)以旅游发展“成长三角”为例，分析了新加

---

① Tosun, C., Limits to Community Participation in the Tourism Development Process in Developing Countries[J]. Tourism Management, 2000(21): 613-633.

② Liberato, Dália, Elisa Alén, Pedro Liberato and Trinidad Domnguez, Governance and cooperation in Euroregions: border tourism between Spain and Portugal[J]. European Planning Studies. 2018 (7): 1347-1365.

③ 张志辰．区域旅游合作中的制度分析[J]. 旅游学刊，2008(1)：67-70。

④ Perkmann, M., The rise of the Euroregion. A bird's eye perspective on European cross-border co-operation', Department of Sociology, Lancaster University, Working paper 2007.

⑤ Jonathan, Greer., Developing trans-jurisdictional tourism par tinership insights from the Island of Ireland[J]. Tourism Management, 2002(23): 355-366.

⑥ 陈俊安、麻新华．基于利益理论的边境旅游跨国合作机制[J]. 广西民族师范学院学报，2012 年第 11 期。

坡—马来西亚—印度尼西亚在国界影响、地理力量制约下的旅游联合营销行为，及其对三国旅游产业一体化发展所起的重要作用。① Chang 等(2011)采用多变量条件波动模型，研究了国际游客到达东盟四个主要目的地(印度尼西亚、马来西亚、新加坡和泰国)的国际旅游需求的相互依赖性及其相关波动性。认为对国际旅游需求波动的冲击可能会对邻国旅游需求的波动产生正面或负面影响。②

根据增长极理论，旅游业作为旅游地的经济增长点，可以通过聚集和扩散作用，将旅游业的关联带动作用扩展到一个更为广阔的地域空间，并促进整个区域旅游的共同发展。③

(二)旅游区域合作理论

区域旅游合作研究中，关注度较高的文献包括经济发展辐射理论、动力机制、利益机制、合作模式、合作战略、合作机制等研究成果。

根据区域经济发展辐射理论，经济发展水平和现代化程度相对较高的地区，向经济发展水平和现代化程度相对较低的地区，通过在技术、市场信息、资本、人才等的流动，在思想观念、生活习惯、思维方式等方面的传播，将出现两类地区之间积极的双向影响。④ 有些学者运用经济发展辐射理论解释区域旅游合作中的辐射问题，认为辐射理论能有效地促进区域旅游合作，从而使旅游业从“各据一方”到“联线成片”，从整体上促进旅游经济区域合作。⑤

关于区域旅游合作的动力机制的研究，李树民(2005)认为，有效

---

① Sparke, M. and Sideway D., Triangulating the Borderless World: Geographies of Power in the Indonesia-Malaysia-Singapore Growth Tiangle [J]. Thunderbird International Business Review, 2004(5): 220-234.

② Chang, C. L., Kham k., Tansuchat, M., Roengchai J., Interdependence of international tourism demand and volatility in leading ASEAN destinations[J]. TOURISM ECONOMICS, June 1, 2011.

③ 宋仪艳．增长极理论在区域旅游合作中的应用——宁镇扬区域旅游合作发展模式探讨[J]．哈尔滨商业大学学报(社会科学版)，2007 年第 6 期。

④ 高洪深．区域经济学(第四版)[M]．中国人民大学出版社，2016 年版 。

⑤ 张河清、王蕾蕾．辐射理论在区域旅游合作中的应用[J]．广州大学学报(社会科学版)，2010 年第 12 期。

的区域旅游合作，应通过发展和完善优质产品组合链和高效的产业协同发展机制产生的聚合和协调作用，来形成推动区域旅游合作发展的动力源。① 陈佳平(2010)把资源互补、共同开发、要素流动、融合发展等，列为区域旅游合作的宏观驱动力机制，而企业竞争力增强、环境联合治理、分工与效率提升、管理经验与观念引进、提高规模经济效益等，作为微观驱动力机制。② 朱学霖、张立明(2015)相信区域旅游合作动力机制涉及到两个层面：旅游产业发展的自身驱动、适应外部大环境的现实状况。③

在区域旅游合作的利益机制研究方面，Katarzyna 和 Czernek(2013)认为区域旅游合作的利益机制涉及利益攸关方利用共同的规则、规范和结构，参与互动过程，对该地区旅游发展的相关问题采取自愿联合行动的形式。这种合作涉及到合作的准备、过程和结果。而且，有效的旅游合作关系需要满足许多条件：在促进合作总体目标、确定的标准、评估合作结果的前提下制定决策。并需要明晰的指导方针、精心组织、具有灵活性的有效管理结构。④

张广宇和沈兴菊(2015)指出，保障区域旅游合作的可持续发展的重要举措，是建立共赢的合作利益分配机制。⑤ 刘云(2013)从种群生态学的共生理论视角，研究了孟中印缅旅游合作共生的驱动力，以及一

① 李树民．西部区域旅游合作的基础与途径[N]．人民日报，2005 年 7 月 27 日。

② 陈佳平．区域旅游合作的动力机制研究[J]．特区经济，2010(12)：151-153。

③ 朱学霖、张立明．长江中游城市群区域旅游合作的动力机制[J]．农业与技术，2015(3)：150-152。

④ Katarzyna, H., Czernek J., Determinants of cooperation in a tourist region [J]. Annals of Tourism Research, 2013(5): 83-104. Reid, L. J., Smith, S. L. J., and McCloskey, R., The effectiveness of regional marketing alliances: A case study of the Atlantic Canada Tourism Partnership 2000-2006 [J]. Tourism Management, 2008(3): 581-593.

⑤ 张广宇、沈兴菊．基于文献计量分析的区域旅游合作研究评述[J]．广西师范学院学报(哲学社会科学版)，2015 年第 11 期。

体化共生、互惠共生合作机制。① 刘惠宏(2009)利用合作博弈理论和数学模型，分析区域旅游合作主体竞争关系、合作系统的有效性、系统各成员行动的成本与预期市场收益，提出建立合作联盟的收益协调机制的构想。②

有些学者指出，需要改变旅游区域合作存在的“行政区旅游经济”的现状，如果缺乏旅游企业、游客和社区居民经济利益诉求与市场机制等合作的基础与动力，发展旅游的各项要素就难以实现优化配置，使旅游区域合作有名无实。③ 因为合作主体之间的主要动力机制是利益互补关系，区域旅游合作的关键，就在于相关利益主体之间是否可以实现“博弈-均衡”。④ 尤其是合作国家和地区之间的经济发展水平和对旅游业的重视程度存在差别，如果仅依靠个别国家和地区之间的旅游交流和合作，整体旅游系统的效率会降低。这就需要共建旅游合作国家和地区的利益协调机制。⑤

关于区域旅游合作模式。汪宇明(2009)针对区域旅游合作模式的含义，提出该合作模式是区域旅游系统各要素和旅游活动在合作区域空间内的相互关系和组合形式。然而，在不同的合作机制和区域条件下，区域旅游合作将具有不同的结构形态和变化。⑥

不少文献根据不同区域旅游的特点，总结了各具特色的区域旅游合作模式。秦学(2006)研究了以旅游要素自由流动、旅游生产和市场拓展、旅游投资和项目开发为主要合作要素的珠三角区域旅游分工协作合

---

① 刘云．共生理论视角下“孟中印缅旅游圈”区域旅游合作研究[J]．学术探索，2013年第6期。

② 刘慧宏．区域旅游合作利益协调机制分析[J]．宁波大学学报(人文科学版)，2009年第6期。

③ 南宇．西北丝绸之路区旅游中心城市合作开发网络模式研究[J]．经济地理，2010年第6期。

④ 汪宇明．旅游合作与区域创新[M]．北京：科学出版社，2009年版。

⑤ 郭鹏、董锁成、李泽红、李宇、程昊、袁靓．丝绸之路经济带旅游业格局与国际旅游合作模式研究[J]．资源科学，2014年第12期。

⑥ 汪宇明．旅游合作与区域创新[M]．北京：科学出版社，2009年版。

作模式。① 朱红兵，冯翔(2014)总结了长三角的区域旅游网络化合作模式。② 郑红娟等(2015)分析了环渤海区域的企业旅游合作规划模式。③ 张广宇等(2015)归纳分析了西部丝绸之路旅游的区域旅游精品线路模式。④ 梁雪松(2009)提出了丝绸之路旅游合作的单核辐射和双核联动互补模式。⑤

研究区域旅游合作战略的文献中，不少学者主张实施“政府主导型”旅游合作战略，⑥ 因在区域旅游合作过程中，私人旅游产品供给出现的“斗鸡博弈”可能引致旅游供给结构失衡，公共旅游产品供给的“囚徒困境”则将导致旅游产品供给不足，为了避免市场失灵，政府介入对区域旅游资源的规划、开发、对旅游企业的竞合行为进行合理引导甚为必要。而且，区域旅游合作路径，也要以政府、企业和非政府组织为基础，整合多项生产要素的多项产业发展，为了达到共同的目标而合作。⑦

还有一些学者从微观层面对旅游企业合作进行了研究，提出加强旅游企业信息化建设，助推旅游电子商务发展，⑧ 以实现“资源互享、客

---

① 秦学．论区域旅游合作模式的变化及其创新发展[J]．云南民族大学学报(哲学社会科学版)，2006年第1期。

② 冯翔．长三角区域旅游合作发展模式分类及评价研究[J]．地理与地理信息科学，2014年第3期。

③ 郑红娟、梁军、韩晨霞、张淑媛．京津冀区域旅游合作基础与模式探究[J]．经济论坛，2015年第5期。

④ 张广宇、沈兴菊、刘韫．丝绸之路经济带建设背景下的国际区域旅游合作研究[J]．四川师范大学学报(社会科学版)，2015年第3期。

⑤ 梁雪松．丝绸之路区域旅游合作空间开发模式选择[J]．丝绸之路，2009年第4期。

⑥ 南宇．西北丝绸之路五省跨区域旅游合作开发战略研究[M]．北京：科学出版社，2012年版．马耀峰．丝绸之路国内段旅游合作与开发[J]．丝绸之路，2009年第16期。

⑦ 陈实、温秀．西部区域旅游合作研究[M]．北京：中国经济出版社，2013年版。

⑧ 易方、唐光海．丝绸之路旅游电子商务发展路径与对策[J]．当代经济，2015年第1期。

源互送、线路互推、信息互通”。①

（三）极地旅游合作理论

目前有关极地旅游经济国际合作的文献不多，对中国与北欧国家的旅游经济合作的研究严重不足。在为数不多的研究中，有文献研究了北欧旅游发展的经验和我国跨境旅游合作，分析了北欧国家低碳旅游发展的经验，提出了北欧国家低碳旅游发展对我国的启示，② 一些学者分析了北欧国家旅游产业转型的创新经验，③ 北极的旅游资源，国内旅游开拓北欧市场的营销对策。还有文献研究了旅游经济与生态环境的关系，④ 怎样在低碳经济条件下发展中国旅游经济。⑤

国外学者对极地研究的范围较广，主要关注极地主权、极地环境生态保护与治理、极地的开发与利用，对中国—极地国家的旅游经济合作的文献鲜有所见。关于极地主权，不少学者认为北极和北冰洋不属于任何国家，极地属于世界公地，⑥ 对领海的管辖，应该依据国际法来解决极地主权的分歧和冲突。⑦ 有关旅游与极地环境生态保护与治理的研究，许多文献指出北极的生态环境因为世界气候的变化正遭到越来越严重的破坏，需要加强对北极的生态保护，⑧ 通过国际合作与综合治理来

---

① 南宇．西北丝绸之路区旅游中心城市合作开发网络模式研究[J]．经济地理，2010 年第 6 期。

② 张季云、易玉婷．北欧国家低碳旅游发展的经验与启示[J]．旅游纵览（下半月），2018 年第 2 期。

③ 薛莹．旅游创新：旅游产业转型的路径选择——北欧国家的经验及启示[J]．现代物业（中旬刊），2012 年第 6 期。

④ 孙晓、李英．黑龙江旅游经济与生态环境耦合关系及协调发展分析[J]．新疆大学学报（自然科学版），2018 年第 5 期。

⑤ 许志民．旅游产业结构变迁对旅游经济增长的影响分析[J]．旅游纵览（下半月），2017 年第 5 期。

⑥ Young O. R.，Kim，J. D.，Kim，Y. H.，The Arctic in world affairs：a Northe Pacific dialogue on Arctic marine issues. Seoul：Korea maritime institute，2013.

⑦ Koivurova1，T.，Limits and possibilities of the Arctic Council in a rapidly changing scene of Arctic governance[J]. Polar Record，2010(2)：146-156.

⑧ Olav，S. S.，and Geir H.，International Cooperation and Arctic Governance [J]. Rout ledge，2007(6)：29-38.

解决北极生态的困境。① 一些学者研究了游客满意度对跨国旅游的重要性，认为旅游产品或服务质量越高，游客的满意度越高，游客重游意愿越高。② 较多的文献关注特色旅游，例如乡村旅游与生态环境保护，申遗旅游的可持续性，旅游目的地的文化底蕴及其影响。③

（四）国内外研究现状述评

国内外的研究文献对中国—北欧旅游经济合作研究提供了前期研究基础，但是从现阶段研究现状看，存在以下几种现象：一是对中国—北欧旅游经济合作的研究明显不足；二是国内有关旅游的研究覆盖面虽然较广，但是结合中国—北欧旅游经济合作来分析的文献不多；三是偏重技术经济分析而弱于宏观经济分析、重视具体事务分析而弱于理论研究；四是注重西方主流经济观点而弱于从中国特色社会科学的理论框架分析国际合作问题。

尽管国内外大量文献论及了合作，但是没有哪一种理论明确提出和强调在以合作共赢为核心的新型国际关系框架下，开展对外政治、经济、安全、文化、包括旅游经济等各方面的合作。④ 尤其是在各国面临气候变化、能源资源安全等日益增多的全球性挑战环境下，更需要国家之间在共赢基础上进行合作，倡导谋求自身利益发展同时兼顾和促进共同利益和发展，致力于实现合作方的双赢、多赢、共赢，主张公正合理的义利观，而非零和博弈。同时，在合作基础上打造由不同国家、民族所组成的命运攸关、利益相连、相互依存的人类命运共同体，通过包容互惠、公道正义、共建共享扩大互利交流合作，来有效应对全球性挑战，协力解决关乎世界发展和人类进步的重大问题，促进国家之间兼收并蓄的文明交流，构筑尊崇自然、绿色发展的生态体系。习近平

① Berkman, P. A. and Young, O. R. Governance and Environmental Change in the Arctic Ocean[J]. Science, 2009(1): 324-453.

② Pizam, A., Neumann, Y., and Reichel, A., Dimensions of tourist satisfaction with a destination area [J]. Annals of Tourism Research, 1978, 5(3): 314-322.

③ Bramwell, B., and Lane, B., Tourism Collaboration and partnerships. Politics[J]. practice and sustainability, 2009(4): 200-230.

④ 王毅．国际形势新变化与中国外交新征程．在 2018 年国际形势与中国外交研讨会开幕式上的演讲，北京，2018 年 12 月 11 日。

(2013)首次提出的建立以合作共赢为核心的新型国际关系，从人类前途命运的高度，深刻把握和平与发展的时代主题，是对传统国际关系或国际合作理论的超越与创新，为营造有利于我国与世界经济发展的和平国际环境提供了重要的理论基础，是中国外交的重要指导思想，① 也是我国与其他国家进行旅游经济合作的核心指导理论。

因此，我国参与极地全球治理机制、提高极地治理的话语权和开展与北欧国家的旅游经济合作，都需要根据中国特色社会科学的理论体系，明确阐述我国在国际事务中所主张的互利共赢、建立人类命运共同体的理念，以使我国参与对极地的全球治理和与北欧的旅游经济合作能够顺利进行。

第三节　研究重点和分析框架

一、研究重点

在我国积极参与极地全球治理背景下，中国—北欧旅游经济合作的研究重点，将围绕我国“一带一路”倡议、“冰上丝绸之路”倡议、北极航道和资源能源开发利用、融入北欧国际产能合作、推进相关国家与我国自由贸易区建设、以新兴大国打造共赢共享人类命运共同体的合作理念和合作重心来展开分析。并且以互利共赢、优势互补，作为中国—北欧旅游经济合作研究的切入点，来探讨中国与北欧五国(丹麦、芬兰、瑞典、冰岛、挪威)旅游经济的合作范围、合作机制、可能的合作机遇。

因此，中国—北欧国家旅游经济合作的研究重点，不是仅仅注重合作双方旅游人数规模的扩大(游客受收入水平的限制，目前只有中高端收入家庭才能承担)，也不是主要研究通常意义的旅游产品开发、需求和供给均衡、成熟而独具特色的旅游合作模式，而是在现有与北欧国家合作基础上，探寻和分析与北欧国家旅游经济能够实现旅游产业链的优势互补互利互惠的可能合作途径和机会，以配合我国促进“一带一路”

① 王毅．构建以合作共赢为核心的新型国际关系．中国青年报，2017年9月11日。

“冰上丝绸之路”沿线国家的民心相通、产能相融、航道资源共建共享的极地战略布局，为我国与北欧国家经济和多方面合作与发展，营造和平、稳定、开放、互利共赢的良好国际合作环境。① 简言之，是以打造人类命运共同体为合作理念，互利互惠为主旨，以便捷性为目标，以多样性为抓手，以可持续性为重心。

具体来讲，中国—北欧国家旅游经济合作的研究重点，包括中国—北欧在宏观、中观、微观三个维度的合作。一是宏观层面的中国—北欧旅游政策合作。首先，随着中国和北欧国家旅游人数和规模的逐年增加，满足双边游客出入境签证、旅游目的地交通、住宿和导游一条龙服务的便利和快捷，保持旅游政策的便捷性、互利性、多样性、连续性已成为双边旅游合作关注的重点。其次，北欧国家的生态环境脆弱，中国—北欧国家需要在环保旅游、文明旅游、负责任旅游方面共同制定相关政策，以使双边旅游可持续。再次，对于中国—北欧国家旅游经济合作存在的问题，需要通过构建和完善相关合作机制加以协调。

二是中观层面的中国—北欧在旅游基础设施、极地国际分工产业链和价值链、旅游产业链等产能合作。为满足增长的旅游发展需要，北欧不少国家与旅游相关的基础设施和交通运输有待改善，中国正在推进的全域旅游，能够为双边旅游产业链的整体提升和经济增长带来新的机遇，而中国与北欧国家在清洁能源、环保技术、航运技术等方面具有世界领先优势的产业进行合作，可以带动中国相关产业结构升级，实现互利共赢，这都需要双边在旅游产业链和国际产能方面进行合作。

三是微观层面的中国—北欧旅游经济合作。近年中国到北欧旅游的主要类别为度假旅游和休闲旅游，而北欧国家是以自然资源丰富和航道、资源开发前景看好而著称，应通过双边企业的旅游合作，增加商务旅游、考察旅游、特色旅游，增强民心相通、文化友好交流，营造国际良好环境。

中国—北欧国家旅游经济合作的研究的主要内容，涉及中国—北欧国家旅游经济合作的背景与经济文化基础；中国—北欧国家旅游经济合

---

① 李滨、陈怡．新时代中国特色社会主义与中国的国家利益[J]．世界经济与政治，2018 年第 7 期。

作的范围和机遇；中国—北欧国家旅游经济合作协调机制的构建与完善。

二、分析框架

本书分两个部分。第一部分阐述中国—北欧旅游经济合作的背景和意义，集中在第一章进行论述。

第二部分主要分析中国与北欧五国(丹麦、冰岛、瑞典、芬兰、挪威)在旅游经济现有合作基础上，探讨通过互补短板、互利合作、共建双赢的未来合作机遇。第二部分包括第二章、第三章、第四章、第五章、第六章。

第二章中国—丹麦旅游经济合作研究，总结了丹麦低碳旅游发展的优势和经验，强调中国可以与丹麦在低碳旅游政策、低碳旅游技术等方面开展合作。

第三章中国—冰岛旅游经济合作研究，根据冰岛酒店资源匮乏、公路基础设施发展严重不足、生态环境脆弱的现状，分析和阐述了中国与冰岛在加强冰岛酒店住宿、公路等旅游基础设施、生态环境保护等方面，与中国进行“全域旅游”式合作、共建中冰-北欧“冰上丝绸之路”旅游经济带的合作愿景。

第四章中国—瑞典旅游经济合作研究，指出中—瑞在气候变化、健康医疗、城市化等领域面临共同挑战，双边在企业社会责任、通信科技、能源环境、材料科学、生物医药等方面的合作潜力巨大。而且瑞典是‘一带一路’建设和‘中国制造 2025’计划的重要合作伙伴。双边需要建立相关的合作机制，以解决中国—瑞典旅游经济合作存在的问题。

第五章中国—芬兰旅游经济合作研究，在归纳中国、芬兰各自的旅游经济优势基础上，着重分析了中国与芬兰处于世界先进水平的领域：节能环保技术、清洁能源和技术、绿色船舶建造技术等方面，开展绿色可持续建筑及施工、绿色建筑、智能交通、工业节能、空气污染控制与管理、可再生能源等，进行合作的重大机遇。指出中国与芬兰的北极重点项目，包括北极铁路、北冰洋海底光缆、赫尔辛基—塔林海底隧道、赫尔辛基港—西安港货运班列、船舶技术、可回收领域和城镇化过程的技术等，进行合作的机遇和可能性。

第六章中国—挪威旅游经济合作研究，通过分析挪旅游经济合作战略意义、中挪旅游经济合作基础、中挪旅游经济政策的共同目标，提出基于中挪旅游经济需求的同质性，构建四大地带、五大协作区、三大旅游合作圈的旅游合作方略。

第二章　中国—丹麦旅游经济合作研究

本章通过研究中国和丹麦的北极关系，探讨中丹基于北极关系上的旅游经济合作路径与方式。近年来，由于全球变暖引起的各国对北极关注度上升导致了北极之争越发激烈，中丹两国在北极领域的进一步合作将会提升双方在北极地区的实力。然而，合作过程中面临多项因素的挑战，也将成为中丹旅游经济合作中的障碍有待双方解决。因此，面对北极治理、可持续发展、资源分配等问题，如何调整双方的旅游经济以达到更好的合作效果，是本篇需要解决的问题。

第一节　丹麦旅游经济发展概况

一、丹麦国家概况

丹麦王国(The Kingdom of Denmark)，简称丹麦(Denmark)。为北欧五国之一，是一个君主立宪制国家，截止到 2018 年底，全国人口 580 万，拥有两个自治领地，一个是法罗群岛，另外一个是格陵兰岛。首都兼第一大城市是哥本哈根。丹麦王国位于欧洲大陆西北端，日德兰半岛上。东靠波罗的海与俄罗斯隔海相望，西濒北海，北面隔斯卡格拉克海峡、卡特加特海峡和厄勒海峡与挪威、瑞典隔海相望，南部毗连德国。本土由日德兰半岛和菲英岛、西兰岛、博恩霍尔姆岛等 406 个大小岛屿组成，面积为 43096 平方公里。此外还有自 1953 年起正式成为其领土的格陵兰岛(面积 217.5 万平方公里)和享有自治权的法罗群岛(面积为 1399 平方公里，由 21 个岛屿组成)。海岸线长 7314 公里。1397 年 6 月与瑞典、挪威组建卡尔马联盟，并成为联盟的领导者，世界上第一面国旗便是 1219 年诞生的丹麦国旗，被称为“丹麦人的力量”。

（一）丹麦人文文化概况

丹麦文是丹麦的国家官方语言，字母表是由拉丁字母组成。大多数丹麦文词汇都是从古挪威文中演变过来。属于印欧语系—日耳曼语族—北日耳曼语支，通行于丹麦王国以及其属地法罗群岛、格陵兰、也零星通行于德国、挪威和瑞典境内的部分地区。大多数丹麦文词汇都是从古挪威文中演变过来，很多新的词汇都是古老词汇变化和组合而成。丹麦文词汇中也有相当一部分来自低地德文。后来，高地德文、圣经法语和英语对丹麦语的影响超越了低地德语。由于英语和丹麦文同属于日尔曼语族，因此这两种语言中相似的词汇很多。

丹麦文化是西方文化之一，在艺术上成就颇高，与丹麦社会和日常生活密不可分。谦逊、守时和社会平等是丹麦文化的重要组成部份。在丹麦，试图将众人彼此区分就可能引起敌意，这违反了已经几乎是斯堪的纳维亚非官方代码的铁则詹代法则。詹代法则是北欧人重要的、基本的、不成文的行为规范，它指的是轻视任何浮夸的举止以及对自身成就的炫耀。

丹麦有着丰富的文化和知识遗产。科学领域有第谷·布拉赫、路德维格·A·柯丁、尼尔斯·玻尔，文学领域有汉斯·克里斯蒂安·安徒生、索伦·奥贝·基尔克果、凯伦·白烈森(笔名伊莎·丹尼森)、路德维格·霍尔伯格、亨利克·蓬托皮丹、皮亚特·海恩、赫尔曼·邦，音乐界有卡尔·尼尔森，卡尔·希欧多尔·德莱叶和拉斯·冯·提尔等导演的电影也都是国际知名的。丹麦首都哥本哈根也有诸多经典与名胜，例如趣伏里公园、阿马林堡宫、克里斯钦堡宫、圣母教堂、罗森堡宫、哥本哈根歌剧院、腓特列教堂、托瓦尔森博物馆、圆塔和美人鱼雕像等。

丹麦与瑞典、瑞士、芬兰、挪威、被称为世界上幸福指数最高的国家。

丹麦王国是世界上最古老的君主国。从有史可考的哈拉尔国王(公元940—986年在位)到现任君主玛格丽特二世女王，王室的血脉已继承了千年之久。丹麦的历史相当于一部丹麦王族史。千年以来，丹麦王族中出现不少叱咤风云、建树颇多的君主，流传下众多具有传奇色彩的故事。其中最为杰出的君主是玛格丽特一世女王(1387—1397年在位)和克里斯钦四世国王(1588—1648 年在位)。自 1849 年立宪建立了君主立宪制，丹麦王室虽然放弃了国家统治权，但作为国家的代表，王族一直得到丹麦人民的支持与敬仰。王族已经成为丹麦王国根深蒂固一条历史纽带，一种不可放弃的重要传统。

传统节日包括国旗日：每年的 6 月 15 日；女王玛格丽特二世生日：4 月 16 日；宪法日：每年的 6 月 5 日(为纪念 1849 年 6 月 5 日颁布的丹麦王国宪法)

到目前为止共有 13 位丹麦人获诺贝尔奖。在生物学、环境学、气象学、免疫学等方面处于世界领先地位。

(二)丹麦政治制度概况

丹麦实行君主立宪制，女王玛格丽特二世为国家象征，不直接行使行政权力。实行一院制议会。议员经普选产生，任期 4 年。丹麦主要政党有自由党(执政党)、社会民主党、丹麦人民党、激进自由党、社会主义人民党、红绿联盟、自由联盟(执政党)、保守人民党(执政党)和选择党。

在欧元危机之后，欧洲一些国家政府出现廉洁程度下降的趋势。但丹麦政府不仅廉洁，而且规管官员避免腐败的政策也是最少的。根据 2013 年的《世界快乐报告》，丹麦是“国民快乐指数”最高的国家，在评价国民快乐指数的时候，政府的腐败程度也是一个影响因素。

丹麦拥有全世界最公平的收入分配制度和财产分配制度。丹麦有句俗谚：“不要认为你有什么特殊——你和我们每个人都一样”。这种平等的精神在丹麦社会体现得非常充分。首先丹麦人觉得很有安全感。丹麦的社会福利体系保证了人们能生活在一个相对高的生活水准上，尽管人们可能会失业，但他们依然能通过社会保障体系的失业津贴等福利，维持自己原来的生活水准。丹麦的社会非常有活力，人们在丹麦从事的是他们感兴趣的工作，而不是赚钱多的工作。在丹麦，人们是为了自己的兴趣而工作，做最让自己“快乐”的工作。人们想做律师、牙医都只是因为兴趣，因为人们知道税收很高，你很难在这种社会中真正成为大富翁，因为不论你赚多少，高税收都会“均贫富”。因此，金钱的诱惑减少了，人们就更趋向于做他们感兴趣的工作，这也使得丹麦的社会非常有创新精神和活力。

丹麦的福利政策建设起步早，覆盖面广，福利体制属于典型的北欧模式："高福利、高税收"。具体来说，就是发挥国家职能，运用庞大的公共机构，以税收为财政来源，使每个公民都能平等享受社会福利，有效地降低了国民的收入差距。丹麦优越的福利政策建立在高税收基础之上，几乎所有的社会福利都来自直接或间接的税收。根据收入高低，纳税数额有所不同，企业税相当高。国家税收约72%用以支持各项福利建设，包括政府养老金、老弱公民补助、失业救济、教育科研及医疗保健等。纳税公民可享受各种福利待遇。

丹麦的医疗保健体系主要由初级医疗保健和医院两部分组成。前者主要包括普通开业医生、专科门诊及市政府雇用的家庭护士等，其服务点多，覆盖面广，旨在为居民提供就近医疗。丹麦居民(包括常居丹麦的外国人)凭借个人的医疗保险卡，不论其是否就业，均享受免费医疗和医院护理服务。

丹麦的医疗保健体系主要由初级医疗保健和医院两部分组成。前者主要包括普通开业医生、专科门诊及市政府雇用的家庭护士等，其服务点多，覆盖面广，旨在为居民提供就近医疗。丹麦居民(包括常居丹麦的外国人)凭借个人的医疗保险卡，不论其是否就业，均享受免费医疗和医院护理服务。

丹麦公民还可免费接受各种教育，在校学生每个月还可从政府获得生活津贴。丹麦的福利政策面向全体公民，不分阶层和经济状况，真正实现了"学有所教，病有所医，老有所养"。

(三)丹麦经济发展概况

丹麦是开放式小国经济，工农业都很发达，由于国土面积较小，原材料和资源匮乏，丹麦经济很大程度上依赖于同其他国家的贸易。

丹麦的人均国内生产总值居世界前列，是发达的西方工业国家。其农牧业高度发达，总产值占国内生产总值的4.56%，农业科技水平和生产率居世界先进国家之列。家畜产品65%供出口，占出口总额的10.6%，猪肉、奶酪和黄油出口量居世界前列。此外，丹麦是世界上最大的貂皮生产国，同时是世界第十五、欧洲第二、欧盟最大的渔业国，捕鱼量约占欧盟捕鱼总量的36%。工业在国民经济中占主导地位。工业总产值约占国内生产总值的40.3%，主要工业部门有食品加工、机械制造、石油开采等，产品60%供出口，占出口总额的78%。船用主机、水泥设备、助听器、酶制剂和人造胰岛素等产品享誉世界。近年来，政府坚持适度紧缩的财政政策，国内投资大幅增长，拉动工业发展，经济保持平稳发展。

二、丹麦旅游资源概况

(一) 丹麦自然旅游资源概况

丹麦地势低平，平均海拔约30米。日德兰半岛西部是起伏低缓的冰水沉积平原，北海沿岸有着宽阔的沙滩，沙丘上长着丛丛灌木。这里海风习习，景色迷人，是旅游度假区。日德兰半岛东部和中部是欧洲研究冰河期沉积地形最典型的地区之一。广阔的丘陵几乎纵贯整个半岛，东部沿岸夹湾和沟谷横切其中，有些沟谷又宽又长，两壁十分险峻，谷底流淌着弯弯曲曲的河水。东海岸没有直接受到强风浪的冲击，保护得很好，所以形成许多深湾和优良港口，如奥尔堡港、腓物烈港、奥胡斯港等。半岛中部到处是沼泽地、湖泊和突起的丘陵地。

丹麦属温带海洋性气候。平均气温在1月时-2.4℃，在8月时14.6℃。年均降水量约860毫米。丹麦虽属于极地国家，但并没有人们想象的那么冷，大部分地区气候与我国相似。丹麦的气候介于北欧和中欧之间，属温带海洋性气候。由于受到大西洋吹来的西南风影响，丹麦气候冬暖夏凉，最热的7月平均气温不过15度至17度。

丹麦自然资源较贫乏，除石油和天然气外，其他矿藏很少，所需煤炭全部靠进口。北海大陆架石油蕴藏量估计为2.9亿吨，天然气蕴藏量约2000亿立方米。1972年起开采石油，2010年产油1232万吨，为欧洲第3大石油输出国。天然气80.9亿立方米，探明褐煤储量9000万立方米。森林覆盖面积48.6万公顷，覆盖率约10%。北海和波罗的海为近海重要渔场。

(二)丹麦旅游特征

早年北欧素以“开放”闻名于世，哥本哈根是尤为著名的观光都市，电影及剧院林立，每周皆有不同的观光节目任人选择参加，夜生活的场所，如酒吧 Pub、Bodega 之类，为正当消遣聊天之处所，收费尚合理，但夜总会(Night Club)宜结伴前往，问清费额或由熟识此道的当地人士陪同前往较宜。每年 5 月 1 日，哥本哈根游乐场 Tivoli Garden 开幕，丹麦正式进入观光季节。9 月第二星期日为该游乐场关闭之日，至此时，观光季也告结束。

1. 艺术活动

到了丹麦的游客会发现那里有丰富多彩的文化活动。丹麦皇家芭蕾舞团，非常善于诠释丹麦编舞大师奥古斯特・布农维尔(1805—1879)的作品。许多丹麦舞蹈家还会不时的与美国舞蹈家合作演出，丹麦舞蹈家彼得・马丁斯就担任着纽约市立芭蕾舞团的领舞。

丹麦特色美食有嘉士伯及特波嘉啤酒、甜酒布甸、丹麦烧腿及特式三文治等。

2. 皇宫林立

作为皇族的象征，丹麦这斯堪的维亚地区(丹麦、瑞典、挪威)最小的国家，却拥有着众多的皇宫城堡。千年的皇族历史，使皇宫的建造一直未曾停息过。由于城堡众多，名字繁琐，丹麦的皇宫又有一个个别称。例如，菲登斯堡宫(Fredensborg)被称为“和平宫”、菲德烈堡宫(Frederiksborg Slot)又称“水晶宫”、克隆堡宫(Kronborg Slot)因被莎士比亚作为《哈姆莱特》的创作背景，又叫做“哈姆莱特堡”。这些宫殿建筑都由当时著名的建筑师来建筑设计，从古典式样，到融合了新世纪的建筑风格，姿态各异。每一座宫殿都是一件传世的艺术品。

3. 格陵兰岛

作为丹麦的一个自治领地，世界第一大岛屿——格陵兰岛(面积 2175600 平方公里)上，居住着 5 万多居民，其中 90%为因纽特人。如今，与其他地区过着土著生活的因纽特人不同，格陵兰岛因纽特人受到丹麦政府的帮助，搬出世代居住的“冰屋”，建立自己的议会、电视台，与丹麦人通婚。由于地处北极圈内，每到冬季，格陵兰岛就会出现持续数个月的极夜，格陵兰上空偶尔还会出现色彩绚丽的北极光。而在夏季，太阳终日悬挂头顶，格陵兰便成为极昼下的日不落岛。

4. 当地小镇

最闲适的方式了解丹麦就是参观当地的小镇。例如：斯卡恩(Skagen)，埃伯尔措夫特(Ebeltoft)，德拉厄(Dragør)，斯泰厄(Stege)，里伯(Ribe)，法堡(Faaborg)等具独特魅力的小镇。

5. 哥本哈根

首都哥本哈根为游客提供了很多旅游资源：革命性的食物场景，创新的设计，重视工作与生活平衡和环境的温馨文化。

以上的旅游资源则建立在以下丹麦独特的人文旅游环境：

(1)丹麦价值观与可持续的低碳生活吸引游客。丹麦经常因其社会价值，可持续性，创造力和工作与生活的平衡而被引用。例如，哥本哈根的目标是到 2025 年实现碳中和，而丹麦则拥有许多屡获殊荣的博物馆、餐馆和企业，这些博物馆、餐馆和企业与世界分享丹麦的生活方式。

(2)以美食而闻名的丹麦：北欧美食家天堂，对于一个人口低于 600 万的国家而言，丹麦的质量远高于其重量，是世界闻名的烹饪目的地。这个国家是新北欧运动的发源地，该运动以季节性和尊重当地优质食材为特色，因此毫不奇怪丹麦拥有 31 颗米其林星级和 26 家星光熠熠的餐厅可供选择。值得庆幸的是，这种理念延伸到充满活力的街头美食场所，您可以在不破费的情况下尝试各种食物。

(3)汉斯·克里斯蒂安·安徒生的出生地。从哥本哈根一直往西仅 96 公里，就能到达欧登塞(丹麦语：Odense)，这是丹麦第三大城市，也是丹麦第二大岛菲英岛的首府。欧登塞闻名于世之处有二，这里是童话作家安徒生的故乡；这里童话气息浓郁，城内建筑多设计优美的独立式别墅，绿化程度极高，虽然是第三大城市，但人口仅约 19 万人，是全世界最幸福的城市之一。欧登塞(Odense)一词来源于“Odins Vi”，也就是“奥丁的神殿”之意，奥丁是北欧神话中的大神(最高神)。欧登塞是丹麦最古老的城市之一，始建于 988 年 3 月 18 日，1988 年是建城 1000 周年纪念，一座森林被命名为“千年森林”(丹麦语：Tusindrsskoven)以庆祝这项盛事。

(4)丹麦西兰岛悠久的历史。西兰岛是丹麦历史悠久的一部分。从石器时代到维京时代，中世纪和现在，西兰在丹麦历史上发挥了重要作用。该地区拥有令人印象深刻的罗斯基勒大教堂城市，其历史可以追溯到维京时代。西兰岛拥有许多维京景点，包括海盗船和维京堡垒。该地区分布着小市镇和宁静的港口，大自然包括美丽的峡湾、海滩、悬崖、连绵起伏的丘陵和岛屿。

三、旅游在丹麦国民经济中的地位

近年来丹麦旅游业发展迅猛，从丹麦游客人次方面来说，如表 2-1 和 2-2 所示，2009—2016 年丹麦游客人次所示数据显示，国际游客人次均呈现迅猛上升趋势，同时丹麦居民出境游也大幅攀升。

表 2-1　**2009—2016 年丹麦游客人次**

年份	2009	2010	2011	2012	2013	2014	2015	2016
人数	9265000	9425000	8471000	8443000	8557000	10267000	10424000	10781000

数据来源：冰岛统计局。

表 2-2　**2009—2016 年丹麦出境游客人次**

年份	2009	2010	2011	2012	2013	2014	2015	2016
人数	7037000	7726000	7846000	7843000	6977000	8528000	8991000	9651000

数据来源：冰岛统计局。

1. 旅游业对丹麦 GDP 的贡献。

2017 年，旅游业对 GDP 的直接贡献是 46. 50 亿 DKK(占 GDP 的 2. 2%)。预计到 2018 年，将增长 1. 9%达到 47. 3 亿 DKK。这主要反映了诸如酒店、旅行社、航空公司和其他客运服务(不包括通勤服务)等行业产生的经济活动，也包括旅游者直接支持的餐馆和休闲产业的活动。旅游业对 GDP 的直接贡献预计将增长 2. 1%，至 2028 年达到 58. 4 亿 DKK(占 GDP 的 2. 3%)。(如图 2-1 所示)

2. 旅游对丹麦的就业机会的贡献。

2017 年，旅游业直接创造了 60000 个就业岗位(占就业总人数的 2. 2%)，预计到 2018 年将增长 0. 7%至 60500(占就业总人数的 2. 2%)。这包括酒店、旅行社、航空公司和其他客运服务(不包括通勤服务)的

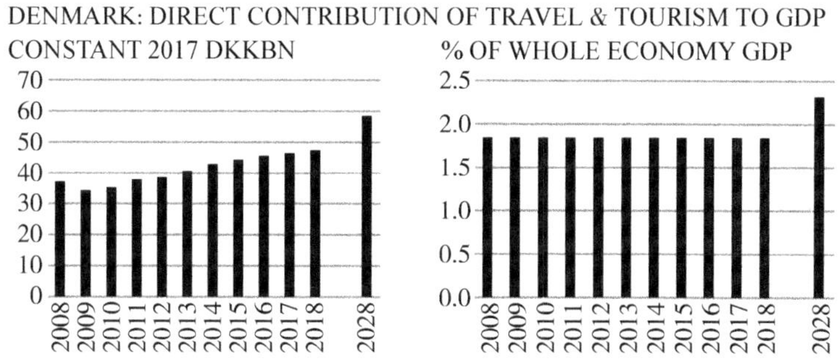

图 2-1 丹麦旅游业对 GDP 的直接贡献

就业，还包括由旅游者直接支持的餐馆和休闲产业的活动。照这个趋势，预计到 2028 年，旅游业将直接占到 65000 个就业岗位，未来十年将增加 0. 7%个百分点。(如图 2-2 所示)

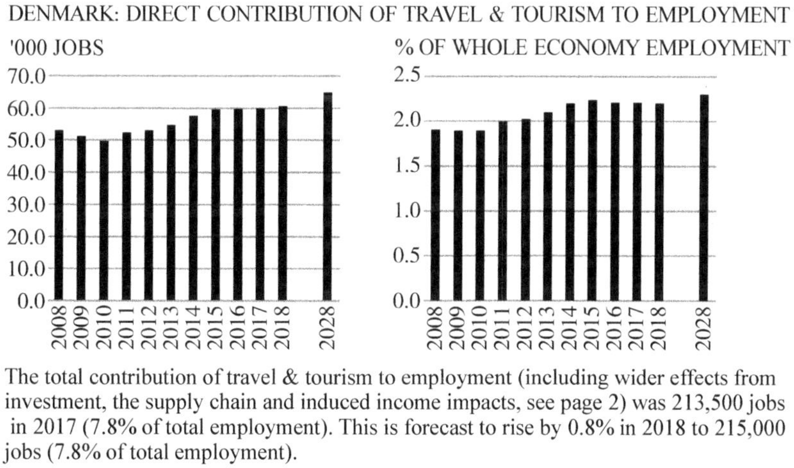

图 2-2 丹麦旅游业对就业的直接贡献

3. 旅游者的出口与投资

游客出口是旅游和旅游业直接贡献的一个重要组成部分。2017 年，丹麦在游客出口中创造了 4980 亿 DKK。2018 年，预计下降 0. 3%，该国有望吸引 11592000 名国际游客。预计到 2028 年，预计国际游客总数将达到 14686000 人，产生 61.9 亿丹麦克朗(DKK61.9 亿)的开支，每人增加 2.2%；国家对旅游投资方面，旅游和旅游业预计将在 2017 年吸引 22.4 亿 DKK 的资本投资。预计 2018 年的增长率为 2.6%，未来十年将增长 2.2%，至 2028 年的 28.4 亿 DKK。旅游业占全国总投资的比重将从 2018 的 5.3%下降到 2028 的 5.3%(如图 2-3 所示)。

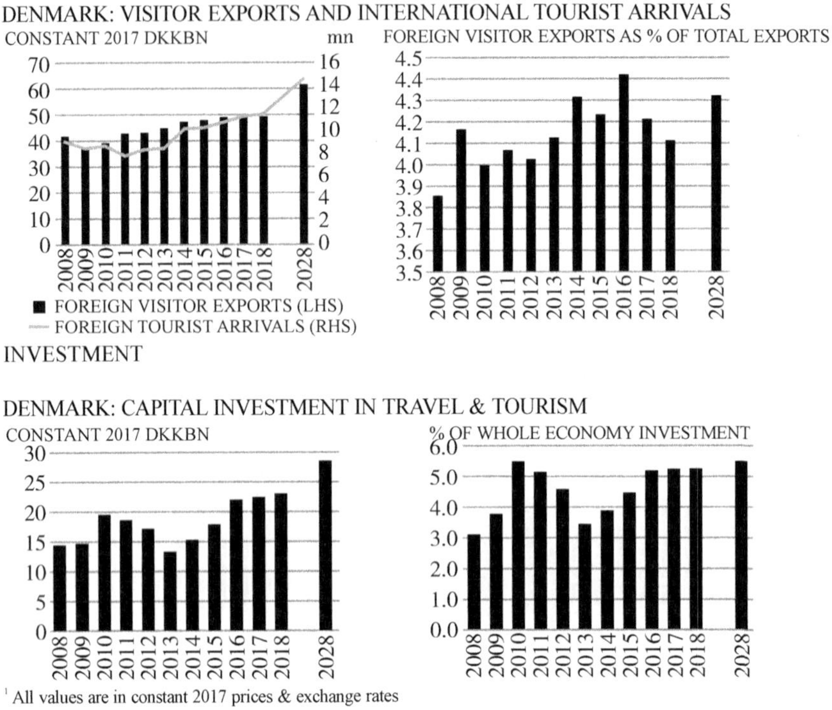

图 2-3　丹麦旅游业占全国总投资比重

第二节　中国—丹麦旅游经济政策背景

一、中国、丹麦与北极的关系

北极地区因其资源丰富、地理位置独特及全球化的发展，得到了世界各国的广泛关注，并成为全球地缘政治的热点地区。中国以大国的身份与责任积极投身北极事务，却因非北极国家的身份而难以发挥更大作用。丹麦与同样作为环北极五国的美国、俄罗斯、加拿大以及挪威一齐争夺北极的主权和利益，然而小国的身份使其竞争力下降。因此，中丹在北极关系上的互补及合作，能够推动并实现各自的北极战略与利益，提升双方在北极地区的实力。

（一）北极地区的现状

在地理学上，北极地区地域辽阔，覆盖了北极点为中心的、包括整个北冰洋（含岛屿）及其周围的北美洲、亚洲和欧洲的北部边缘地区的大片区域范围，国际上默认北极地区的边界线为北极圈（北纬 66°33′），在这个区域内的国家统称为北极国家。北极的大陆和岛屿面积约 800 万平方公里，有关大陆和岛屿的领土主权分别属于加拿大、丹麦、芬兰、冰岛、挪威、俄罗斯、瑞典、美国八个北极国家。北冰洋海域的面积超过 1200 万平方公里，相关海洋权益根据国际法由沿岸国和各国分享。北冰洋沿岸国拥有内水、领海、毗连区、专属经济区和大陆架等管辖海域，北冰洋中还有公海和国际海底区域。

北极地区富含丰富的矿产资源，例如石油、煤炭、矿石等，还有各种渔业资源、森林资源和天然气资源等。北极地区煤炭储量约占全球储量的 25%，总储量高达一万亿吨。此外，北极地区渔业十分发达，这里富含淡水和林业以及铜、锌、铅、稀土等矿产资源。近年来，全球变暖、冰川融化加之北极航道的商业运营与资源开发，促使北极成为了全球的焦点。如今，俄罗斯、美国、加拿大等大国都加强了对这一区域的争夺。北极地区建立的北极理事会、国际北极科学委员会等区域治理国际机制，为维持北极地区的稳定及可持续发展做出了贡献。

（二）中国与北极的关系

2010 年，中国超越日本成为亚洲第一大经济体和世界第二大经济体，经济上的发展将中国的北极利益主要定位为经济利益。然而，环北极国家在北极问题上的排他性促使北极理事会“努克标准”的出台，即北极理事会观察员必须承认北极国家在北极地区“主权、主权权利和管辖权”。由于中国对北极的了解有限，需要对北极进行深入了解，才能更好地参与到北极事务的国际合作当中，因此中国接受了该标准，并于

2013 年 5 月 15 日成为北极理事会的正式观察员，从而达到推进与北极国家间的多边对话、加强与其他观察员国的协调、不断优化北极身份的目标，同时也为中国作为“近北极国家”和“利益攸关方”商讨北极问题、分享北极资源创造了条件。除此之外，加强北极外交以及与北极国家和国际组织的双边多边合作，能够深入开拓中国的北极道路，并积极推进中国的北极战略。

2018 年 1 月，国务院新闻办首次发布《中国的北极政策》白皮书，阐释了中国参与北极事务的政策目标、基本原则和政策主张等，其中强调“中国主张在北极国家与域外国家之间建立合作伙伴关系，与所有北极国家开展北极事务双边磋商”。

北极八国在北极地区有着最为直接的国家利益，在处理北极各项事务上具有当仁不让的主导权和影响力。近年来，随着中国参与北极事务的不断深入，无论是作为世界大国的美国、俄罗斯，还是只有 33 万人口的冰岛，都日渐对中国持欢迎态度，中国也越来越重视双边渠道的作用。但从伙伴关系的整体建设情况看，中国目前仅与俄罗斯、丹麦、加拿大和芬兰 4 个国家建立起了伙伴关系，伙伴的范围还需拓展。同时，在现有的 4 对伙伴关系中，除了与俄罗斯是处于最高层次的全局性伙伴关系外，只有与丹麦和加拿大是战略性伙伴关系，其中又只与丹麦强调了“全面性”，伙伴关系的层次也有待提升(见表 2-3)。

表 2-3　　**中国与北极国家的合作伙伴关系建设现状**

伙伴关系定位	双边关系名称	国家	建立时间
全局性伙伴关系	全面战略协作伙伴关系	俄罗斯	2011 年
战略性伙伴关系	全面战略伙伴关系	丹麦	2008 年
	战略伙伴关系	加拿大	2005 年
一般性伙伴关系	面向未来的新型合作伙伴关系	芬兰	2017 年
其他关系	尝试构建新型大国关系	美国	2012 年由中方提出
	无	冰岛	—
	无	挪威	—
	无	瑞典	

中国北极合作伙伴关系，即中国与相关国家专门针对北极事务建立伙伴关系，或把北极事务纳入既有的伙伴关系之中。这是基于中国参与北极事务的现状并结合中国外交中的伙伴关系战略而提出的构想，旨在促进中国与相关国家北极合作的制度化、常态化、长效化，更好地维护和实现中国的北极利益。中国北极合作伙伴关系需涉及共享科研成果、应对气候变化、负责任参与经济开发以及维护北极和平稳定等议题，对象应包括北极八国和以北极理事会正式观察员国为代表的其他域外国家。北极八国是中国“北极伙伴关系”的建设重点，是中国增强在北极地区有效存在的关键。

中国参与北极事务的焦点问题亟需从“为什么”过渡到“怎么办”，即从探讨中国参与的合法性、合理性，转向如何进一步增强在北极地区的有效存在、更好地维护和实现北极合法利益等。加强双边关系特别是与北极国家的交流合作，应是今后一段时期中国的主攻点和突破点。而结合中国外交中的伙伴关系战略，基于中国与这些国家的双边关系现状，对丹麦应在双边伙伴关系中进一步突出旅游经济合作，将不失为一项实践探索和机制创新。

（三）丹麦与北极的关系

丹麦在北极事务中具有较强的影响力，是冰上丝绸之路的沿线国家。由于北极治理的议题设置长期由俄、美、加等北极大国所主导，且制度安排也缺乏有效约束力，丹麦需要重新审视自身的地缘优势与话语权劣势之间的矛盾，并且独自积累与其他北极国家的谈判筹码、提升丹麦在北极地缘政治经济格局中的影响力。而格陵兰是丹麦王国参与北极事务的地理依据，以及实施北极战略的基石。如今，格陵兰成为一个内政完全独立，只有防务、外交事务暂由丹麦代管的过渡性政治实体。丹麦 2016 年出台的《变革时期的丹麦外交与防务》和《国防部未来在北极的任务》，强调了丹麦王国作为“北极超级大国”的地位，并提出了加强在格陵兰军力部署的防务计划。这“一文一武”的政策举措标志着丹麦北极战略从温和保守向主动进取转变。丹麦北极战略的转型，既是北极地缘政治格局发生深刻变化的必然结果，更来源于丹麦王国内部的分裂危机。抓牢格陵兰这一战略锚点，坚持“丹麦王国是不可分割的单一行为体”，是丹麦北极战略的奠基石。

丹麦的北极战略重点在于北极主权之争、资源获取和保持北极地区经济的可持续发展。2003 年，丹麦在国际上宣布对北极汉斯小岛的主权，此举引发了加拿大强烈抗议。同年 8 月，丹麦声称北极与丹麦所属的格陵兰岛和罗蒙诺索夫海岭连接，根据《联合国海洋法公约》，丹麦享有全部北极资源开发权权益。2007 年，俄罗斯掀起插旗事件后，丹麦立即组建科考队赴北极收集有关数据，以查证罗蒙诺索夫海岭是丹麦大陆架的延伸部分。丹麦国会通过了 2010—2014 年国防草案，准备在格陵兰岛派驻军事武装，同时组建北极军事司令部和成立军事基地。除此之外，丹麦还处于北极三块争议大陆架中，这块区域与挪威、冰岛和丹麦三国交界，命名为“香蕉洞”，位于丹麦法罗群岛和冰岛之间的海域、丹麦法罗群岛和挪威本土之间的海域。由此可见，丹麦的地理位置优越使其成为北极主权与资源之争中的一员，但各北极国家的国力不均，导致其在北极利益中的竞争仍然处于劣势。

二、中丹关系与丹麦旅游经济政策

（一）中丹北极关系

随着北冰洋的暖化趋势进一步发展，北极成为国际利益博弈的新场域。2017 年 11 月 1 日，习近平主席在会见来访的俄罗斯总理梅德韦杰夫时，提出“共同开展北极航道开发与利用合作，打造‘冰上丝绸之路’”。①作为“一带一路”倡议的新举措，“冰上丝绸之路”的提出不仅反映出中国参与北极经济开发的热忱期望，同时也展示了中俄、中欧深化战略性协作的地缘导向。“冰上丝绸之路”不仅是亚欧、亚美的洲际全方位、多领域合作框架，更是北极暖化背景下催生的重大战略构想，其鲜明的地缘空间特征，必然依托于战略支点的鼎持。“冰上丝绸之路”战略的实施，既是洲际经济互补的必然要求，更是大国战略资源投放的重新布局。“冰上丝绸之路”的实施取决于北极航道的通航愿景，而北极航道兼具经济与战略价值，将对全球地缘政治经济格局产生深远影响。那么，这里隐含的问题是：途径北冰洋连接欧洲的“冰上丝绸之

① 中华人民共和国外交部：《习近平会见俄罗斯总理梅德韦杰夫》，http://www.fmprc.gov.cn/web/zyxw/t1506584.shtml。

路”，哪里才是中国应予以关注的战略支点？虽然俄罗斯是中国开展北极外交的重要伙伴，但北冰洋沿岸5国排斥中国等非北极国家参与北极事务的基本立场从未改变，这使得中国必须寻找新的合作伙伴，以维护在北极的合理利益诉求。① 而独立化进程日益加速、且地理位置极其重要的丹麦的领土格陵兰，作为大西洋与北冰洋的战略要冲，是唯一连接亚欧、欧美环北冰洋航道的枢纽地区，同时具有极强的经济发展潜力，是未来北极地缘政治经济格局演变的最大变数，亦是“冰上丝绸之路”名副其实的重要战略支点。已经引起各国决策者的高度关注。

2015年9月，习近平在会见丹麦首相拉斯穆森时指出，双方应加强在气候变化、北极科考等方面的合作；2015年丹麦王国驻华大使裴德盛在北京召开媒体交流会，表示中国和丹麦有望在“一带一路”、节能环保等领域展开合作，将来还会在环保领域、新能源项目、医疗保健等方面进一步合作交流。2017年5月，双方领导人再次确认要加强在联合国和北极理事会等多边框架内的协调，拓展北极合作等。双方加强在气候变化、北极科考等问题上的合作、扩大在国际组织中的协调，促进了政治互信水平的提升。

目前，中丹两国在许多领域的互动与合作促使人们思考中丹北极关系的合作与发展。中国与丹麦在北极问题上的互补能够优化双方的北极身份，促使两国关系的紧密联系。因此随着北极之争越来越激烈，中丹北极关系显得尤为重要。

（二）中丹全面战略伙伴关系

丹麦是最早承认并与新中国建交的西方国家之一，基于两国的传统友谊，近年来中丹各领域交往富有成果，合作领域涉及政治、经济、科教、农业、医药、节能环保等各方面。

经济上，丹麦是欧洲最具投资价值的国家。目前，丹麦有各类外资企业四千多家。中丹双边贸易额已突破百亿美元且以每年近20%的速度猛涨，中国已成为丹麦在亚洲第一大贸易伙伴和海外第二大投资国。2012年两国促成了一系列政府间和企业界具体合作协议的签署，尤其

① 柳思思：《“近北极机制”的提出与中国参与北极》，载《社会科学》2012年第10期，第26-27页。

强调了在气候与能源领域的合作。2014 年 2 月，丹麦及格陵兰地区表示愿与中国在北极渔业、采矿、旅游等领域建立更多的合作关系。

丹麦王国首相拉斯穆森于 2017 年 5 月 2 日至 5 日应中国国务院总理李克强邀请，对中国进行正式访问。访问期间，习近平主席、李克强总理、张德江委员长分别同拉斯穆森首相会见、会谈。双方一致认为，建交 67 年以来，中丹关系始终保持良好发展。2008 年两国建立全面战略伙伴关系后，双边关系快速发展，各领域合作的力度、深度和广度不断拓展。两国元首于 2012 年和 2014 年实现互访，双方政治互信更加深化，贸易和双向投资呈现积极势头，人文交流日趋活跃，两国关系处于历史最好水平。

为进一步充实中丹全面战略伙伴关系内涵，更好实现互利共赢，双方决定共同发表《中丹联合工作方案(2017—2020)》中长期行动纲要。方案融合了中国“十三五”规划和丹麦发展战略，涵盖两国现有各个合作领域和机制。

丹麦是第一个同中国建立全面战略伙伴关系的北欧国家，2008 年中丹建立的这一关系促进了双边合作的发展，目前中国已经成为丹麦在亚洲最大的贸易伙伴。拉斯穆森首相此行目的之一是寻求与中国开展更深层次合作的机会。李克强总理表示，2008 年中丹建立全面战略伙伴关系以来，丹麦首相首次对中国进行正式访问。这对于两国回顾过去取得的成就，总结经验、开辟未来都具有重要意义，必将为中丹关系注入新的活力，而且也有利于中国和北欧国家的合作。

中丹经济互补性强，双方将加强农渔业、食品安全、医药卫生、生物技术等领域的互利合作。在创新驱动发展、绿色协调发展、北极合作、地方合作等领域打造亮点。在社会保障和治理等领域加强交流互鉴。密切人文交往，办好 2017“中丹旅游年”。

李克强总理强调，中方重视丹麦在促进中国—欧盟、中国—北欧国家关系与合作发展中的重要作用，愿同丹方就区域、次区域事务以及国际和地区问题等加强沟通协调，推进双方互利务实合作，引导经济全球化朝着更加包容互惠、公平合理的方向发展，促进贸易投资自由化便利化，维护和平稳定，促进发展繁荣。

丹麦首相拉斯穆森表示，发展丹中全面战略伙伴关系是丹麦的外交重点，丹麦坚定奉行一个中国政策。丹麦首相首次到访中国，这正是推动丹中两国合作向前发展的好机会。并表示，丹方愿利用两国建立全面战略伙伴关系10周年的新机遇，执行好《丹中联合工作方案(2017—2020)》，办好丹中旅游年。丹麦欢迎中国企业赴丹投资，丹方支持自由贸易。作为欧盟成员，丹麦支持欧盟—中国投资协定(BIT)谈判的推进，愿为欧中关系与合作的发展做出积极努力。

双方共同决定发表中丹联合工作方案，对未来3年中丹重点领域合作进行规划，提供了路线图和时间表。工作方案对于回顾过去，总结经验，展望未来都会发挥积极作用。两国总理同意在加强全面合作的同时要突出重点，突出两国合作的特色，比如在医疗卫生，海产品农产品，环保创新等各方面加强合作，双方还同意加强企业间的经贸合作和双向投资。会谈结束后，李克强总理和拉斯穆森首相共同见证了两国人文交流、食品药品、检验检疫、动物保护等领域多份双边合作文件的签署。

中丹两国之间在技术、贸易、能源、人才等方面的互动，为两国的友好关系建立了扎实的基础，因此中丹旅游经济合作也将具有很强的操作性。

（三）丹麦旅游发展政策

《变革时期的丹麦外交与防务》强调丹麦王国应“有效追求在高北地区的利益”，彰显“一个北极超级大国”的地位。总体而言，丹麦通过深入分析传统外交议程的具体政策方案和举措，明确指出新时期的丹麦北极外交，仍然坚持以“地区合作”维护丹麦的北极利益。具体部署包括四大举措：维护丹麦在北极理事会的核心成员国地位、深化与北极国家的领土划界磋商、推动北极科技外交、开展对东北亚国家的北极经济外交。通过与各国开展旅游经济合作，也是北极经济外交政策的有效实践。

长期以来，丹麦的服务业发达，约占国内生产总值的84%。主要包括商业、电信、金融、保险、旅游和技术服务等。旅游业是丹麦服务行业中的重要产业。为吸引更多游客赴丹麦旅游，丹麦政府推出一系列积极的旅游政策，采取有效的宏观管理政策，优化、改革旅游组织结构，加强现有旅游产品的营销，与相关旅游机构进一步改善旅游设施，提升旅游服务质量和水平，让游客在丹麦感受“宾至如归”；同时希望赴丹游客可以延长停留时间，深入了解感受丹麦，品味其自然、历史、文化及美食，使得城市旅游发展取得了明显的进展。

从地理环境和位置来看，丹麦地处北极圈附近，自然环境较为恶劣，但有其独特的制度和文化。在发展低碳经济的今天，丹麦走在全球的前列，尤其是在低碳旅游方面发展较为成熟，形成了一些有益的旅游发展政策。

1. 低碳环保理念深入人心，低碳旅游市场成熟

在丹麦，低碳旅游深入人心，与低碳旅游相关的产品和服务相当丰富。其中较为成熟的旅游手段包括自行车旅行，徒步旅行，环保酒店，露营等。自行车是游客最重要的旅游工具。以丹麦首都哥本哈根为例，自行车旅行已成为该城市的文化象征。政府在自行车基础设施方面总投资达数十亿美元，包括自行车轨道、专用道、停车位等的建设。使得哥本哈根成为真正的自行车之城。此外，大多数丹麦的酒店拥有“Flower”欧盟生态环保标志，属于生态友好的绿色环保酒店。环保酒店倡导绿色经营、绿色环境、绿色文化和绿色收益等理念。例如，环保酒店鼓励客人根据实际状况消费和提供免费的打包服务，避免食物的浪费；打包盒采用可降解材质，减少对环境的二次污染；酒店内部的管理实行无纸化办公，这些都将酒店的经营管理在绿色、低碳、环保中予以充分展现。

2. 低碳旅游政策工具发达，配套措施比较完善

丹麦在低碳经济发展方面走在世界前列，这与丹麦长期形成的低碳经济发展政策密不可分，而要实施这些政策，需要有不同的政策工具。丹麦低碳政策工具囊括了与公共政策制定相关的主要工具，并能保证这些工具之间协同使用，政策机构的联系效应已经实现。在鼓励实施低碳旅游方面，国家实施了以经济政策为基础的政策，并辅之以管理政策。首先，在减排方面实施政策监管，通过节能减排税收政策实现绿色出行。二是制定节能减排法律法规，严格执行。在欧盟框架下，丹麦在节能减排措施方面取得了长足进展，以战略目标为指导，受立法保护，有效实施了低碳旅游。进入 21 世纪后，欧盟颁布了一系列指导性文件，如《能源服务指令》、《欧洲能源战略绿皮书》和《能源效率行动计划》，这些都使低碳旅游行动计划具有法律依据。例如，环保酒店不能提供一次性用品或食品和饮料，否则将受到法律的严厉惩罚。

3. 低碳旅游支持技术高效，产业布局结构合理

旅游业能否实现其低碳承诺主要看技术是否成熟和改进。丹麦的主

要低碳支持技术包括清洁高效的燃烧、热电联产、工业沼气以及仍处于开发和测试阶段的第二代生物乙醇、新太阳能电池和波浪发电等技术。北欧国家采取各种措施，从技术和制度创新、产业转型和新能源开发，促进"低碳道路"的发展，包括研究和开发更有效的新环保技术，开发节能环保产品，形成可持续的市场模式等。低碳技术的发展也导致了低碳旅游技术的成熟和进步。丹麦的入境游客可以体验从绿色酒店到绿色旅游的无处不在的环保理念。旅游活动各方面提供的低碳服务相当完善，产业结构合理，可持续性经营。

第三节　中国—丹麦旅游经济合作

一、北极旅游发展的背景

由于全球变暖，北极地区的冰盖面积逐渐减少。冰雪的融化使得整个北极航线的航行成为可能。随着科学研究的深入，科学家们发现北极水域富含石油、天然气、金属矿山和鱼类等自然资源；北极地区的军事价值也越来越受到关注。同时，北极地区独特的地理特征和纯净的自然环境，以及奇特的冰雪景观和珍稀野生动植物，形成了丰富而独特的极地旅游资源，具有无可比拟的科学价值、资源价值、荒野价值和美妙的审美价值，人们对极地地区的理解欲望不断增加，极地旅游的潜力逐渐释放。它吸引了大量游客前往旅游，北极旅游热潮持续升温。

北极旅游发生在20世纪50年代初期，仅限于访问北欧和格陵兰南部的北极原住民。大规模的北极旅游始于20世纪80年代，但游客数量少于南极旅游。① 与南极旅游相比，北极旅游有更多的限制和相对缓慢的发展。首先，由于北极八国之间存在许多政治和经济矛盾，北极自由旅游的发展受到各种国家规则的制约。其次，北极脆弱而敏感的生态系统不允许在北极进行过多的旅游项目；再次，相应的北极旅游规定不足，阻碍了北极旅游业的有序发展。

① 李振福，彭琰．北极旅游政治研究[J]．南京政治学院学报，2016，32(5)：63-70，141.

北极在成为国际热点地区后，北极旅游也在逐渐兴起。北极旅游受政治稳定状态和国际政治格局的影响，又在北极政治中发挥着文化交流、政治外交和促进地区和平的功能，这为解决北极争端问题和域外国家参与北极治理提供了一种可行性的选择。在不利的地缘政治条件和北极国家的关注下，中国应以“低政治”领域为突破口，参与北极事务。因此，北极旅游成为中国逐步渗透北极事务的可行切入点。中国在利用北极旅游参与北极事务时，应注意在国家、业内以及公众层面工作的改进与提升，从而更好地发挥北极旅游的功能。

极地旅游项目新颖独特，主要包括观光冰山峡湾和特有的生物、参观科学研究站、滑雪、潜水和冰海划船等，有一个相对成熟的路线。北极旅游更方便的路线是飞往芬兰的赫尔辛基，然后飞往挪威的奥斯陆，再飞往达斯瓦尔巴群岛、冰岛或格陵兰岛(北极 3 岛)。前往北极点的游客可以选择乘坐破冰船或飞机：破冰船一般选择 2007 年俄罗斯建造的“50 年胜利”号核动力破冰船，从摩尔曼斯克出发，经过巴伦支海到达北极点，途中在法兰士约瑟夫地群岛登陆；从挪威斯瓦尔巴的朗伊尔宾飞往北极点(北纬 89°)附近的巴厄诺冰雪帐篷考察站，然后转乘直升机飞往北极点。

由于北极的特殊战略地位和缺乏类似于国际南极旅游协会的统一管理，其旅游业发展更加分散。虽然受到各种因素的影响，北极旅游仍然具有蓬勃的生命力。2000 年以后，北极旅游业的发展显著加速。2004 年，约有 12 万人入境北极；2007 年，游客数量比 2004 年翻了一番。2008 年，约有 375 次航行到格陵兰港口和海湾。这个数字是 2006 年的两倍。冰岛和格陵兰的旅游业是北极旅游目的地中最强的：冰岛旅游业自 1990 年以来保持了 9%以上的年增长率；2012 年，格陵兰岛接待了 40000 名游客，它相当于岛上的总人口。据统计，旅游业为北极地区带来了数十亿美元的经济利益，已成为不可或缺的收入来源。仅在 2008 年，北极旅游的价格就从之前的 2900 美元上涨到 55000 美元/人，这个旅游热潮继续升温。目前，中国到北极旅游的价格已高达到 20 万元/人。

北极旅游的发展有利于非北极国家逐步参与北极事务，或者可以说这是北极的旅游外交。北极旅游可以作为政治外交的手段取决于它的特点，北极旅游以一种润物细无声的方式进行对外交流。在此过程中，它可以向北极人民传递和平与友善，展示非北极国家美好形象，增进非北极国家和北极国家人民之间的相互了解，减轻北极人民对非北极国家的敌意，然后通过在下层民众中培养良好关系影响上层政府对非北极国家的防备，改善国家关系，增强非北极国家在北极问题上的发言权，并以温和的方式逐步加入北极事务中。

中国通过与北极国家丹麦的旅游经济合作，在这个过程中能够对丹麦民众传递和平、友善的信息，展示中国美好形象，增进两国人民的相互了解，从而促进两国政治外交关系。

二、中国—丹麦旅游合作现状

旅游业是世界经济发展的动力引擎。WTTC 的《2018 全球旅游行业经济影响报告》显示，2017 是近十年来 GDP 增幅最大的年份之一，旅行与旅游业实现 4.6%的行业增长，连续 7 年高于全球经济总增长速度。过去七年，世界净增岗位中，每 5 个就有 1 个来自旅游业。

自“一带一路”倡议五周年以来，中国为世界旅游业做出了巨大贡献。文化和旅游部的数据显示，2018 年上半年，中国出境游客人数达到 731 万人次，比去年同期增长 15%。其中“一带一路”沿线国家增长最快。而丹麦是“一带一路”北欧方向的重要国家。

中丹关系源远流长。早在 19 世纪，世界著名的丹麦童话作家安徒生就出于对中国的渴望而创作了以中国为主题的作品《夜莺》。中华人民共和国成立后，丹麦是最早与中国建交的西方国家之一。建交 60 多年来，中丹旅游合作与交流不断深化，旅游业正成为服务两国整体外交形势的重要领域之一。

（一）加强中丹旅游业领域合作

2014 年 9 月 12 日，丹麦首相赫勒·托宁·施密特女士访华，访问了中国北京，并参加了丹麦旅游局和中国多家知名旅行社的战略协议签署仪式。通过加强与各大旅行社的深入合作，为中国游客提供更丰富的旅游产品，吸引更多中国游客前往丹麦，签署这一战略合作协议具有重要意义。在丹麦王国驻华大使馆，这次签约活动备受关注，来自北京的 20 多家媒体也见证了这一时刻。

2015 年，丹麦推出了“扩大旅行社安排规定”，即除丹麦旅行社之外，政府将认证一些新的旅游机构承办中国公民来丹麦旅游。这一规定将使中国的旅行社与更多丹麦旅游机构开展合作成为可能，同时也将使中国游客能够单独来丹麦旅游。新规规定丹麦的连锁酒店/个体酒店，大型别墅出租连锁店，大型渡假中心等旅游机构可作为承办机构，丹麦外国人员管理局将根据具体的评估，与相关组织和部门商议，来认证这些承办机构的资格。新规定对被认证的承办机构数量没有限制。

2016 年 11 月，北欧旅游大型推广会在上海、广州和北京等地举行。斯堪的纳维亚旅游局(丹麦国家旅游局和挪威国家旅游局)与 50 多家来自北欧的旅游供应商组成强大阵容，亮相中国旅游市场。展商包括地方旅游局、景点、酒店、机场、航空公司、邮轮公司、地接社和购物店等。丹麦、挪威的使领馆工作人员也出席了三地推广会。中国游客出境旅游的模式正在迅速变化，越来越多的游客已经从传统的多国旅游转向单一国家的深旅游。因此，斯堪的纳维亚旅游局根据北欧旅游市场的变化，在推广期间推出了四条丹麦和挪威的精选深度旅游线路，并为旅游界朋友和旅游爱好者正式推出手机微信端北欧旅游专家培训课程。

2017 年 5 月丹麦首相来华访问，“捷旅计划”(Preferential Scheme，简称 PS)在中国登陆。该计划在中丹旅游年期间被推行，申请人可以通过备案的旅行社(在中国国家旅游局和欧盟同时备案)，享受简化的申请材料和更短的签证审理时间。

(二)提升中丹旅游文化交流

通过履行《中丹联合工作方案(2017—2020)》中相关旅游文化交流工作(见表 2-4)，提升中国和丹麦旅游文化交流。除了签署两国政府关于旅游年合作的谅解备忘录，丹麦王国驻中华人民共和国大使馆和百度地图、丹麦旅游局和中国银联、丹麦旅游局和北欧航空公司，分别签署了三项合作协议。2017 年 5 月，TFBOYS 团队成员易烊千玺丹麦旅游形象代言人授予仪式在丹麦欧登塞市举行。安徒生的故乡欧登塞市市长和丹麦国家旅游局局长共同颁发了丹麦旅游形象代言人证书。作为丹麦旅游大使易烊千玺表示，将尽最大努力在中国传播丹麦之美，让越来越多的人感受到丹麦的魅力。

表 2-4 **《中丹联合工作方案(2017—2020)》中旅游工作部分**

中丹责任方	任务	行动/倡议	现有合作架构
中国国家旅游局—丹麦工业商业和金融事务部,丹麦旅游局	中国国家旅游局与丹麦工业,商业和金融事务部签署的合作谅解备忘录为基础,加强中丹在旅游领域的合作	在中国国家旅游局局长与丹麦工业,商业与金融事务大臣 2017 年 2 月签署的关于中丹旅游年合作的补充谅解备忘录基础上: 1)共同制定落实 2017 年“中丹旅游年”项目 2)旅游年举办期间,将鼓励两国旅游业界进一步深化合作,促进双向人员来往的进一步扩大 3)在 2017 年中丹旅游年期间的合作基础上,双方将在 2018 年中国—欧盟旅游年期间继续开展合作	中国国家旅游局和丹麦工业、商业和金融事务部就旅游事务签署的谅解备忘录。中方旅行社与丹麦旅游局在 2014 年丹麦首相访华期间签署的战略合作协议
中国国家文化局—丹麦文化部	加强在文化遗产保护和博物馆相关的建筑设计和手工艺制造等领域的交流与合作	在相关共同项目上进行合作与咨询。与 2017 年年中进行项目成果评估	中国国家文化局与丹麦文化部就促进文化遗产保护与博物馆领域交流与合作达成的谅解备忘录
中国文化部—丹麦文化部	以互惠为原则,在“丹麦文化季”后,进一步加强中丹文化交流,更好地发挥双方在哥本哈根、北京设立的文化中心的作用	两国文化部应支持并鼓励两国文化中心积极组织面向公众地高质量的文化活动	中国政府和丹麦政府就互设文化项目达成的协议

(三)中丹旅游合作交往日益密切

近年来，中丹旅游业日益密切。2016年，两国的双向旅游交流超过21万人次。在《2017年丹麦旅游趋势报告》中，随着2017年“中丹旅游年”的正式启动，访问丹麦的中国游客的人气将进一步升温。2017年，到丹麦的中国游客人数达到262000人。除哥本哈根外，游客还可以参观丹麦童话大师安徒生的故乡，位于菲英岛上的欧登塞，或继续向西行到达丹麦与德国接壤的大岛地区，欣赏西海岸的自然风光，并到丹麦人引以为豪的乐高乐园游玩。

2017年数家电视台和博主访问了丹麦，向中国人展示了丹麦的风土人情。东方卫视的真人秀节目《旅途的花样》在丹麦制作了两集，包括丹麦王储弗莱德里克(Frederik)骑自行车的片段。在视频分享平台腾讯、优酷、乐视播放的综艺节目共获得8.78亿次点击量。东方卫视播出的收视率为0.6。

微博上有一千四百万粉丝的网络博主——“英国报姐”前往了丹麦瓦登海自然保护区。在丹麦西海岸的退潮时候生蚝随处可拾，“英国报姐”的视频在线上渠道和社交媒体上共计播放8000万次，大大促进了中国人的捕捞生蚝之旅。

TFBOYS成员易烊千玺5月份成为丹麦旅游的形象代言人使得中国赴丹麦旅游人数再创新高。年轻人中流行的媒体中易烊千玺有22亿的曝光量。丹麦奥斯卡获奖导演比利·奥古斯特(Bille August)也出席了闭幕式，因为他曾在中国拍摄关于表现文化差异关系的《中国寡妇》。

中国游客更希望在哥本哈根停留。哥本哈根今年的最大的成功是在2017年旺季销售了92%的酒店客房。虽然住在哥本哈根，游客也前往哥本哈根周边地区旅游，比如哥本哈根北部的莎士比亚哈姆雷特城堡——卡隆堡宫。哈姆雷特城堡所在地——赫尔辛格的游客人数增加了380%以上。

中国与丹麦旅游业的合作，还会取得更大的成功，从目前来看，哥本哈根正在新建的酒店客房就已多达6000间。中国国家旅游局局长李金早表示，未来还会有更多的游客到丹麦旅游。

第四节 中国—丹麦旅游合作存在的问题与完善协调机制

2018 年，旅游已成为中国新生代的主要消费支出，消费升级下，以 90 后新生代为代表的消费者尤为注重个人体验，愿意为更好的服务及体验买单，高端出境游产品需求日渐刁钻。遇见不一样的自己和探索从未踏足的世界成为高频次旅游群体的主要旅游目的。最小众的旅游目的地、最自然的探索、最极致的体验，最“精”与“美”的追求，成为影响旅游产品选择的必要因素，极地旅游产品市场也因此愈见火爆，极地从一个只有少数人才能达到的目的地，变成了越多人的追捧目的地。丹麦作为极地旅游产品市场目的地，通过分析中丹在极地旅游合作中存在的问题，探讨完善协调机制。

一、中丹旅游合作存在的问题

随着我国居民消费水平的不断提高和出境旅游市场的日益成熟，高端出境旅游市场迎来了商机，个性化定制的高端旅游产品逐渐成为市场的宠儿。其中，以极地旅游为代表的具有挑战性的利基目的地近年来受到了广泛的追捧。

新时代下，极地旅游的概念和含义，也由“南北极极地”拓展为广义的“极地、海洋、沙漠、山地”等极致自然条件下的高端定制旅游，以及涵盖广泛含义的冰雪、露营、登山、越野、探险、深潜、狩猎等高端户外特种旅游。不过势头最盛的，仍要数南北极旅游。

2017 年中国登陆南极的游客人数接近 5300 人次，十年时间里增长超 50 倍。北极目的地也在显著增长，北欧国家的中国游客数量每年增长 50%~100%。各个旅游社也在争夺这个高端市场。

不过，旅游业作为一把“双刃剑”，既是资源依赖型产业，又不可避免给当地环境带来影响。尤其是对于生态环境脆弱的南北极。近年，“北极圈惊现极端高温天气”“海冰融化加剧，谁来拯救北极熊?”等消息刷爆社交网络，再次引发人们对极地环境问题的担忧。

如何保护和合理利用北极这片净土，如何实现可持续健康发展，是两国旅游合作上的一道难题。

（一）南北极旅游持续升温

居民消费升级的大背景下，旅游业呈现蓬勃发展之势，旅游需求个性化、品质化日趋明显，以极地旅游为代表的高端旅游产业迎来发展的“大时代”，南北极旅游人次持续攀升。

根据国际南极旅游组织协会的最新数据，2017—2018 年共有 41996 名游客通过提供岸上活动的邮轮从海上抵达南极，比去年增加了 16%。其中，中国已成为仅次于美国的第二大游客来源，占全球南极游客总数的 16%。过去十年，中国南极游客数量从 2008 年的不到 100 人增加到 2017 年将近 5300 人，增幅超过 50 倍。同时，北极目的地也显著增长。根据俄罗斯政府数据显示，中国游客是俄罗斯北极地区最大的消费群体。在芬兰的拉普兰地区，2016 年中国游客的过夜入住率达到 92%，创历史新高。在丹麦、挪威和冰岛等国家，每年接待的中国游客数量增加了 50%～100%。

携程公司此前发布的《中国极地旅游报告》显示，中国游客可以通过携程和其他平台在南极、北极和极光线路中选择 1000 多条。2017—2018 年，北极和南极的旅游申请数量增加了两倍，人均支出超过 5 万元。旅游客源群从北京、上海和广州的一线城市扩散到二、三线城市。随着人气的不断提高，一些在线旅行社开通了北极和南极航线，旅行社也推出系列特色产品。

2017 年 5 月，携程旗下鸿鹄逸游发布《中国人极地高端旅游报告》，揭示极地旅游主力客群画像；9 月，中国旅游协会、中华环保联合会召开首届中国极地旅游论坛；11 月，首届中国极地旅游论坛南极峰会召开，极地旅游成为全行业关注的焦点。

然而，由于受到全球变暖及人类活动的影响，南北极地区的增温速度是世界其他地区的两倍以上，这导致了冰川逐渐融化、海冰和冰盖快速消失，生态环境遭到破坏。一方面是越来越火热的两国旅游合作极地游趋势，另一方面是环保及可持续发展目标的强化。两者之间的权衡与取舍也引发诸多讨论。

（二）火爆背后的环保难题

从环保角度来说，旅游合作开发无疑是一把“双刃剑”，既依赖当地资源，又不可避免给环境带来影响。极地旅游亦是如此。例如，建立科考站、基础设施的建设和公路桥梁的建设，这些将导致土质松动。同时，科考站的残留物、废电池、废金属和建筑垃圾等，也会对浅层土壤物理结构造成一定程度的破坏。

近日，北极圈温度高达30℃的新闻在社交媒体圈发酵，北极熊赖以生存的冰川正加速融化，北极地区正面临严峻挑战。数据显示，2018年7月，北极圈冰川覆盖面积约为822万平方公里，比1981年到2010年的长期平均冰川覆盖面积低125万平方公里，仅仅比2012年7月最低值高55万平方公里。而根据德国海冰门户平台的统计，南极和北极在2016年年初的海冰面积就已经创下了38年以来卫星记录的新低。

南极方面，近年来，为了吸引游客，南极旅游的形式也日趋多样化，在固定景点参观和考察站游览的基础上，又增加了雪地野营、冰海漂流、直升机历险等体验项目。而大量研究亦表明，人类在南极的活动已引发南极地区区域性的土壤与植被被污染、野生动物受扰等问题，这些对南极的生态系统都造成了损害。

频繁的船舶和飞机活动不仅会造成燃料泄漏的可能性，还会扰乱野生动物的栖息地，甚至会导致野生动物的生理功能发生变化。旅行者产生的废物量和人类自由进出鸟类栖息地，也会导致保护区的栖息地丧失和种群数量的减少。这些都给极地生态环境带来巨大压力和潜在的风险。

南北极具有的独特旅游资源环境，决定了其生态旅游具有不可估量的开发潜力，但随其蓬勃发展，环境保护的重要性也日益凸显。一旦生态遭到破坏，人类的生存环境必将受到极大威胁。如何保护好生态环境、促进可持续发展，是中丹旅游合作面临的一道难题。

(三)极地活动亟须规范管理

以南极为例，南极是世界公认属于全人类共有的最大自然保护区，也是迄今全世界唯一一个有着较为完备的国际条约与法律体系严格规制的地区。1991年，南极条约协商会议通过了《关于环境保护的南极条约议定书》。根据该议定书，禁止在50年内开采南极矿产资源，其他资源如磷虾，只能在有限额地开采。

陆上矿产资源开发全面遭禁后，科考和旅游无疑成为人类在南极地区最为现实的两大和平利用活动。而随着南极游热度的不断升温，国际上亦有不少声音提出全面禁止南极地区一切活动。

中国旅游协会秘书长张润钢认为，禁止南极游并非良策，它不仅剥夺了公民的正当权利，而且也难以实现。真正需要的是对总量的控制，特别是对环保意识、习惯方面的宣传和倡导。中华环保联合会副秘书长冯晓星认为，应从国家和企业两方面来加强对南极的环保意识。在国家层面上应加强管理和制定相关法律法规，使政府管理有法可依，企业发展有章可循。而企业应积极引导游客对极地环境敏感性以及环境保护工作对极地的特殊重要性加强了解，努力提高公众的环保意识，并且变为实际行动。

2019 年 2 月，国家海洋局发布《南极活动环境保护管理规定》，其中明确规定：未经许可，任何个人或者机构不得携带、处理放射性废物和其他有毒、有害物质进入南极；禁止引入非南极本土动物、植物和微生物；禁止收集和带出南极陨石、岩石、土壤和化石；禁止狩猎或获取南极哺乳动物、鸟类、无脊椎动物和植物的全部或部分样本；不得进入南极特别保护区或其他国家海洋局出于安全和环境原因设置的禁区。

根据规定，如果活动对南极生态环境或相关历史古迹造成污染损害，活动的组织者和参与者应承担清理污染和修复损害的全部费用。可以预见的是，未来极地旅游环保监管将愈加严厉，游客也将面临严格的行为要求，而这也有助于极地旅游生态保护与产业可持续发展。

极地旅游产品市场产品质量参差不齐，优质目的地稀少，价格、服务差异巨大，获客成本高昂，消费者面临着选择难的问题。这些问题一则是市面上有满足消费者的产品，但是没能进入消费者视线；二则是市面上的产品在细节、品质上达不到消费者的要求。

在极地游越来越火热的现在，大量人员涌入脆弱的极地生态圈，对极地生态环境和生态平衡造成了极大冲击。极地是在极端环境下孕育的独一无二的自然风光，旅行者更需要以敬畏的心态感受极地带给我们的精神体验。中丹旅游经济的合作如何更好地保护与传承极地自然环境与特色文化也是我们新的探索方向。

关于以上促进中丹旅游经济合作中可能存在的问题，联合国政府间气候变化专门委员会第五次评估报告指出，人类对气候系统的影响是明确无疑和不断增长的，人类旅游活动产生了约占世界 5%的碳排放量，对全球气候变暖影响重大。基于此，当前各国都把目光聚集在低碳上，低碳经济成为国际社会的基本共识。低碳旅游作为一种绿色旅游，对改善旅游生态环境和缓解气候变化的压力具有重要意义，受到了各国旅游部门的重视。在前面分析过，丹麦在发展低碳旅游方面走在世界前列，为全球低碳旅游的发展提供了重要参考。

二、中丹低碳旅游发展

（一）中国的低碳旅游发展政策

低碳旅游就是在旅游活动中尽量降低碳排放量，减少资源消耗，达到保护环境的目的。我国政府非常重视低碳旅游发展。2009 年国务院就发布了《关于加快发展旅游业的意见》，明确提出要重点发展低碳旅游，并作为未来必须坚持的基本策略。党的十九大报告再次指出，要加快生态文明体制改革，建立绿色生产和消费的法律制度和政策导向，倡导简约适度、绿色低碳的生活方式。加快发展低碳旅游对旅游业的发展具有重要意义。2018 年 3 月国务院办公厅印发《关于促进全域旅游发展的指导意见》，全域旅游以绿色发展作为建设理念，“绿色”是旅游发展的基本路径。旅游业走的是生态、环保、低碳的路子，解决的是人与自然和谐发展的问题。要求是纯净的生态，优美的环境，这样可从根本上约束环境污染，推动区域实现全方位的绿色发展。在当前我国深化产业结构调整、经济转型升级和向现代国家迈进的大背景下，全域旅游无疑是不断丰富发展内涵，推动绿色发展、循环发展、低碳发展，促进区域经济社会协调可持续发展的重要推手。

首先，低碳旅游是可持续发展理念的基本要求。可持续发展是在社会、经济、人口、资源、环境相互协调和共同发展的基础上的一种发展，其宗旨是既能相对满足当代人的需求，又不能对后代人的发展构成危害。发展以环保为目的的低碳旅游，能够实现旅游产品和旅游项目的再生利用，最大限度降低对资源的消耗，保持旅游经济的良性循环。其次，低碳旅游是实现低碳经济发展的有力抓手。由于具有较大带动系数，旅游业的发展能够影响和促进与之相关的 110 个行业的发展。旅行活动能够产生大量的消费，吸引大量的就业人口，而且低碳旅游造成的污染较少，对生态环境的破坏有限，并且能够带动旅游环保产业的发展。最后，低碳旅游是塑造社会主义生态文明的重要体现。社会主义生态文明建设要求尊重自然、保护自然，归根到底就是要使现代经济发展建立在生态系统良性发展的基础上，改变以往先污染后治理的发展道路。低碳旅游符合社会主义生态文明建设的内在要求。

（二）丹麦低碳旅游发展对中国的启示

当前我国可持续发展的战略已经形成，但低碳出游的理念尚未普及，面对严峻的生态环境保护压力，中丹旅游经济合作的可持续性发展，低碳旅游是我国的必然选择，倡导绿色出行应成为我国旅游业发展的必由之路。

1. 制定统一标准，明确规划实施方案

不难看出，丹麦的减排效率如此高效，离不开两个基本前提：标准和规划。低碳旅游标准是行业发展的前提和目标，在目标的指引下，制订行动方案，完成阶段性任务，最终实现低碳出行的宏远规划。丹麦均以法律的形式保障了低碳旅游政策的实施，并不断适应新的形势，完善法律法规的框架体系，使各个部门的相关行为和行动计划均能得到充分的法律支持，保证标准的贯彻执行和规划的顺利实施。在我国部分地区，出现了区域性的低碳旅游行业标准，但尚未成为国家性的法律规范，不具有实质的影响力。因此，国家旅游管理部门、行业标准组织急需研究、制定低碳旅游标准并尽快落实执行。在政策落地的情况下，进行试点工作，遴选某些典型景区、旅行社或酒店进行示范，发挥引领和带头作用。首先，旅游管理部门要制定低碳旅游统一的行为标准，并确定低碳旅游的指导思想和行为准则。其次，根据低碳旅游的行为标准设计低碳旅游的行动方案，对低碳旅游的行为作出具体安排。最后，旅游企业按照行为标准和行动方案开展旅游活动，开发符合低碳旅游理念的产品和服务，尤其是更多地采用信息化、智能化的管理工具，提高管理和运行效率，减少资源消耗和碳排放量。

2. 发挥低碳旅游政策的多样化与技术创新优势

丹麦的政策工具在低碳旅游发展中起到了基础性作用，不同政策工具的相互协调，对实现低碳出行的目标实现具有不可或缺的支撑作用。由于我国低碳旅游发展还处于其初期阶段，游客、从业者甚至是管理部门还缺乏低碳旅游的意识，急需政策的规制与措施的完善。因此，政府部门应严格按照已出台的法律规范，对旅游景区高污染企业进行惩罚，对景区的生态环境保护情况进行适时管控，对发生的破坏性景点开发进行整顿，同时制定旅游景区环保评价标准，对符合条件的企业给予一定的税收减免或其他优惠措施，从源头上减少碳排放量。例如，在低碳酒店建设方面，应对低碳酒店广泛宣传，对低碳酒店进行政策性支持，加大资金补贴，对低碳酒店的经营模式、管理运营、业务升级、服务水平等不断进行创新性探讨。同时，旅游企业要千方百计地进行技术创新，加快研制低碳环保的旅游产品和服务，尽可能采用低碳或零碳能源代替高碳化能源。丹麦在这个领域，技术比较发达甚至形成了技术垄断，我国可采用市场化机制进行技术转让，加快我国低碳技术的消化、吸收和创新。

3. 改变旅游者行为方式和公众意识

旅游管理部门和从业者要有意识地引导旅游者的行为方式和公众意识，积极推广低碳旅游的重要意义。虽然旅游者明白旅游行为可能导致气候变化，但很少有人愿意主动改变自身的旅游方式，利益相关者还没有加入到应对气候变化的行动中。有学者研究发现，公众对低碳旅游认知具有学历、收入和职业差异，受教育程度越高的公众，对发展低碳旅游的认知程度越高，越倾向于支持低碳旅游实验区建设。因此，积极的宣传与教育，对发展低碳旅游是必不可少的。在出行方式上鼓励旅游者采用公共交通，延长旅游者在目的地的逗留时间，鼓励入住绿色酒店。在饮食方面，倡导旅游者自带环保餐具，不使用一次性用品，继续发扬“光盘行动”精神。在购物方面，引导旅游者使用可降解塑料袋，不买带有塑料包装的产品，优先购买具有当地特色的纪念品。在娱乐方面，倡导爬山、徒步、读书、喝茶等低碳活动，开展朴素的、环保的、具有人文情怀的休闲娱乐方式。在旅游产品开发中增加环保教育相关内容，安排低碳旅行体验环节，让旅游者都能亲身体验到低碳旅游的实质意义，增强旅游者减排降碳的积极性。

三、完善中丹旅游合作协调机制

《中国的北极政策白皮书》支持和鼓励企业与北极国家合作开发北极旅游资源，主张不断完善北极旅游安全、保险保障和救援保障体系，切实保障各国游客的安全。完善中丹旅游合作的协调机制，应坚持对丹麦旅游从业机构与人员进行培训和监管，致力于提高中国游客的环保意识，积极倡导丹麦的低碳旅游、生态旅游和负责任旅游，推动丹麦旅游业可持续发展。这些政策规划都为我国旅游业大力拓展中丹旅游合作提供了良好的契机，在此环境下，进一步完善中丹合作协调机制。

（一）完善现行法律体系

我们应该借鉴其他国家在极地旅游法律法规方面的经验，尽快完善现行的《中华人民共和国旅游法》，有关行政部门要尽快理顺关系，同时，我们重视国际非政府组织的力量，鼓励在丹麦开展旅游业务的国内企业积极申请加入IAATO，学习和遵守相关国际规则，从多个方面接轨国际标准，降低国际责任风险。

（二）抓住旅游政策机遇

2016年《“十三五”旅游发展规划》确定了未来五年我国旅游业发展的总体安排，创造性地提出实施旅游外交战略，开展“一带一路”国际旅游合作，推动开放航空权利、相互认可证照、车辆救援和旅游保险等合作以及“21世纪海上丝绸之路”邮轮旅游合作，共同打造国际旅游线路中的最佳产品；2017年《“一带一路”建设海上合作设想》提出中国希望积极参与北极利用与开发，愿与各方共同开展北极航道综合科学考察，同时支持北冰洋周边国家改善运输条件，鼓励中国企业参与北极航道的商业用途，以及北冰洋连接欧洲的蓝色经济通道。这些政策和计划将为中丹极地旅游业的发展提供有利环境，促进更多国内旅游企业的参与。

（三）独立承接极地项目

目前，极地旅游的国内市场占国际市场上的份额逐年增加，国外垄断局面也将逐步打破，如自主研发破冰船，培养高素质从业人员，加强人才培养等方面的国际合作等。中国旅游企业如能够相对独立地开展极地旅游项目，在制定规则、享受资源方面就会具有较高的自主权，可以更好地保护国内游客的权益。通过减少代理商的费用为降低运营成本，在价格上提升更高竞争力，丹麦旅游消费市场也将扩大。

（四）进行旅游资源评价

旅游资源评价一直是旅游研究的热门话题。20 世纪 90 年代末，中国发布了国家标准《旅游区（点）质量等级的划分与评定》（GB / T 17775-1999）；2003 年发布了国家标准《旅游资源分类、调查与评价》（GB/T 18972-2003）。国家标准提出了一种可行的旅游资源综合利用评价方法，但主要适用于国内旅游资源评价，不完全适用于极地旅游资源。因此，应利用现有的标准框架，建立符合极地特征的旅游资源评价体系，从自然资源条件、旅游环境影响、发展条件及其影响因素以及社会经济效益等方面系统评价丹麦旅游资源；开展丹麦旅游资源专项调查和评估，明确丹麦旅游资源的类型、分布和特点，提供基础数据，并在研究中国旅游消费行为的基础上做出决策和建议，促进中丹旅游合作的规范有序发展。

（五）开展中丹学术交流

讨论中丹北极关系的适用性及其障碍分析，可以更好地促进双方合作，为今后扩大中国在北极地区的实力提供理论依据，为改善两国关系做出贡献。我们应该积极应对挑战，建立发展中丹关系的方式方法、促进学者之间的交流、建立国际组织。同时，以促进中丹双边关系为目标，形成对话机制。中国将建立“北极原住民民可持续发展”对话机制，缓解丹麦对中国在格陵兰问题上的担忧，开展中丹学者之间的学术互动，加强双边关系。围绕产业、学界及社会普遍关注的旅游可持续发展、环境保护、资源整合、产业创新发展等问题展开充分交流，旨在为中丹旅游的快速发展奠定扎实的基础。

作为地球上很少被人类访问的地区，极地地区吸引了来自世界各地的游客的注意，是世界上最大的特色旅游资源宝库之一。国际极地旅游业经过几十年的发展已相对成熟，中国的极地旅游发展较晚，但近年来发展迅速。中国应尽快填补立法空白，改善现有的发展方式，建立相关的管理组织和法律体系。加快与国际极地旅游业的接轨；抓住国家旅游发展的契机，建立自主极地旅游品牌，积极开拓国内市场，提高从业人员的专业水平；开展初步数据收集工作和实地调查，充分掌握极地旅游资源的类型、分布和特点，建立适当的评价体系，采取多种措施促进国内极地旅游业的健康发展。

结　语

随着全球气候持续变化，北极地区在国际政治经济格局中的战略地位愈益凸显。中国国务院2018年1月26日发表《中国的北极政策》白皮书，明确了中国的北极政策目标是认识北极、保护北极、利用北极和参与治理北极，本着“尊重、合作、共赢、可持续”的基本原则参与北极事务，将愿意为北极的和平稳定和可持续发展做出更大的贡献。旅游界学者(马修斯和霍尔，麦金托什等)认为旅游能够使具有不同文化背景的人们进行接触和交流，加深了解、理解和尊重，继而促进世界和平。故中国要参与北极事务，首先要加强交流、认识、理解和尊重，两地的旅游合作是促进彼此认识的最好形式之一。

本章以国务院2018年1月26日颁布的《中国的北极政策》白皮书为契机和背景，以近年来国际旅游业务迅猛发展的中国旅游业务急剧增加的欧洲极地国家丹麦为研究载体，针对双方旅游合作中暴露出来的一些问题，探讨构建中国与丹麦旅游合作机制，为形成双方国家在旅游产业上双赢共进，推进中国旅游业发展更好的与欧洲极地国家融为一体，同时也为中国更好的融入世界其他国家、为中国旅游产业更好的发展国际旅游业务提供可借鉴的新思路和战略。

第三章　中国—冰岛旅游经济合作研究

本章从“一带一路”“冰上丝绸之路”的视角，探讨中冰以“冰上丝绸之路”两端的旅游经济带合作的机遇与挑战，阐明由于冰岛旅游业快速发展带来的旅游基础设施紧张、旅游业繁荣导致环保压力增加、冰岛克朗升值、冰岛游客抑制政策的实施等，所带来的冰岛生态和其他产业危机问题，提出中冰双方以“一带一路”为平台进行旅游基础设施建设、联合开发全域旅游、共建中冰—北欧“冰上丝绸之路”旅游经济带的合作构想。

第一节　冰岛国家概况

一、冰岛简介

冰岛共和国(The Republic of Iceland)，简称冰岛(冰岛语：“Island”，英文“Iceland”)。其原文意思为“冰的陆地”或“冰的国度”。由于它是岛国，汉语翻译为“冰岛”。冰岛是个岛国，其主要岛屿就是冰岛，面积为10.2950万平方公里，为欧洲仅次于大不列颠岛的第二大岛。

该岛南北长346公里，东西宽514公里。大岛的周边有众多小岛，加在一起全国总面积为10.3110万平方公里。据冰岛统计局数据显示，截至2018年3月底，冰岛人口达到350710人，环比增长0.8%，首次突破35万人，是欧洲人口密度最小的国家，其人口主要集聚在雷克雅未克附近的西南地区。由于周围海域在历史上不时有海底火山爆发，导致新的小火山岛有的在形成后不久面积变小，有的甚至完全消失，因此其全国总面积的统计数字因年代不同而有所变化。冰岛位于北大西洋中部，紧靠北极圈，其极点坐标是北纬63°23′31″—66°32′29″、西经

13°30′06″—24°32′12″之间，是位于地球最北端的国家。它有白夜和黑昼现象，即太阳在夏季落下的时间很短，夜晚好似白天；太阳在冬季则升起的时间很短，白天好似夜晚。如表3-1以雷克雅未克和赫本2018年的日出日落时间数据为例所示。从地图上看，冰岛犹如镶嵌在北大西洋靠近北极圈的一颗明珠，十分耀眼。

表3-1　　日出日落时间

日期	日出时间	日落时间	日照时长	日出时间	日落时间	日照时长
2018年	雷克雅未克			赫本		
1月1日	03:15AM	07:45AM	4小时27分	02:52AM	07;16AM	4小时24分
6月1日	08:19PM	04:30PM	20小时11分	07:50PM	04:06PM	20小时15分
8月1日	09:37PM	03:29PM	17小时52分	09:09PM	03:04PM	17小时54分

资料来源：谷歌地图数据

冰岛位于欧洲最西边，虽然属于欧洲国家，但是离欧洲大陆很远，离北美洲反倒近一些。其东面隔挪威海距挪威970公里，东南距英国的苏格兰798公里，西北隔丹麦海峡距位于北美洲的格陵兰岛287公里，东南距法罗群岛420公里，东北距扬马延岛550公里。海岸线长约4970公里，领海宽度为12海里。其大陆架面积为11.1万平方公里。冰岛于1972年宣布其专属渔区宽度为50海里；1975年10月，冰岛开始推行200海里捕鱼限制区；1979年6月，冰岛正式宣布对200海里捕鱼区的专有权，其专属经济区总面积为75.8万平方公里，是国土面积的7倍多。

由于冰岛特殊的地理气候条件以及自然资源情况，其经济结构原来较为单一，渔业是冰岛20世纪国民经济的主要支柱，传统工业以渔产品加工和畜产品加工为主。自20世纪60年代以来，冰岛政府力求改变主要建立在对渔场、水力、地热资源等自然资源利用上的单一经济模式，改变经济过于依赖渔业和农牧业的发展。经过多年努力，冰岛经济逐步由传统渔业和农牧业的单一经济结构向多元经济模式发展，积极发展新兴高科技产业、能源密集型产业、旅游业等。依托冰岛丰富的旅游资源以及冰岛政府对旅游产业的积极推进，冰岛旅游业的发展十分显著。

二、冰岛人文文化概况

冰岛人是冰岛的主体民族。冰岛人是世界上人数最少的民族之一，属于欧罗巴人种北欧类型。①

冰岛人的国籍由《冰岛宪法》第 68 条(“除非依照法律，任何外国人均不能取得公民身份”)和 1952 年第 100 号法令《冰岛公民身份法》加以规定。该法的原则类似于丹麦和挪威所适用的原则：凡希望入冰岛籍的外国人须向议会提交申请书，通常是通过司法部递交。一般来说，在该国居住 3—5 年是必须具备的入籍条件。

2003 年 2 月 12 日，冰岛议会做出新的决议，允许冰岛人在成为外国公民之后可以保留其冰岛国籍；同样，外国人在加入冰岛国籍后也可以保留其原有国籍。而此前的法律规定，冰岛公民一旦加入外国国籍，就自动丧失冰岛国籍，外国人在加入冰岛国籍之后也丧失其原有国籍。

(一)语言

冰岛语是冰岛的国语和官方语言。1000 年前，整个斯堪的纳维亚半岛都通用古代北欧语，后来逐渐发展成今天的挪威语、瑞典语和丹麦语。许多世纪以来，其他斯堪的纳维亚语言无一不受到邻国语言的影响，唯有冰岛语仍然保持着古代北欧语的许多原始特点，纯洁古朴，几乎没有受到其他语言的影响，外来词、国际词汇极少，自 9 世纪以来基本上没有发生大的变化。在现代斯堪的纳维亚诸语言中，只有冰岛语跟古代北欧语最为相似，是欧洲保留的最古老的语言之一。现代冰岛人可以很容易读懂古代挪威文献，而现代挪威人则无法做到。有些语言学家把冰岛语戏称为欧洲“最保守的语言”，是古代北欧语的活化石。

(二)宗教

冰岛绝大多数居民都信奉基督新教，是路德派教徒。因路德宗教义的核心为“唯信称义”，因此又称为“信义宗”。冰岛宪法第 62 条规定，基督新教路德宗是国教，受国家的支持和保护。基督教福音信义会是冰

① 晓宁．冰与火的国家——冰岛[J]．对外大传播，2000(3)．

岛的国教会，其教徒曾经占全国总人口的97%。

(三)民风习俗

冰岛人取名至今仍保留着古代北欧人的习惯，由本名即自己的名字加上父亲的教名组成全名，而没有真正的姓氏，这种情况在世界上是很少有的。古代挪威人有这种取名的风俗，但随着人口数量的增多，慢慢地没有人再沿用这个习俗了。而冰岛却由于许多原因而保留了这个习俗，并形成人名重复率很大的现象。从17、18世纪开始，一些有名望有地位的冰岛人才按照外国的习惯给自己加上姓，但目前只有少数冰岛人仍然保留其姓氏。

此外，还有其他若干起名的方法。对于外来人，在称呼中加上他以前的住址；对于老居民，则在称呼中加上他现在的住址。由于大多数人没有姓氏，妇女在结婚之后便不改变其原名，即不随其丈夫的名字。

现代冰岛人在日常交往中相互称呼十分随意，只称呼各自的教名即名字的前半部，相互之间从不单独称呼名字的后半部(例如“埃里克松”“奥斯卡多蒂尔”，因为这意味着称呼“埃里克的儿子”“奥斯卡的女儿”)。在正式场合则使用人名的全名，但名字的后半部不如前半部重要。在诸如电话簿中，人名的排序是以名字的前半部即教名的字母顺序来排列的。不过，目前在国际性场合也往往把名字的后半部当作姓来使用。尽管没有姓氏，但是冰岛人自古有记录家谱的传统，凡是在11世纪以后出生的人大多在教堂里留下记载。2002年，冰岛设立了世界上独一无二的千年家谱网站，几乎每个人都能查出自己在1000年前的祖先。

冰岛人普遍有喜好读书的习惯。尤其在冬季，由于夜晚时间特别长，户外寒冷，人们便很少外出，习惯在温暖的房屋里以读书为乐。在冰岛，不论是农民家还是渔民家都有自己的书房。长此以往，使得冰岛人的文化水准普遍比较高，虽居住在地球一隅，知识面却比较广泛，视野也相当开阔。“书多人贤”，冰岛的人口素质因而普遍比较高，社会上的犯罪率极低，腐败现象也极少，并且成为世界上最早消除文盲的国家。这些都同冰岛人喜爱读书的良好习惯密不可分。

冰岛人爱好读书有着悠久的历史，在18世纪时，当时冰岛为丹麦的殖民地，尽管当时的冰岛人民生活窘迫，但书籍是他们生活中必不可少的精神食粮。他们喜爱的描写古代冰岛英雄的“萨迦”故事是由历代僧侣记录并保存下来。在寒冷漫长的冬季夜晚，一家人围坐一起，阅读这类故事传记来度过长夜时光。

冰岛人普遍喜爱诗歌，不仅喜欢阅读诗作、背诵或大声朗诵诗歌，而且有不少人会写诗，也喜欢写诗，据估计在 30 万人口中至少有几千人之多。他们还把各国的诗作译成冰岛文出版，其中包括中国的古代诗篇及现代诗篇。冰岛人喜爱诗歌和他们自古就有《埃达》诗篇以及人们普遍喜爱读书有关。人们经常举办各种诗歌朗诵会，既有家庭的小型诗歌朗诵会，也有公共协会组织的诗歌朗诵会。冰岛不少议会议员也是诗人，包括曾任冰岛议会议长的布伦达尔。

冰岛自古就有写诗和朗诵诗的传统。在节日和喜庆集会上，人们常常登台朗诵诗歌以及古代“萨迦”助兴，诗人以及朗诵者都受到人们的尊敬和爱戴。在冰岛历史上曾涌现许多诗人。儿童们从小就学习、朗诵诗歌以及写作诗歌。

冰岛的大小城市几乎都有地热温泉游泳池，不仅在夏天，人们在冬天也可以在温泉游泳池中尽情地畅游、嬉水。冰岛的游泳池大多数设在室外，游泳池外银装素裹，游泳池内则温暖如春，人们一年四季都可以在温暖的水里游泳。为了通过游泳增强体质，政府的法律明文规定，小学生必须要学会游泳。游泳现已成为冰岛人十分普及的健身活动。

冰岛马是冰岛人引以自豪的三样“国宝”之一(另外两样是鱼类和地热温泉)。身形矮小的冰岛马是欧洲著名的矮种马，也称“日耳曼矮种马”，具有耐寒抗病、体魄强壮、有耐力、性格温顺、步伐稳健、善奔跑等优点，成为各国皇家卫队和赛马爱好者的抢手货。冰岛马是世界各地赛马商的最爱，因为世界上很少有像冰岛马那样天然的顽强无比的耐力、剽悍的体魄和俊美的外形。冰岛人将冰岛马引以自豪，被称为“人类最好的朋友”。在冰岛语中用以形容冰岛马的词汇就有 1000 多个。冰岛人主要把它用于出口和旅游业的野外郊游等项目。

昂贵的蔬菜水果由于气候条件限制，本地温室只能生产一部分蔬菜水果，大量依靠进口。进口蔬菜只能采用空运方式，运费高昂，而海运时间太长会造成腐烂变质，这样，新鲜蔬菜十分珍贵，价格也十分昂贵。在超市中，一根黄瓜被切成 3 段卖，芹菜被掰成瓣卖，圆白菜、大白菜被切成 1/4 棵卖，辣椒论个卖，这在全世界都是绝无仅有的。在历史上，冰岛人除了吃鱼虾和牛羊肉，主要是吃土豆和洋葱。菜谱十分简单，尤其在冬天到来之前，必须储存足够的食品，否则可能饿肚子。

冰岛实行每周五天工作制。主要的法定节假日有：1 月 1 日元旦，复活节前一周的星期四、星期五，复活节的星期一，4 月的第三个星期四，5 月 1 日国际劳动节，耶稣升天节，圣灵降临节，6 月 17 日国庆节，银行职员节(8 月第一个星期一)，12 月 24 日放假半天，12 月 25—26 日圣诞节，12 月 29 日放假半天。

冰岛是世界上极少数规定“电视禁播日”的国家，规定每星期四所有电视台都不得播出节目，以便让一家人有机会走亲访友、上街购物、看电影、去剧院，目的是减少电视带来的消极影响，以增进人们之间的了解和友谊。

第二节　冰岛旅游经济发展概况

一、冰岛自然旅游资源概况

冰岛具有丰富的旅游资源，首都雷克雅未克(Reykjavik)，位于法赫萨湾西南的塞尔提亚纳半岛上，是冰岛唯一的大城市，也是世界最北边的国家首都。公元 874 年开始有人居住，1944 年成为冰岛共和国首都。雷克雅未克西南面滨海，东面和北面群山环绕。每当朝阳初升或夕阳西下，山峰呈现出娇艳的紫色，海水也变成深蓝。入冬以后，山巅覆盖着白纱似的积雪，分外壮观①。其所处的塞尔提亚纳半岛，面积不大，东西长约 5 公里，南北宽约 2 公里，半岛上的平原地区海拔为 17 米，其他地方丘陵起伏。

雷克雅未克市人口达到 11.5 万(截至 2017 年底)，是全国人口最多的城市，目前人口仍在不断增加。雷克雅未克是冰岛主要的政治、文化、工业和商业中心及重要渔港。政府议会、中央银行及主要商业银行等均设于此。雷克雅未克的工业约占全国的一半，主要包括有造船、纺织、食品加工和鱼类加工等。冰岛的国际机场凯夫拉维克机场距离雷克雅未克 47 公里，有定期航班飞往挪威、德国、丹麦、美国等。作为全

① 蒋勇生．浓情冰岛游：体味冰火两重天[J]．中国信用卡，2006(8)．

国唯一一所大学的冰岛大学坐落于雷克雅未克，冰岛大学是一所综合性大学，始建于1911年，包括经济学、自然科学、法学、神学、文学、医学等。雷克雅未克市内有多家出版社和书店、别具风格的历史人文博物馆、雕塑博物馆、国家化画廊、可容纳700人的国家剧院等文化机构。雷克雅未克虽然没有世界上其他大都市那样的高楼大厦和繁华的商业中心，但却是道路发达、环境极为整洁的现代化城市。

“雷克雅未克”是由其发现者命名，在冰岛语里是“冒烟的港湾”之意。公元9世纪，斯堪的纳维亚人发现冰岛，看到远处海湾沿岸升起缕缕炊烟，于是将此地命名为"雷克雅未克"，意为“冒烟的港湾”。而这些发现者所见到的烟其实是由岛上的温泉、间歇泉不断喷出水柱而形成，由于发现者远眺而误认为是冒烟。

受海洋暖流的影响，雷克雅未克的气候比较温和，7月的平均气温为11℃，1月为-1℃，平均每年有1300多小时有充足的阳光。雷克雅未克的地热资源十分丰富，许多地方地下1000米处的地下水温度超过200度。其最著名的街道称为“通往池塘的路”，在20世纪以前，人们就是从这条路前往地热池塘去洗澡或洗衣服的。市内铺设了长长的热水管道，为全市居民提供供暖和热水，热水输送到家庭时还能达到90℃的温度。全市分为10个区，每个区都建有一个热水站。由于温泉之惠，这里的人们很少使用煤或石油作燃料，全市最后一口工业烟囱于1998年已定向爆破，因此整个城市空气清新，令人心旷神怡。由此，雷克雅未克得到了“无烟城市”的美称。由于不用烧煤又没有尘土，本来就很漂亮的建筑物上更是一尘不染①，因而也是世界上最清洁的城市。市中心的美丽小湖-托宁湖，在夏季时，成群的天鹅、水鸟栖息于此；在寒冷的冬季，由于修建了专门的地热管道，可向湖中排放温度适宜的温水，供野生水禽过冬，形成了雷克雅未克一道靓丽的风景。

雷克雅未克城市布局匀称和谐，没有高楼大厦，居民房屋建造大多小巧玲珑，大部分是两三层小楼，最高的也只有四五层，风格各异，色彩鲜明，多用红、蓝、绿等颜色涂顶。所有建筑几乎都是在20世纪建成的。尽管市内街道不宽阔，但整个老城区却给人以整洁宁静、古色古香之感。20世纪50年代，这里还几乎没有一条柏油路，但仅仅在10

① 齐守智．冰岛：冰火交融的世界[J]．世界有色金属，2008.

年之后便全部铺设成柏油路。雷克雅未克主要景点有：

雷克雅未克的中心区是托宁湖畔一带，主要建筑有市政厅、议会大厦、国家图书馆、国家博物馆、北欧文化宫、冰岛大学等，均具有北欧特色。此外还有一些文化场所，如国家美术馆、自然博物馆、国家剧院、电影院等。其中始建于1880年的议会大厦是冰岛最古老的石建筑物，以玄武岩建造，富于特色。

雷克雅未克附近车程约45分钟的地方，是著名的温泉区。冰岛著名的地热温泉—蓝湖就位于此，

游客纷纷慕名而来，其中不乏许多即使只在冰岛转机的几小时的间歇也要乘车赶来蓝湖的游客。蓝湖是露天的温泉，由于冰岛地热资源丰富，即使在雪花纷飞的寒冬，游客们仍可泡在温暖的水中，享受大自然得天独厚的赐予。蓝湖的白色温泉泥也是游客极欢迎的美容佳品，冰岛是多火山的国家，而蓝湖则位于死火山上，所以这种温泉泥是由地层中有益的矿物质沉积于湖底而形成。温泉泥被冰岛医学家证明有疏解精神压力和养颜美容之功效。许多游客怡然自得地泡在蓝湖浅蓝色的温泉中的场景，似乎已成为了冰岛最典型的宣传照片。

位于雷克雅未克市中心的雷克雅未克大教堂全名叫哈尔格林姆斯教堂，是以冰岛著名文学家哈尔格林姆斯的名字而命名，以此来纪念他对冰岛文学的巨大贡献。该教堂由于建造经费主要靠教会筹集和信徒捐助，所以该教堂虽然于1940年开始奠基，于六十年代末基本完工，但花了几乎半个多世纪才全部完工。雷克雅未克大教堂为管风琴结构，设计新颖，主厅高30多米，可容纳1200人。主塔高72米，乘坐电梯上顶楼可俯瞰首都全貌。

雷克雅未克市中心的状似水晶球的“珍珠楼”是冰岛现代建筑艺术的代表作，也是该市最漂亮的景点之一。珍珠楼是一家热水供应公司，但其现代艺术风格和独特的造型设计的完美结合使得珍珠楼声名鹊起，成为雷克雅未克著名的旅游景点之一。

珍珠楼占地面积为3700平方米，整栋楼高25.7米。珍珠楼顶的穹顶形成半圆的楼顶，是由1176块玻璃所组成。珍珠楼内设施完善，珍珠楼周围是个容量很大的圆柱形大水罐，主要起到调节室温的作用。夜晚的珍珠楼灯火辉煌，流光溢彩。俯瞰珍珠楼，水晶球体在周围巨大的圆柱建筑的簇拥下，形如一朵盛开的鲜花。

与雷克雅未克市相距70公里的凯瑞德火山坑，形成至今大约有6000多年的历史。火山口呈的椭圆形状，凯瑞德火山坑长、宽、深分别为270米、170米和55米。经过经年累月流水的冲积，火山口中形成了一潭深为7至10米的碧绿的湖水。站在山巅之上，俯瞰宁静的小湖，宛如镶嵌在黑色土壤中的一块温润的美玉，远离尘世的喧嚣，静默自持。

雷克雅未克的文化活动丰富多彩。例如每年5月14日—6月5日举办雷克雅未克艺术节。该艺术节于1970年首次举办，在艺术节期间有精彩的话剧、歌剧、音乐会、展览会以及舞蹈，向游客展示冰岛文化的过去与现在，并邀请国际知名艺术家参加。雷克雅未克爵士音乐节(9月29日—10月3日)、雷克雅未克气浪音乐节(10月20—24日)等也十分有名。

西南区位于冰岛西南部法赫萨湾南岸。面积929平方公里，首府凯夫拉维克。主要景点有古议会旧址。

西部区位于冰岛西部、布雷扎湾和法赫萨湾之间。面积9554平方公里，首府是阿克拉内斯。比较著名的景点有朗格冰川；格里姆尔瀑布，它是冰岛最高的瀑布，落差达160米；雷克霍尔特，它在历史上是冰岛的文化中心，是冰岛最有名的历史遗址之一，它包括一个文化中心和教堂。

西部峡湾位于冰岛的西北部，是冰岛首个获得“欧洲最佳旅游目的地”殊荣的地区，有时被戏称为“冰岛最著名的无名地区”。这里天然原始的自然景观，几乎无人居住。这里的悬崖和山谷中到处都是飞鸟。无人居住的峡湾静谧肃然，北极狐自由自在无忧无虑地穿梭于山间和水湾。瀑布高大、溪流清澈。峡湾幽深而绵长，有些地方根本就没有路。

西部峡湾是冬天观看北极光的极佳地点。也是夏天体验午夜太阳的绝好地方。这里风景秀美怡人，吸引了许多摄影爱好者来此捕捉壮观山景，同时也是众多自行车手、登山者或具有冒险精神的旅行者的理想旅游目的地。

西北区位于冰岛西北部，临格陵兰海，面积12737平方公里，首府瑟伊藻克罗屈尔，主要景点有克拉夫拉火山口湖。

东北地区位于冰岛东北部，面积21968平方公里，首府是阿克雷里。主要景点有上帝瀑布、米湖等。

东部地区位于该国东部，面临挪威海，面积22721平方公里，首府埃伊尔斯塔济。主要景点有冰河湖、斯卡夫塔山冰川国家公园等。

南部地区位于冰岛西南部，面积24256平方公里，首府塞尔福斯。主要景点有辛格维利尔国家公园、古佛斯瀑布、大间歇泉、米达冰川、冰岛黑沙滩、维克小镇、斯科加瀑布等。

二、旅游在冰岛国民经济中的地位

在旅游业方面，冰岛以其得天独厚的地热喷泉、火山地貌、冰川雪景、独特美食等吸引国外游客，被国际旅游界誉为“人间火星”，具有开展观光旅游、科学考察、体育探险、健身疗养等多种活动的有利条件。

近年来冰岛旅游业发展迅猛，从冰岛游客人次方面来说，如表3-2和表3-3所示，2009—2017年冰岛游客人次所示数据显示，无论是国内游客还是国际游客人次均呈现迅猛上升趋势，同时冰岛居民出境游也大幅攀升。

表3-2　**2009—2017年冰岛游客人次**　（单位：人次）

年份	入境游客人次	国内游客人次	合计
2009	651324	870384	1521708
2010	652465	854707	1507172
2011	717882	804715	1522597
2012	885004	853502	1738506
2013	1034169	1024559	2058728
2014	1249993	1085049	2335042
2015	1587085	908594	2495678
2016	2146273	1044416	3190689
2017	2690465	1119271	3809736

数据来源：冰岛统计局。

表 3-3　　**2009—2017 年冰岛出境游客人次**　　（单位：人次）

年份	2009	2010	2011	2012	2013	2014	2015	2016	2017
人数	261263	312553	357579	373940	381675	413291	467437	557564	638219

数据来源：冰岛统计局。

从旅游业产值方面看，如表 3-4、表 3-5 数据显示，2009 年至 2016 年冰岛旅游业产值从 282115.8 亿冰岛克朗上升到 655659.5 亿冰岛克朗，旅游业产值与国内生产总值占比从 3.8%上升到 8.1%。旅游产业已成为拉动冰岛经济重要支柱产业之一。冰岛统计局 2017 年 7 月 14 日发布企业营业收入分析报告，报告指出，过去 12 个月内，旅游相关企业营业收入增幅超过 25%，而渔业企业营业收入下降 14.4%。数据显示，2016 年 5 月至 2017 年 4 月，食宿服务企业总营业收入 1810 亿克朗，与上年同期相比增长 25.9%，汽车租赁企业总营业收入 480 亿克朗，与上年同期相比增长 25.2%，渔业企业总营业收入 2070 亿克朗，与上年同期相比下降 14.4%。

表 3-4　　**2009—2016 年冰岛旅游产业产值**　（单位：百万克朗）

旅游产业 / 年份	住宿	餐饮服务	公路客运	水路客运	航空客运	运输设备租赁	旅行社	文化服务	体育娱乐服务	合计
2009	33361.9	41116.7	13125.2	1780.7	139990.7	11078.4	19522.2	9039.0	13100.8	282115.8
2010	34106.4	45567.4	15316.1	1720.6	156614.5	12404.6	20621.5	10016.2	14727.1	311094.3
2011	40158.5	49383.1	16596.6	1972.8	173472.6	15499.7	26232.4	11183.8	16857.8	351357.3
2012	50760.1	53904.4	19418.5	2346.1	194123.3	19835.3	32012.0	11388.8	18398.0	402186.5
2013	58699.1	61861.8	24134.1	2780.6	211183.9	22479.0	38447.1	13671.8	19920.8	453178.2
2014	71578	70278.4	22337.7	1996.6	208129.4	27723.5	51492.5	16634.9	16025.5	486196.6
2015	90191.4	85333.3	26612.4	2408.1	228171.6	38061.2	62301.4	17725.5	16213.9	567018.8
2016	14432.5	101519.9	34726.6	3074.6	236030.6	41219	88162.1	18606.4	17868.1	655659.5

数据来源：冰岛统计局(数据按购买价计算)。

表 3-5　　**2009—2016 年相较于旅游业产值 GDP 占比其他选择性产业产值占比**　　（单位:%）

产业＼年份	2009	2010	2011	2012	2013	2014	2015	2016
批发零售业	8.7	8.2	9.2	8.4	8.5	9.0	9.2	10.2
旅游业	3.8	3.7	3.9	4.1	4.9	5.8	6.8	8.1
生产制造业(不含渔业加工)	8.4	10.9	10.5	8.8	8.8	9.1	8.4	7.8
人类健康与社会工作活动	7.9	7.6	7.2	7.2	7.9	7.9	7.9	7.9
渔业与渔业加工	9.2	9.3	10.1	10.1	9.3	7.9	8.1	6.7
教育	6.7	6.5	6.3	6.3	6.2	6.2	6.2	6.2
金融保险	10.8	8.4	7.3	9.0	7.6	7.8	6.3	5.5
信息通讯	3.9	3.8	4.3	4.1	4.8	4.6	4.8	4.9

数据来源：冰岛统计局(该表数据中旅游产业包括住宿、餐饮服务行业、公路客运、水路客运、航空客运交通、运输设备租赁旅行社、文化服务、体育及康乐服务等)。

由于旅游业的迅猛发展，对创造就业岗位的拉动效应也比较明显，如表 3-6 所示，旅游业就业人数从 2010 年的 12658 人上升到 2017 年的 28058 人，2017 年从事旅游业的人数约是 2010 年的 2.17 倍。

表 3-6　　**2010—2017 年冰岛旅游业全年平均就业人数**

年份	2010	2011	2012	2013	2014	2015	2016
全年平均就业人数	12658	13708	15075	16700	18508	21175	25117

数据来源：冰岛统计局(该表数据中旅游产业包括住宿、餐饮服务行业、公路客运、水路客运、航空客运交通、运输设备租赁、旅行社、文化服务、体育及康乐服务等)。

以上分析可以看出，由旅游业带动批发零售发展，旅游业和批发零售 GDP 占国民经济比重为 18.3%，直接就业人口 2016 年为 25117 人，接近总人口的十分之一，旅游业已经超过渔业，成为了冰岛的第一大产业。

三、冰岛旅游发展政策

长期以来，冰岛的传统支柱产业是渔业生产，但随着全球经济一体化的不断发展以及2008年爆发的经济危机，冰岛政府认识到产业的多元化将有利于冰岛经济安全和经济增长。冰岛是一个旅游资源独特、丰富的国家，充分发挥资源优势大力发展相关产业，促进产业的多元化①，继续推动经济复苏，寻找新的增长点，是冰岛政府近年来发展经济的重要政策。冰岛政府认为，大力发展旅游业，是符合冰岛资源结构，它能够有利地促进冰岛经济的复苏和发展。基于这样的政策，冰岛政府近年来一直在不断地大力推进旅游业的发展。旅游产业的发展是以旅游资源为凭借、以旅游设施为条件②，为游客提供交通、游览、住宿、餐饮、购物、文娱等环节综合性产业，其核心要素包括旅游资源、旅游设施和旅游服务，经济辐射整合效应非常明显。

第三节　中国“一带一路”、北极政策与中国旅游经济政策

一、中国“一带一路”倡议简介

2013年9月和10月，中国国家主席习近平分别提出建设“丝绸之路经济带”和“21世纪海上丝绸之路”，简称“一带一路”倡议(the Belt and Road Initiative)。“一带一路”倡议的提出引起了国际社会大量关注，成为经济领域和国际政治研究的焦点话题。2015年，中国颁布和实施《推动共建丝绸之路经济带和21世纪海上丝绸之路的愿景和行动》(简称《愿景和行动》)，进一步改善和发展我国改革开放的新格局。

5年来，“一带一路”倡议逐渐成为全球最受欢迎的公共产品，越来

① 齐守智．冰岛：冰火交融的世界[J]．世界有色金属，2008.

② 朱晓琳．西三角城市群经济发展与大秦岭体育旅游带的关系研究[D]．陕西师范大学硕士论文，2017.

越多国家响应参与共同建设“一带一路”。“一带一路”将东南亚、南亚和欧洲联接，成为我国改善世界经济治理体系、促进全球开放与合作、推动共同发展繁荣和建设人类命运共同体的中国方案。

2015 年 3 月，在中国发布的《推动共建丝绸之路经济带和 21 世纪海上丝绸之路的愿景与行动》中，阐述了“一带一路”倡议的核心内容，主要包括：

共建五大原则：

第一，尊重联合国宪章的宗旨和原则，按照和平共处五项原则，首先尊重各个国家主权和领土完整、和平共处、平等互利、互不侵犯、互不干涉内政。

第二，坚持开放合作，“一带一路”相关的国家不限于古代丝绸之路的范围，各个国家、地区和组织均可参与，和平共处、共生共荣、求同存异、兼容并蓄，尊重各国发展模式和选择道路，倡导文明宽容、坚持和谐包容，加强不同文明之间的对话。

第三，坚持市场运作，让共建成果惠及更广泛的区域。充分发挥市场在资源配置中的作用，发挥各类企业的市场主体作用，尊重市场规律和国际规则，同时发挥好政府的作用。

第四，寻求各方利益的最大公约数，把各方优势和潜力充分发挥出来，各施所长，各尽所能，体现各方智慧和创意，兼顾各方利益。

“一带一路”倡议把开放包容、互利共赢、和平合作、互学互鉴作为新丝路精神。在教育、科学、文化、健康等各项领域和各个国家务实合作，为全球发展提供了新方向。

建设目标：面对时代命题，通过“一带一路”平台，共同建设开放之路、绿色之路、文明之路、创新之路、和平之路、繁荣之路，增添携手发展新动力。

“一带一路”倡议的框架：

丝绸之路经济带走向：一是从中国西安为起点，经中亚、伊朗、阿富汗、叙利亚到地中海，终点为罗马，联接欧亚大陆。

21 世纪海上丝绸之路走向：从广州、宁波等中国港口，过南海，经马六甲海峡到印度洋，延伸至欧洲和向南太平洋。

“一带一路”倡议的合作内容包括政策沟通、设施联通、贸易畅通、资金融通、民心相通，促进市场高度融合，共同打造开放、包容、均衡、要素有序自由流动、资源高效配置的普惠的区域经济合作区域。

由于各国资源禀赋差异，彼此间合作潜力巨大，重点在政策沟通、设施联通、贸易畅通、资金融通、民心相通五个方面开展工作。

政策沟通方面，已有100多个国家和国际组织表达支持和参与意愿；联合国三次通过相关决议，呼吁国际社会通过“一带一路”倡议建设加强合作；与100多个国家和国际组织签署“一带一路”合作协议，与亚太经合组织、世界卫生组织、联合国开发计划署等签署共建“一带一路”倡议合作文件。

在设施联通方面，对铁路、公路、港口、航空、邮政、能源、信息基础设施、质量技术体系进行衔接。

贸易畅通的工作主要有：投资贸易便利化、自贸区网络、国际产能合作、境外园区建设。

“一带一路”倡议共建的项目主要是商业项目，是企业的市场行为，其资金来源也非常广泛。新型合作平台、与多边银行合作、与现有金融合作机制对接、鼓励开发性、政策性、金融机构参与、央行推动。“一带一路”倡议建设坚持以企业为主体和市场化运作，在遵守国际规则、符合企业所在国和项目所在国的法律法规的前提下，企业公平参与。

“一带一路”倡议促进沿途各国在文化交流、旅游往来、教育科技、生态环保、卫生健康、援助减贫等方面开展合作，民心相通。

二、中国“冰上丝绸之路”与北极—冰岛

（一）北极的位置与意义

北极从地理位置上通常是指北极圈（约北纬66度34分）以北的海陆区域，总面积约2100万平方公里。其中大陆和岛屿面积约为800万平方公里，领土主权分别属于俄罗斯、挪威、丹麦、瑞典、冰岛、芬兰、加拿大、美国八个北极国家。海域面积超过1200万平方公里，根据国际法，相关海洋权益由沿岸国和各国分享，北冰洋沿岸国拥有领海、内水、毗连区、专属经济区和大陆架等管辖海域，北冰洋中还有公海和国际海底区域。北极事务没有统一适用的单一国际条约，它由《联合国宪章》《联合国海洋法公约》《斯匹次卑尔根群岛条约》等国际条约和

一般国际法予以规范①。

从地缘上而言，中国是一个“近北极国家”，中国国土大部分在北半球中纬度地区。科学研究表明，北极地区的气候变化对我国环境和气候变化有着显著影响。因此，北极区域的气候和环境变化将影响着中国的生态环境体系、农林牧渔体系以至于旅游等各项经济。中国东部沿海地区也会因为北极地区海平面升高造成威胁，北极区域海冰的减少是导致中国近年来严寒、冻雨和强降雪的重要诱因。

北极区域能源资源对中国也具有重要意义。随着我国国民经济发展，国家对能源需求不断增长。保证国民经济的可持续发展，寻求能源的多元化供给渠道，降低能源对外依赖程度，是国家的重要战略。开展与北极地区国家的能源合作，展现了新的能源供给格局。

北极的航道对中国发展也有重要意义。目前中国已经成为全球第二大经济体和第一大贸易国，中国外贸贸易大部分是与西欧和北美国家开展。传统上，中国与欧洲的贸易航线是穿过马六甲海峡，经过苏伊士运河进入大西洋；与北美的贸易经太平洋，穿过巴拿马运河到达北美东部港口。如果是特大型船只，无法经过巴拿马运河和苏伊士运河，还需要绕道非洲南部的好望角进入大西洋。现状是马六甲海峡、苏伊士运河航线安全难以保障，拥塞现象严重，通行能力已经饱和，对企业贸易与国家能源安全构成严重威胁，而北极航线的过往船只可以不受吨位要求限制。据估算，中国到西欧和北美洲东岸的海运里程经由北极航道的东北航道和西北航道可以缩短 0%～30%以上，例如从上海出发到汉堡，航线经由北极的东北航道航程为 198 海里，比经过苏伊士运河和马六甲海峡的航程缩短了几乎三分之一。一旦条件合适，北极航道一经采用，将对中国的对外贸易发展有着积极的促进作用。

第四，北极事务对中国参与全球治理、负起大国责任提出了众多要求。随着北极事务的逐渐演变，北极各国和相关域外国家围绕北极治理的理论探讨和政策实践也日益深入。北极事务事关全球未来和人类利益，中国作为世界主要大国，从主观方面而言有着自己在北极的利益关切，在北极治理进程中发挥自身影响和作用是作为负责任大国的应有使

① 中华人民共和国国务院新闻办公室．中国的北极政策[R]．北京：中国国务院，2018.

命；从客观方面而言，很多北极国家也希望看到中国在一些领域利用自己的长处发挥积极作用，为北极治理提供物质、知识和价值观上的贡献。因此，对于中国而言，能否积极参与北极治理，并且在此进程中尽可能发挥积极作用、提供公共产品、获得国际社会认同和接受，也关系到中国的未来发展和国际地位。

（二）"冰上丝绸之路"——"一带一路"倡议的延伸

随着北极冰层大量的消融，中国很早就注意到北极航道的开发与国家发展紧密相关。"一带一路"倡议提出后，北极航线的开通也逐步变得可行，航道的开通必然改变全球贸易格局和经济发展，北极航道的不断发展与"一带一路"倡议对接逐渐变得具有可行性。

2015 年，中俄总理第 20 次定期会晤就双方合作建设北极航线开展商谈，在联合公报中明确提出"加强北方航道的开发利用与合作，开展北极航运研究"。

2017 年 5 月，外交部王毅部长与俄罗斯拉夫罗夫外长在莫斯科举行会谈，俄方提出双方共同建设北极航线，开发"冰上丝绸之路"。

2017 年 6 月，国家发改委与国家海洋局共同发布了《"一带一路"建设海上合作设想》，第一次把"北极航道"确定为"一带一路"倡议的三大海上通道之一。

2017 年 7 月，中国国家主席习近平对俄罗斯进行国事访问，在会见俄罗斯梅德韦杰夫总理时，对俄方提出共建"冰上丝绸之路"时表示，中国政府对俄罗斯建议合作共建滨海国际运输走廊表示欢迎，"冰上丝绸之路"这一概念正式浮出水面。中俄将共同开发建设海上航道，特别是北极航道，打造"冰上丝绸之路"。

同年 11 月，习近平主席会见俄罗斯梅德韦杰夫总理时，双方再次确认共同开发和利用北极航道，共同打造"冰上丝绸之路"。将中俄北极航道开发利用提升到了一个新的水平。

2018 年 1 月，中国国务院发表《中国的北极政策》白皮书，白皮书表示："中国愿依托北极航道的开发利用，与各方共建'冰上丝绸之路'"。经北冰洋直接通达的欧洲北极航线，在"一带一路"倡议总体规划中，被纳入重点开发的经济通道，成为"一带一路"倡议平台不可或缺的经济流通的重要一环。

广义上“冰上丝绸之路”包含东北航道、西北航道甚至是中央航道在内的北冰洋海域所有海上通道。中国视角下的“冰上丝绸之路”包含符合中国发展愿景的更大战略构想，指从中国出发，为带动沿海区域与腹地经济发展，与北极航道区域国家共同发展政治、经济与文化交流，实现“一带一路”倡议向北方的更大延伸。实现由中国经北冰洋连通北美地区与欧洲的蓝色经济通道。

该通道建成后，将联接东亚、东北亚、北欧和北美，形成新的蓝色海上经济通道，将全球最具经济活力的区域联结到一起，促进商业往来更加流畅，由沿海带动我国腹地的经济发展，沿线北极与我国优势互补，互利互惠，促进多方共同发展。

目前，中国与冰岛关系稳定，不断发展，可考虑推动“冰上丝绸之路”沿线北欧国家参与到“一带一路”中来，促进环北欧-中国合作，带动各国经济发展。

（三）“冰上丝绸之路”开辟中国—北欧北极合作新平台

第一，“一带一路”倡议是联系欧亚大陆的重要平台和合作通道，在地理位置上，比较“一带一路”海上丝绸之路，广州、泉州、宁波等沿海区域需要途经马六甲海峡到达西欧，在国家能源与贸易安全上始终存在压力。

北极是一个被美国、俄罗斯、加拿大等多个陆地国家及格陵兰岛等众多岛屿围绕起来的海洋，北冰洋的中央区域长年被格陵兰岛大陆性冰盖和海冰覆盖，在海冰、冰盖与大陆之间，未冰封的沿大陆线海洋形成了一条连接太平洋和大西洋的丝绸通道。以北极点为中心，基于海岸线和海峡位置的分布情况，航道分为两个支线，一条是大部分在俄罗斯北部沿海区域，称为“东北航道”。另一条是大部分航线在加拿大北极群岛水域，称为“西北航道”。穿越北极点的中央航道，目前尚在理论阶段，没有通行。

目前，中俄倡议的“冰上丝绸之路”指的是双方共同合作打造的一条东起东北亚，西至西欧和北欧沿岸的航段，中间穿越白令海峡，沿俄罗斯北部海岸线经过白令海、楚科奇海、东西伯利亚海、拉普捷夫海、喀拉海、巴伦支海到达挪威海，全程约 3000 海里，到达挪威北角附近，由此中转往欧洲各港口，是与欧美最近的水上通道。从海运效率的角度看说，北极航道相比经马六甲航线要减少 12 至 15 天时间，且对带动东北地区发展具有重要意义。

第二，在战略定位上，“冰上丝绸之路”是“一带一路”倡议平台的重要组成部分，“冰上丝绸之路”拓宽了北极、近北极国家间合作平台，《中国的北极政策》是“一带一路”设想的有益补充和具体体现。这些国家均具有加强国家战略合作、促进经贸畅通、共同促进北极治理、实现文化交流的意愿。“一带一路”中，以共商、共建、共享为原则，以政策沟通、设施联通、贸易畅通、资金融通、民心相通为重点合作内容也同样适用于“冰上丝绸之路”。

在政策沟通和国家战略对接方面，北极国家大部分参加了“一带一路”合作平台，而这些国家都将北极作为国家管理的重要内容，实现和北极国家间政策和战略对接，北极成为国家间合作的共同关心话题；在基础设施联通方面，“一带一路”除了在陆上“中国—欧洲”“中国—东南亚”，海上“中国—南太平洋”“中国—印度洋—欧洲”两线的基础上，加上经由俄罗斯一侧北冰洋沿岸到达欧洲、北美线路，成为联接亚洲、欧洲、美洲的新通道；在贸易畅通方面，北极航线可实现以最短航程联接东亚、北美和欧洲，形成联接东西、贯穿南北、全覆盖的“亚—欧—北美”海陆交通运输网，促进地区经济联系和经济合作。

最后，北极治理问题是北极事务中最重要的组成部分，“一带一路—冰上丝绸之路”为北极治理提供了新理念。2017 年 6 月，新发布的《“一带一路”建设海上合作设想》(简称《海上合作设想》，21 世纪海上丝绸之路”纲要文件) 明确将共同建设三大蓝色经济通道，首次将北极与“一带一路”联系起来。在合作重点部分，强调将积极参与北极开发利用，建设三大蓝色经济通道。

其中明确提出要积极推动并共建经北冰洋连接欧洲的蓝色经济通道。其他包括共同建设中国经印度洋—非洲到地中海的蓝色经济通道，共建中国经大洋洲到南太平洋蓝色经济通道，《海上合作设想》凸显了“一带一路”绿色环保理念，可持续发展理念，明确表示走“绿色发展之路”，“共谋合作治理之路”和“共筑安全保障之路”，对于应对气候变化，保护北极环境生态，共同建设人类命运共同体起到建设性作用。

提出“冰上丝绸之路”，将北极作为“一带一路”的延伸，经历了从概念到现实、从宏观到具体的过程。“一带一路”中“21 世纪海上丝绸之路”开始提出时，主要强调的是通过印度洋、大西洋到西太平洋实现联通，而对经俄罗斯的北冰洋航道暂未涉及。

2015 年 3 月，中国国务院发布《推动共建丝绸之路经济带和 21 世纪海上丝绸之路的愿景与行动》(以下简称《愿景与行动》)，也没有具提及北极和经俄罗斯的北冰洋东北航线。但在《愿景与行动》中，提出要“坚持开放合作，让共建成果惠及更广泛的区域”，显然体现了中国考虑未来将北极纳入“一带一路”规划中的思考。

2015 年 10 月，外交部王毅部长参加第三届北极圈论坛大会，在开幕式致辞时阐述了中国的基本立场，表示在北极事务，中国是重要的利益攸关方。中方在参与北极事务秉承尊重、合作与共赢三大政策理念。

2017 年 7 月，国家主席习近平与俄罗斯总统普京提出双方共同开发“冰上丝绸之路”，开展北极航道的开发与利用。一旦实现沿北极圈东北航道开发，将对我国经济发展带来巨大的空间。同年 11 月，双方再次交换意见，确认开发“冰上丝绸之路”，《中国的北极政策》白皮书则是对北极纳入“一带一路”建设和“北极冰上丝绸之路”开发的最终确认。

作为波罗的海和北极沿岸国家，芬兰、挪威、瑞典等北极国家是“冰上丝绸之路”联系欧亚大陆的北方纽带，芬兰等国家也对“冰上丝绸之路”持积极态度，希望成为北极合作的新平台，因此未来这些国家与中国在北极事务上的合作意愿和前景也较为乐观。这些国家虽尚未正式加入“一带一路”平台，但都是亚洲基础设施投资银行(简称亚投行)成员，且都有兴趣参与，因此北欧五国都不同程度愿意与中国在“一带一路—冰上丝绸之路”平台开展合作。2017 年，国家主席习近平出访芬兰、瑞典、挪威，北欧诸国积极寻求与中方合作，就北极合作达成共识。

三、“冰上丝绸之路”与中国的旅游政策

《“十三五”旅游业发展规划》确定了“十三五”时期旅游业发展的总体思路，是未来五年我国旅游业发展的行动纲领和基本遵循。《规划》明确表示支持“一带一路”国际旅游合作。我国与“一带一路”国家协同发展旅游业，找到多方经济共同点和文化的共同点，进而形成命运共同体，首先要在各国之间在政策上达成共识，通过发展旅游业，让国外游

客走进来，让本国旅游业走出去，一方面形成你中有我，我中有你的利益共同体；还需要促进文化交流，让文化走出去，让彼此间文化认同成为各国交流的民心纽带。

首先是实施旅游外交战略。“一带一路”倡议的实施，为“冰上丝绸之路”旅游产业的发展提供了新机遇。加强与“冰上丝绸之路”沿线北欧国家旅游合作，创新旅游合作机制，考虑推动与沿线国家城市缔结国际旅游伙伴城市，推动建立更多合作平台，完善双边多边旅游对话机制，倡导建立国际旅游城市推广联盟，促进国际旅游合作。支持旅游业行业组织、旅游相关企业参与国际旅游交流，促进我国与北欧各国的跨境旅游合作区合作、边境旅游试验区开发。

二是促进多方入境旅游和出境旅游市场。以冰岛为终点沿线北欧国家签署合作备忘录，简化出境的签证手段，将极大促进多方出入境旅游市场的发展。目前我国有多个自贸区，可以考虑发挥自由贸易试验区在政策上的先行先试作用，实施入境旅游品牌战略，完善旅游推广体系，推出一批入境旅游品牌和线路。

三是提升旅游业国际品牌影响力。将旅游业“走出去”发展战略纳入国家“走出去”整体规划中，制定旅游业“走出去”规划。支持有条件的旅游企业统筹利用国际国内两个市场，完善支持旅游企业“走出去”政策服务平台。

制定实施国家旅游援外计划。重视并参与国际旅游规则的制定，在联合国世界旅游组织、世界旅游业理事会、亚太旅游协会等国际旅游组织中发挥影响力，与各个国际旅游机构合作，培养一批符合国际旅游需求的专业人才，扩大我国国际旅游业务的发展。

四是推动与区域经济体合作。我国目前已经基本形成了一些经济核心地区，如环渤海地区(包括京津冀地区、辽中南地区以及山东半岛地区)、长江三角洲地区、珠江三角洲地区、闽东南地区等。以粤港澳大湾区为例，粤港澳大湾区是我国经济活力最强、开放程度最高的区域之一，在国家发展大局中具有重要战略地位。《粤港澳大湾区发展规划纲要》不仅为粤港澳大湾区建设提供指导性方向，也为湾区旅游业发展与“冰上丝绸之路”合作提供了新机遇。后续可将粤港澳大湾区旅游与“冰上丝绸之路”合作互补，依托腹地，将香港建设成多元旅游平台、将澳门建成世界旅游休闲中心、开发一程多站旅游线路。依托中国(广东)

自由贸易试验区探索自由贸易试验区有关涉旅政策措施相互延伸，开展旅游先行先试工作，与冰岛—北欧国家旅游业发展互补联合，先期开发“冰上丝绸之路”旅游产品，打造旅游精品线路。

第四节　中国—冰岛旅游经济合作

一、中冰合作概况

（一）中冰经贸关系和经济技术合作

中冰两国贸易额不大。2017 年，中冰贸易额为 2.2 亿美元，同比下降 3.1%，其中中国出口 1.1 亿美元，同比下降 17%，进口 1.1 亿美元，同比增长 16.6%。中国为冰岛在亚洲最大、全球第七大贸易伙伴。中国向冰岛主要出口焦炭、服装、纺织品、鞋类、船舶等，从冰岛主要进口渔产品。1995 年，《关于设立中冰贸易与经济合作联委会的协议》，自 1996 年起，两国已先后召开 12 次经贸联委会并在同年成立冰中贸易促进委员会推动两国贸易发展。2005 年中冰签署了《关于加强中冰经贸合作的谅解备忘录》，冰岛在西欧国家中率先承认中国市场经济地位。2010 年 6 月，中国人民银行与冰岛央行正式签署总额约 35 亿元人民币的双边货币互换协议（2013 年和 2016 年两次续签）。2013 年 4 月，中冰签署自贸协定，这是中国同欧洲国家签署的首个自贸协定，2014 年 7 月 1 日正式生效。

目前，冰岛最大的渔业公司冰岛集团公司（Icelandic Group PLC）、冰岛能源公司恩莱克斯（Enex）、船运公司怡之航（Eimskip）、假肢公司奥索均在中国设有分公司。冰岛第三大银行格利特利尔（现更名冰岛银行）、大型连锁超市公司 Byko、制药公司阿特维斯、食品公司巴卡沃等 20 余家企业在中国设有产品采购办事处。中资企业华为、武汉凌云公司在冰设办事处。2006 年 5 月，中信国际合作公司与冰岛 Arctus 公司和日本三菱公司签署合作意向书，承建冰岛年产 27 万吨电解铝项目。2007 年 7 月，冰岛怡之航集团与青岛港集团签订我国最大的单体冷库合作项目，合同金额 1.95 亿美元。2015 年 7 月，吉利集团宣布以 4500 万美元入股冰岛碳循环国际公司，成为该公司第一大股东，实现中国对冰岛直接投资零的突破。

（二）中冰科技、文化、教育、旅游方面合作

中冰科技合作主要在地热领域。20 世纪 80 年代以来，冰岛先后为中国培训地热技术人员 70 余名，且中国是冰岛培养地热技术人员数量最多的国家。2005 年 5 月，中冰签署《中华人民共和国国家环境保护总局与冰岛共和国环境部环境合作谅解备忘录》、《中国地震局和冰岛环境部地震研究合作谅解备忘录》和《关于合作开发利用咸阳地热资源协议书》。2006 年 11 月，中石化新星石油公司与冰岛极地绿色能源公司合资成立了中石化绿源地热能开发有限公司，开始两国在地热领域的合作。双方迄今共计联合开发了 2600 万平方米地热供暖，成功建成了河北雄县、容城和陕西武功三个"无烟城"，国内 40 余个市（县、区）与冰方签订了战略合作协议。2016 年 12 月，中石化新星公司和冰岛国家能源局、冰岛极地绿色能源公司共同组建中冰地热技术研发合作中心。2018 年 9 月，中冰签署《中华人民共和国商务部与冰岛外交外贸部关于共建地热合作工作组的谅解备忘录》。

2012 年，中冰两国签署北极合作框架协议。中国国家海洋局和冰岛外交部签署了海洋与极地科技合作谅解备忘录。同年，"雪龙"号极地科考船首访冰岛。2014 年，中国极地研究中心和冰岛研究中心共同举行了中冰联合极光观测台奠基仪式。2016 年，中冰联合极光观测台主体建筑竣工。2013 年起，中方派员参加了在冰举行的历届"北极圈论坛"大会。

1994 年中冰签署文化协定，近年来，两国在对方国家举办了画展、邮票展等多项展览，并互派文艺团体进行演出。冰岛在中国翻译出版了《萨迦选集》、诗集《埃达》以及《首个冰岛代表团访问新中国纪实——约翰纳斯的日记与诗歌》等著作。2008 年 5 月，冰岛大学"北极光"孔子学院正式成立。同年 9 月，北京外国语大学也开设冰岛语言文化课程。

二、冰岛旅游市场基本分析

冰岛重视中国在国际事务中日益增长的作用，在一些国际事务中支持中国的立场，愿意与中国发展友好关系，尤其是扩大两国之间的经贸关系。冰岛一直是中国在欧洲的重要贸易伙伴。随着中国"一带一路"

国际合作新平台的推出，“冰上丝绸之路”是“一带一路”的重要组成部分。开展北极区域合作，北极航道合作，加深与冰岛的经济贸易合作，具有重要意义。

中冰在渔业、能源资源等领域积极合作，旅游业也成为双方随之而来合作的重要领域之一，中冰双方于2003年签署了《中冰民用航空运输协定》。2004年，双方签署了《中国旅游团队赴冰岛旅游签证及相关事宜的谅解备忘录》。双方的友好往来日益密切。

由于北极地区生态结构较为单一，其自我修复调节能力较弱，一旦出现环境污染，会对当地生态造成严重破坏，且难以修复。作为生态敏感区，冰岛脆弱的生态系统不允许设置过多的旅游项目。中冰旅游合作要坚持低碳、生态、环保和负责任的理念。目前，冰岛有部分商业和经济活动开发已造成较为严重的生态破坏和环境污染，当地居民和相关环保组织组织多次抗议表示强烈反对。

中国从地理区域来说是一个近北极国家，鉴于地球构造，北极对北半球中纬度影响最大，而中国恰好处于这一区域。近年来，我国极端天气灾害频发，干旱、高温、冻雨经常发生，对国民经济造成重大不利影响，都与北极环境变化息息相关。保护北极环境不仅仅是不仅有利于双方合作，也对本国和周边相关国家有益。

从生态保护角度出发，进行中冰旅游合作符合双方和北极圈国家、近北极国家的共同利益。

近年来中国赴冰岛游客人次如表3-7所示。

表3-7　**2009—2017年中国赴冰岛入境游客人次**

年份	2009	2010	2011	2012	2013	2014	2015	2016	2017
人数	6458	4940	7836	13643	28473	44899	106125	159616	237396

数据来源：冰岛统计局(此数据是按有注册登记的各种类型住宿单位提供数据整理)。

从表3-7数据显示，2009年中国赴冰岛游客人数6458人，在2010年又有所回落，从2011年至2017年中国赴冰岛游客人数呈稳步上升状态，2017年游客人数为2011年游客人数的26倍多。

表 3-8 **2011—2017 年主要客源国赴冰入境游客人次**

国家＼时间	2011	2012	2013	2014	2015	2016	2017
丹麦	61556	64708	67962	93269	99532	91378	84176
瑞典	44141	48085	54608	79561	92815	82905	70012
挪威	50309	60540	70373	77723	82522	60279	51021
芬兰	15193	18324	20816	24148	28555	22513	21949
英国	139645	180474	265329	426065	586299	582043	565764
德国	264121	296749	380276	462967	557893	607313	564537
荷兰	77143	82102	98406	108191	121674	146685	149747
比利时	30242	31064	43098	39559	42549	55087	60357
法国	157747	184677	241165	252356	287921	326503	317343
瑞士	48742	62111	82566	95513	120260	129302	122141
澳大利亚	22253	25548	33505	27964	31595	39164	45253
意大利	65767	66132	82250	81246	96172	110217	120670
西班牙	65525	72840	87359	94468	116322	144803	176657
美国	127806	164802	242493	390509	583688	847813	1059492
加拿大	32811	34611	48299	75363	94416	146717	144185
日本	12689	21787	31111	41195	47384	53360	57395
中国	7836	13643	28473	44899	106125	159616	237396
韩国	—	—	1874	3595	9219	18822	26973
印度	—	—	2107	2980	5517	11502	17414
以色列	—	—	22358	2739	25722	26627	31411
合计	1223526	1428197	1904428	2424310	3136180	3662649	3923893

数据来源：冰岛统计局(此数据是按有注册登记的各种类型住宿单位提供数据整理)。

从以上数据可以看出，在旅游业成为冰岛支柱产业的同时，冰岛旅游总体人数逐年大幅增加，2017 年达到 3923893 人次，而冰岛实际总人口数量约为 34 万人。意味着来冰岛旅游人口数量是实际冰岛人口数量的 10 倍左右。

中国虽然不是冰岛最主要的客源市场，但从 2014 年至 2017 年中国赴冰岛游客数已超过日本，成为亚洲地区最大的客源市场。由于地理上的便利性，冰岛的主要客源市场集中在周边欧洲国家以及美国等。同时冰岛由于人口少，整体经济体量小，目前冰岛并未成为中国主要的客源市场。

赴冰岛旅游活动的开展主要是以休闲观光旅游为主，旅游类型比较单一。冰岛统计资料显示，2007 年冰岛客源国赴冰旅型的主要类型：72%为休闲观光旅行，26%为商务旅行，2%为其他旅行类型。2008 年 1—4 月数据显示，67%为休闲观光旅行，30%为商务旅行，3%为其他旅行类型。近年来，虽然旅行类型比重略有变化，但整体来说，休闲观光旅行仍占主要比重。

冰岛旅游接待能力仅从住宿接待的角度看，从冰岛统计局登记注册的主要住宿接待设施数据显示：2017 年酒店数为 137 个，房间数 9158 间，床位数为 18151 个；公寓数为 66 所，房间数为 840 间，床位数为 2535 个；宾馆数为 164 所，房间数为 2858 间，床位数为 6446 个；夏日酒店为 30 座，房间数 1052 间，床位数为 2192 个；夏日宾馆数为 29 所，房间数 291 间，床位数 622 个；民宿数为 179 所，房间数为 747 间，床位数为 1770 个；招待所数为 48 所，房间数为 804 间，床位数为 2771 个。近几年，随着冰岛旅游业的发展，作为主要住宿接待设施的酒店入住率相对较高，尤其在旅游旺季时表现更为突出。近几年首都地区的全年平均酒店入住率如表 3-7 所示，入住率从 63. 7%到 84. 4%，上升了 20. 7%。

表 3-9　　**2011—2017 年首都地区全年平均酒店入住率**

年份	2011	2012	2013	2014	2015	2016	2017
平均入住率	63. 7	73. 8	73. 6	77. 8	78. 4	85. 5	84. 4

数据来源：冰岛统计局(此数据是按有注册登记的各种类型住宿单位提供数据整理)。

表 3-10　　**2011—2017 年中国赴冰岛游客景点区域人次**

年份	景点区域人数								合计
	首都地区	西南地区	西部地区	西部峡湾	西北地区	东北地区	东部地区	南部地区	
2011	4797	209	268	54	130	646	577	1155	7836
2012	8040	744	324	102	131	1101	1185	2016	13643
2013	13917	1703	1174	239	516	3051	3479	4394	28473
2014	19512	2898	2147	906	1005	5662	4112	8657	44899
2015	43921	5700	6229	1465	1723	10760	4967	31360	106125
2016	53590	16448	8922	1568	2653	14401	7673	54361	159616
2017	75531	34430	11643	1760	3066	18011	8226	84729	237396

数据来源：冰岛统计局(此数据是按有注册登记的各种类型住宿单位提供数据整理)。

从上表数据可以看出中国游客主要集中在首都雷克雅未克，其次是南部地区和西南地区，西部峡湾和西北地区人数相对最少。首都地区的冰岛蓝湖、雷克雅未克大教堂和冰岛国家博物馆；南部地区的瓦特纳冰川国家公园、辛格维利尔国家公园、维克黑沙滩、大间歇泉、黄金瀑布等成为中国游客的热门目的地。

中冰双方的经济贸易合作以及双方的友好旅游开展为双方进一步深化旅游经济投资合作提供了可能性。随着冰岛业在近几年发展成为冰岛经济的支柱产业之一过程中，旅游业发展的服务设施，比如酒店的接待能力的显得越来越有限，尤其在旅游旺季时的首都雷克雅未克地区。表 3-11 为近几年雷克雅未克地区月份的酒店入住率数据。

表 3-11　　**2011—2017 年雷克雅未克地区酒店入住率月度数据**

年份 / 月份	2011	2012	2013	2014	2015	2016	2017
一月	35. 2	43. 8	48. 6	59. 3	72. 7	71. 5	82. 6
二月	51. 8	64. 4	73. 6	81. 7	87. 6	91. 7	96

续表

月份＼年份	2011	2012	2013	2014	2015	2016	2017
三月	57	77.8	76.3	84.5	84.5	88.6	92.5
四月	64.6	69.2	69	72.5	70	72.6	79.7
五月	66.8	73.2	71.3	74.8	75	79.4	70.6
六月	80	87.6	86	87.3	81.3	88.3	87.5
七月	88.1	96.7	95.1	90.7	90.4	94.3	92.7
八月	87	93.6	89.2	90.5	86.1	93.1	89.4
九月	74.9	80.9	74.1	78.3	74.4	85.4	81.7
十月	67	75.8	71.1	77.2	76.6	85.6	83.9
十一月	46.5	67.9	71.5	74.7	76.2	90.8	80.5
十二月	42.8	52.9	57	62	66	84.7	76.1
全年平均入住率	63.7	73.8	73.6	77.8	78.4	85.5	84.4

数据来源：冰岛统计局(此数据是按有注册登记的各种类型住宿单位提供数据整理)。

从表3-11中可以看出，首都地区在2016年和2017年酒店全年平均入住率均达到了80%以上，在旅游旺季时酒店入住率甚至高达96%。在2016年只有32万人口的冰岛，每天却要接待3万人次的游客。因此冰岛是世界上游客/居民比例最高的国家。这是形成冰岛首都地区酒店高比率的入住率的直接原因，高比率的入住率为冰岛酒店带来了丰厚的收入，同时也使酒店等旅游业的接待能力不足与游客需求之间的矛盾突出。

面对旅游业的快速发展，冰岛旅游的人过多，导致接待能力跟不上需求。冰岛政府通过增加旅游税收、对旅游车辆作限制等方式，通过限制全年入境旅游人数来引导客流。

旅游业的快速发展导致冰岛克朗升值，限制了冰岛其他产业的发展。据冰岛商会发布报告显示，在过去的五年里，冰岛经济发展几乎全部依赖旅游业，其他行业几乎陷入没有发展甚至是收缩。报告指出，2011—2015 年，冰岛出口增长 900 亿冰岛克朗(约合 6.8 亿欧元)，旅游业成为增长的主要来源。仅 2011 年，冰岛旅游业出口额就占出口总额的 21%，2012 年更是升至 31%。此外，冰岛引资水平降至历史低点，低于周边国家的平均值，而几乎所有资本都投向了旅游业。

以上数据分析，我们可以得到如下基本结论：

冰岛旅游业是冰岛支柱产业，旅游业带来经济繁荣的同时，10 倍数量人口的涌入意味着旅游业快速发展，以旅游酒店为代表的旅游业需求旺盛，旅游业快速发展的需要与基础设施不完善的现状矛盾明显。

针对入境游客，冰岛在保护环境的同时，如何让旅游业发展促进其他产业发展，促进国民经济进一步发展，需要更加有效的治理方案。

针对希望来冰岛而被冰岛旅游政策抑制，可以考虑和其他极地四国合作开发冰上丝绸之路旅游带，带动中冰北欧彼此经济的共同发展。

三、“一带一路”背景下旅游和关联企业“走出去”的优势与机遇

2015 年 3 月，经国务院授权，国家发展改革委、外交部、商务部联合发布了《推动共建丝绸之路经济带和 21 世纪海上丝绸之路的愿景与行动》，这标志着“一带一路”成为国家规划，开启我国与沿线国家在政治上增进互信，经济上相互促进，文化上相互交流新平台，为中国旅游企业“走出去”奠定了基础。

“一带一路”统筹国内国外两种发展，协调“一带一路”沿线国家、地区与我国优势互补，在发展自身的同时，带动其他国家共同发展，为我国企业对外旅游投资创造了新机遇。

为推动“一带一路”倡议，亚太经合组织(APEC)、上海合作组织(SCO)、亚欧会议(ASEM)等十多个国际及区域组织也将“一带一路”作为重要专题进行讨论推动，明确表示将加强旅游合作，扩大旅游规模，互办旅游推广周、宣传月等活动。联合打造具有“一带一路”特色的旅游产品和精品国际旅游线路，旅游业作为推进“一带一路”经济带的先导产业，对促进“丝绸之路”沿线各国贸易畅通、民心相通具有重要意义。预计“十三五”期间，我国将吸引“一带一路”沿线国家约 8500 万人次游客来华旅游，带动旅游消费约 1100 亿美元。一带一路”倡议不仅为国内企业走出去带来机遇，也助推国外企业“引进来”带来了

新机遇。

（一）基础设施联通是优先领域

基础设施互联互通是建设"一带一路"的优先领域，为贸易畅通和民心相通提供了基础。旅游基础设施是指为满足旅游者在旅行中的需要而建设的各类基础设施。这些物质设施主要有所有地上和地下开发的建设的设施，如供水系统、排污系统、供气系统、供电系统、排水系统、道路、通信网络和许多商业设施。

目前，我国基础设施建设水平已进入世界前列，中国企业在"一带一路"倡议背景下，将优先与沿线国家在交通基础设施、通信干线网络和能源基础设施等方面提升合作。首先是加强与沿线国家和地区在技术标准体系对接，交通建设规划的合作，联接缺失路段，通畅部分瓶颈路段，提升整体道路的运输水平，共同推动国际骨干道路的建设。其次是积极推动电网升级合作改造，推动跨境输电线路建设和电力输送，积极开展西南和中俄输电线路的建设，共同保障输电线路等基础运输通道的安全。第三是共同推进国际通信水平的相互联通，建设跨境光缆干线网络，提高信息化水平。这给我国基础设施领域企业带来巨大机遇，基础设施企业"走出去"，未来发展空间巨大，和沿线国家合作互利。

（二）贸易畅通，互利共赢是核心目标

投资与贸易合作是共建"一带一路"的核心。根据冰岛统计局资料，2017 年冰岛与中国双边货物进出额为 5.4 亿美元，增长 13.4%。其中，冰岛对中国出口 9695 万美元，增长 6.5%，占冰岛出口总额的 2.0%，占比与上年同期持平；冰岛自中国进口 4.5 亿美元，增长 15.1%，占冰岛进口总额的 6.8%，下降 0.5 个百分点。冰岛与中国的贸易逆差 3.5 亿美元，增长 17.7%。截止到 2017 年底，中国是冰岛第 3 大进口来源国，第 9 位的出口目的地国家。在未来 5 年，将中国将有约 1.5 亿人次游客游览"一带一路"沿线国家，旅游消费超过 2000 亿美元。

2013 年 4 月，中冰签署自贸协定，这是中国同欧洲国家签署的首个自贸协定。旅游业作为服贸重要部分，中冰双方可考虑入境旅游和出境旅游的政策协调，扩大游客往来。

（三）产业合作是重要抓手

中国庞大的出境规模和消费能力在“一带一路”沿线的输出也将给中国对外旅游投资提供巨大的消费市场。世界旅游组织报告称，2017年，全球出境游市场增长强劲，中国全年出境旅游消费额达2580亿美元，对国际旅游市场贡献最大。

“一带一路”沿线大多数国家是发展中国家，市场潜力大，未来相互之间产业合作的空间十分巨大，且产业之间互补性强。今后，“一带一路”沿线国家之间可以在资源、能源方面提升合作，在资源开采、冶炼、加工一体化方面开展深度合作；在海洋产业方面，促进海上资源共同开发，合作开展海水养殖、远洋渔业加工、海上旅游、海洋生物制药、海洋工程等海洋产业。除此以外，我国还可以进一步与东盟国家扩大合作，除了在农业、渔业、海洋产业、环保、航道安全与海上搜救、防灾减灾等领域开展合作，还可以积极推进深水养殖、海水淡化、海上旅游、可再生能源、新材料技术、远洋渔业加工和海洋环保产业等诸多领域合作，合作共建一批海洋科技产业园、海洋经济区、海洋人才基地等。

（四）“一金一行”为沿线国家发展提供金融支持

为支持“一带一路”基础设施建设发展，由我国倡导建立，多国参与的金砖国家开发银行和亚投行，为有关国家和地区的基础设施和互联互通建设提供了建设资金保障。目前，由国家开发银行、中国进出口银行、国家外出局等单位发起设立的丝路基金已顺利启动，首期资本金100亿美元。我国倡导成立的亚洲基础设施投资银行，目前也吸引约50个国家和地区申请加入，强大的金融保障，为支持基础设施建设，推动沿线经济发展与合作提供了有利支持。

四、中国—冰岛旅游合作方向

旅游业作为推进经济合作的先导产业，对促进“丝绸之路经济带沿线国家贸易畅通、民心相通方面具有重要意义。通过发展旅游业，可以带动基础设施建设、餐饮、住宿、运输、航空、文化创意等产业，引导经济贸易合作逐渐从政府间合作逐步走向企业间合作，促进国民之间的交流。

依托“一带一路—冰上丝绸之路”为两国旅游合作发展提供了更广阔的平台，通过冰上丝绸之路，开发中国—北极北欧—冰岛旅游经济贸易合作，不仅为中冰两国合作，未来还可以为中国—北极北欧国家共同开展旅游服贸提供了广阔的机会。

(一)中冰旅游基础设施建设合作

针对冰岛旅游业快速发展的需要与基础设施不完善之间的矛盾，双方可以通过“一带一路”平台合作进行基础设施建设。设施联通是一带一路建设的优先领域。通过冰上丝绸之路，为中冰、北极-近北极国家基础设施建设合作提供了机会。基础设施联通大幅提升旅游可达性，强势拉动出入境旅游消费。旅游基础设施是指为旅游者提供公共服务的物质工程设施，是用于保证旅游活动正常进行的公共服务系统，主要包括以下几个方面。

指旅游者从一个旅游地转移到另外一个旅游地需要的运输工具。旅游交通有陆路运输、海上运输、航空运输、内河运输等交通工具，旅游者一般根据旅行的路程长短、价格、时间、舒适性等指标进行选择。促进旅游业的发展，能够缩短旅游者旅途时间。旅游酒店也是旅游基础设施的组成部分，一般为旅游者提供住宿、饮食和各项生活服务。除了客房部、餐饮部、商品部，有的还配套银行、理发等服务设施。旅游饭店以夜为单位，为旅游者临时居住场所，也有的成为度假村、俱乐部、旅社等，能够提供各种清洁、实用的服务设施，使客人居住期间感觉安全、舒适、愉快。服务质量一般指的是饭店依托其服务设备和设施，为宾客提供服务的价值。

建设旅游饭店，需要考虑多方面的因素，进行可行性研究。饭店地点的选择要方便游客往来，交通便利，客源有保障。建筑形式上反映民族风格和地方特色，因地制宜和当地景观相辉映。

各类文旅设施和疗养设施，为满足不同兴趣和爱好旅游者而建立，如游乐中心、博物馆、游泳池、网球场等。附加的服务设施和服务项目，既能满足游客多方面的需求，又能增加旅游企业的经济收入。

世界经合组织《冰岛经济 2017 调研报告》中指出，旅游业的蓬勃发展以及访客数量的迅猛增长给冰岛带来了大量就业机会和外汇收入，充实了政府税收①。但大量游客的涌入不仅对环境产生了较大压力，基础设施不足的缺点也显露无疑。

冰岛的住宿资源非常紧张。除冰岛首都雷克雅未克外，其他地区的酒店资源显得异常匮乏。住宿成本高，有些时候甚至有价无房，一般情况下，旅游住宿都应该是酒店才对，但在冰岛不得不破例，会穿插一两天的民宿住宿，尤其是旅游旺季。冰岛国民银行分析师赫雷森称，在去年的旅游旺季，市区每 8 所房子中至少就有 1 所用来短租，房屋资源紧缺导致冰岛房价大幅上涨。截至 2017 年 3 月的一年里，首都雷克雅未克的房价上涨了 18.3%，而去年同期的涨幅只有 6.3%。这为双方旅游基础设施建设合作提供了空间。

现阶段旅游业的发展已经超出了冰岛基础设施所能承受的大量游客进入冰岛的程度，根据世界经济论坛《全球竞争力报告 2017—2018》中的数据，冰岛由于公路基础设施发展严重不足，公路设施质量指数仅为 4.5，道路等基础设施不足，导致基本交通系统应接不暇，不仅酒店运营超出负荷，停车场、路标都不足以满足游客需求。政府部门正在努力完善基础设施的建设，以顺应旅游业的发展。以至于冰岛政府不得不采取措施，通过限制全年入境旅游人数来引导客流来减少旅游压力。

中国拥有世界最大规模的基础设施建设能力，且在部分行业的技术水平上具有国际领先水平，两国在基础设施方面的合作带来的便利化程度提高将使得旅游业大大受益。

目前，冰岛旅游部承诺未来三年将投入 28 亿冰岛克朗(约 2800 万美元)用于该国旅游景点的基础设施建设。

随着北极的开发，冰岛将面临过去几十年中最大的机遇，冰岛政府规划利用自身的经济、技术以及经验将冰岛打造成周边国家资源开发的服务中心。未来，冰岛政府可以进行系统性旅游规划，在旅游景点、旅游交通、旅游酒店、旅游通讯等方面开展合作基础建设合作。冰岛国家发展规划与我国“冰上丝绸之路”合作空间广阔，为中国与冰岛在北极基建领域合作带来新的机遇。

① 慕溪 .2017 中国游客赴北欧旅游调查报告[R]. 北京：慕溪北欧旅游在线数据监测，2018.

(二) 中冰共建生态—全域旅游

冰岛在保护环境的同时，如何让入境游收益最大化，同时让旅游业发展促进其他产业发展，促进国民经济进一步发展，中冰合作全域旅游是一个合理可行的方案。通过发展全域旅游，冰岛国土将成为国家生态旅游功能区，由此创新生态保护格局。其战略意义和影响远远超越旅游业本身，将更加有效地促进冰岛生态环境改善和社会治理能力提升。

北极地区的生态环境保护对于冰岛来说具有战略性意义。对于冰岛来说，其在利用北极资源促进自身经济发展、提高本国民众生活水平的同时，做好北极地区的环境保护，实现北极的可持续开发始终是冰岛政府面临的一大挑战。而旅游是冰岛支柱产业，如何在做好生态保护，旅游承载受限情况下，又能进一步促进国民收入增加，发挥旅游"一业兴百业"的带动作用，促进冰岛产业全面发展，不断提高旅游对经济和就业的综合贡献水平，全域旅游思路为冰岛旅游业发展带动社会产业发展提供了中国思路。

"全域旅游"是指在一定区域内，以旅游业为优势产业，通过对区域内经济社会资源尤其是旅游资源、相关产业、生态环境、公共服务、体制机制、政策法规、文明素质等进行全方位、系统化的优化提升，实现区域资源有机整合、产业融合发展、社会共建共享，以旅游业带动和促进经济社会协调发展的一种新的区域协调发展理念和模式。①

全域旅游作为一种保护性开发模式根据区域旅游资源和旅游业发展进行调整，一方面联通旅游基础设施、另一方面整体规划旅游要素和产业布局，促进旅游资源的有效利用，保护核心资源和生态环境，实现旅游设施、要素、功能优化配置和在空间上的合理布局，疏解和减轻了核心景点景区的人流压力，对推动生态保护新格局具有重要意义。

第一，未来，中冰旅游合作可以考虑把整个冰岛看作一个大景区来规划、建设、管理和营销。将旅游业发展全地域覆盖、全资源整合、全领域互动、全社会参与推动"处处是景、时时见景"的城乡旅游风貌。

第二，考虑以"旅游+"和"+旅游"为途径，大力推进旅游业与一、二、三次产业的融合，以及旅游业与文化、商贸、科教、体育、宗教、

① https：//baike. baidu. com/item/全域旅游 .

养生、教育、科研等行业的深度融合。冰岛以其火山、冰川、温泉、极光等奇特的风光和地形地貌吸引着世界各地的游客，成为冰岛第一支柱产业。还可以将冰岛产业进一步挖掘旅游潜力，发挥各自比较优势，深化中冰多方合作，简单举例如下两个方向：

极地旅游+休闲渔业。渔业及其衍生行业是冰岛第二大重要的经济产业。依托渔业生产场地、渔业设备、渔业产品、将极地渔业经营活动、极地渔业自然环境、人文资源等，与旅游相结合的交叉产业。通俗的说，就是将极地捕鱼工作与极地旅游结合起来，通过对渔船和渔民家具进行改造，给游客极地捕鱼全新的感受和体验。游客可以体验到渔船风景游览、渔船拖鱼、收网拣鱼、品尝鲜鱼停船垂钓等极地渔业风情。极地旅游+休闲渔业，有机地结合了旅游观光与极地渔业，能够有效的实现第一产业与第三产业的结合配置，助力冰岛渔民收入的提高和渔区经济的发展。

极地旅游+温泉疗养。冰岛几乎整个国家都建立在火山岩石上，大部分土地不能开垦，冰岛全境仅天然温泉就有 800 多处，是世界温泉最多的国家，地热资源丰富，所以被称为冰火之国。地热资源得天独厚，成熟的地热开发技术为旅游+地热温泉疗养提供了发展的条件。温泉作为一项近年来新兴的旅游项目，其自身蕴含健康、放松的属性与理疗、康养的特殊效果正在被大众熟知并接受，温泉正在整合资源成为一个独立的温泉健康度假休闲产业，极地+温泉+疗养的组合旅游让冰岛温泉旅游增效进一步发展的一个方向。

(三)双方携手发展北极圈旅游服贸

从表 3-8 中可以看出，2017 年丹麦、瑞典、挪威、芬兰等北欧五国由于地理相近，四国前往冰岛旅游的人数为 227158 人，占比 5. 8%，丹麦、芬兰、冰岛、挪威、瑞典均为环北极国家。英国、德国、荷兰、比利时、法国、瑞士旅游人次为 1779889 人次，占比约 45%。北欧五国由于国土面积狭小，面对大国博弈，他们在极地具有共同利益诉求。针对希望来冰岛旅游而被冰岛旅游政策抑制的游客，可以考虑和其他极地四国合作，打造具有丝绸之路特色国际精品旅游线路和旅游产品，开发一程多站旅游产品，丰富旅游产品供给。不仅可以促进冰岛本国经济进一步繁荣，同时促进冰岛与北欧四国的合作，打通中国—冰岛-北欧四国

“冰上丝绸之路”旅游经济带。中国和北欧极地五国在经贸、文化等领域互补性强，拥有深化经贸合作的共同利益。通过打通旅游经济带，促进彼此经济的共同发展。

旅游服务贸易是国际服务贸易的一种，是指一国或地区旅游从业人员运用可控制的旅游资源向其他国家或地区的旅游服务消费者提供旅游服务并获得报酬的活动。旅游服务贸易既包括外国旅游者的入境游，即国际收入游，也包括本国旅游者的出境游，即国际支出游①。

旅游市场合作是国际旅游合作的常见形式。旅游市场合作主要指开发旅游客户，包括共同开拓旅游市场和互为旅游客源地及目的地两种方式。中国和北欧虽然地理上并不相邻，但是北欧国家地理相邻，且北欧国家的人口密度在欧洲相对较低，经济水平最高，挪威、丹麦、冰岛等国的人均国民生产总值均遥居世界前列。在“冰上丝绸之路”热议的话题之下，越来越多的国人热衷北极圈内各国旅行，在极地地区感受冰雪世界的魅力。北欧旅游资源享赋各异，旅游特色各不相同，采取互为旅游客源地及目的地旅游合作是目前市场非常广阔的一个方向。

除冰岛外，芬兰等北欧国家欢迎中国提出的“冰上丝绸之路”倡议，芬兰希望成为联接北极国家和欧亚大陆的枢纽。“冰上丝绸之路”若连通至北欧，经由东北航线的“冰上丝绸之路”货物和贸易运输量将大大增加，带动沿线国家经济发展。《愿景与行动》提出要联合打造具有丝绸之路特色的国际精品旅游线路和旅游产品，冰岛政府为了提升游客体验，采取限制旅游数量的措施。从更大区域视角来看，未来可考虑中国—冰岛将与北欧的挪威、瑞典、芬兰、丹麦等国家和地区合作，首先共同打造“21 世纪冰上丝绸之路”环北欧精品旅游线路，推进形成中国——北欧旅游共同发展格局，不仅舒缓了冰岛大量游客涌入压力，同时中冰双方的合作旅游为两国旅游服贸增加收入的同时，还可以带动整个北欧的旅游业发展。这项旅游设想为两国企业合作提供了更多机会，促进跨境区域旅游业务拓展。

21 世纪冰上丝绸之路北极圈旅游设想，也将带动粤港澳大湾区旅游经济发展。2017 年中国游客赴北欧旅游调查报告，赴北欧旅游的客

---

① https：//baike. baidu. com/item/旅游服务贸易 .

源地依次是上海、北京、广州、深圳等,① 其中，北上广深的游客占56%，新一线城市的游客占25%，二线城市的游客占14%，三线城市的游客占3%，四线及五线城市的游客仅占2%。据估计2017—2018年，中国赴欧旅游规模达到每年550万到600万人次的新高。中国游客欧洲游人均花费预计将超过25000元(3268欧元)，2018年总旅游消费额将达到1500亿元人民币(196亿欧元)，其中50%以上属于在欧洲当地购物消费。

粤港澳大湾区，是由香港、澳门两个特别行政区和广东省的广州、深圳、珠海、佛山、中山、东莞、惠州、江门、肇庆九市组成的城市群，粤港澳湾区是美国纽约湾区、旧金山湾区、日本东京湾区之后第四大湾区，是我国参与全球竞争，建设世界级城市群的承载空间。2017年，粤港澳大湾区人口达6956.93万，GDP生产总值突破10万亿元，约占全国经济总量的12.17%，GDP总量规模在世界国家排行中名列11位，与韩国持平，是全国经济最活跃的地区。

2016年，仅珠海机场旅客已突破600万人次大关，2017年珠海机场年旅客吞吐量突破1000万人次大关，超过瑞士总人口约200万。近年来广州白云机场旅客吞吐量不断增长，2017年突破6500万人次，2017年旅客吞吐量、货邮吞吐量分别排全球第13位和第19位。2017年国际旅客量超过1500万人次，国际旅客占比达到24%，其中国际旅客量及国际中转旅客量增幅分别达到17.6%和23%。

全球七大2000万标准箱俱乐部的港口中，有三个地处珠江区域，分别是香港、深圳、南沙。广东作为对外贸易大省和海运大省，进出口贸易总额占全国的29.4%。

粤港澳湾区一直是中国对外贸易的窗口。随着国民经济不断发展，居民生活逐步提高，中国将逐步成为亚洲最大的统一消费市场和最大的出口国，这些有利的条件都为“冰上丝绸之路”框架下的旅游服贸合作提供了可能，而中国与北极沿线国家，特别是北欧、俄罗斯之间经济互补性强。将建设粤港澳大湾区与“冰上丝绸之路”对接，先期开展旅游业务合作，对粤港澳—北欧共同发展，提升双方合作与经济竞争力，保

① 慕溪.2017中国游客赴北欧旅游调查报告[R].北京：慕溪北欧旅游在线数据监测，2018.

持长期繁荣具有重要意义。

第五节　中国—冰岛旅游合作存在的问题与完善协调机制

一、中冰“冰上丝绸之路”旅游合作的地缘影响

自“一带一路”诞生以来，个别国家出于政治目的，不断抹黑和丑化中国，美国、日本、印度等国在“一带一路”沿线国家施加政治压力，进而分化影响北极-北欧域内国家的合作态度和政治意愿，达到阻挠甚至破坏“一带一路-冰上丝绸之路”这一平台建设的目的。

美国和加拿大这两个北极国家对“一带一路”始终比较警惕。与芬兰、冰岛等国家不同，美国和加拿大等北极大国，对中国崛起始终存在冷战思维，对中国在北极区域的影响力保持警惕。美加与中国缺少在“一带一路-冰上丝绸之路”方面的互信基础，加拿大则担心中国反对加的主权主张，削弱其在北极区域影响力；美国担心中国可能塑造新的国际规制，对其战略生存空间造成威胁。

中国将北极纳入“冰上丝绸之路”作为“一带一路”的一部分进行推进，一些国家提出意见，甚至不同的解读是正常的，在不同声音中如何引导，化解疑虑是我国需要进一步解决的工作。在没发表白皮书时，加拿大和俄罗斯对中国参与北极事务始终存在排斥，即便在北极白皮书发布之后，部分国家的学者对白皮书中内容仍然做出不友好的解读，认为中国的白皮书在声明尊重美国、加拿大在北极的主权之外，从国际法的角度为北京在北极争端中留下了空间。中国本着尊重国际法的原则，被曲解为对北极国家主权的限制。此外，中国在极地的商业行为也面临一些不公正对待。一些国家的部分民众反对国外企业拥有其国内核心资产的所有权，担心国外企业控制当地的公共服务，对于中国企业参与当地的基础设施投资建设可能会产生抵触情绪。

中国作为负责人的大国，在参与北极治理方面，首先可考虑在贸易、旅游、文化等“低政治”领域开始，避免政治度较高的军事、主权议题，为参与冰岛—北极—北欧区域事务减少阻力。

增强与冰岛—北欧各国间的政治互信，多与沿线国家进行交流，充

分分析各国可能出现的利益冲突。在和沿线国家进行合作时，要尽可能考虑在合作过程中可能出现的问题，提前预防，利益共享，风险共担。既发挥我国的资金和技术优势，又能发挥沿线国家的不同产业优势，形成贸易畅通、资金融通、民心相通的“利益共同体”。

二、加强顶层设计，有效发挥政府引导作用

形成以冰岛为终点，联接中国和极地北欧国家的“冰上丝绸之路”旅游经济带，前提之一是需要发挥各国、各层级政府的纽带作用。在尊重国情差异，求同存异，实现优势互补，实现双向旅游市场开发。倡议成立“冰上丝绸之路”沿线国家旅游合作组织，通过成立“一带一路——冰上丝绸之路”国家旅游合作组织，与各国商讨联合打造冰上丝绸之路旅游品牌，开发一程多国旅游产品，丰富冰上丝路旅游产品供给；加强市场合作，推动市场互换和客源互送；实现信息共享，加大旅游统计领域合作；简化旅游签证政策，提升便利化水平。

有效旅游合作机制的形成，共同利益的合作是实现的重要前提，国际合作平台是“冰上丝绸之路”的外部条件。目前现有的平台中，北极理事会是北极和区域国家最大的沟通平台，此外，国际北极论坛、北极圈论坛也提供了平等对话的平台。联合国和国际海事组织也对北极区域治理提供了指导，规范不同国家和组织在北极的行。“一带一路”可以补充其他合作平台的不足，在政策沟通、贸易畅通、资金融通和文化交流发挥自身优势，如建设“冰上丝绸之路”，需要大量的资金，亚洲基础设施投资银行和丝路基金可以很好发挥自身优势。

国内制定的《丝绸之路经济带和21世纪海上丝绸之路合作发展战略规划》，确定2015年至2018年三年行动计划。《“十三五”旅游业发展规划》又进一步明确了未来五年“一带一路”旅游业发展路径、发展目标。

发挥使领馆对海外企业的引导和保护作用，协助提升企业“走出去”的能力，帮助提高关联外事和商务企业“走出去”的能力，克服企业“水土不服”。驻外使领馆是企业在海外发展的有力纽带，使领馆不仅掌握宏观的国家外交政策和法律法规，也了解所在地微观的企业发展信息，有能力为出海企业提供更加有效的服务与保护。因此，帮助出海企业克服所在国政策、法律、文化等方面的不熟悉，帮助“走出去”企业

创造良好的境外发展环境。驻外使领馆在“冰上丝绸之路”建设中大有可为，使领馆可利用政府外交、高层互访机会和民间交流，策划“冰上丝绸之路”相关的公共外交活动，优化营商环境，推进使领馆把双边关系做好做实。

三、建立“冰上丝绸之路”旅游合作多层次体系

在合作机制方面，目前已有的合作机制包括“一带一路”国家和地区旅游合作共同体(2017)、中国—北欧北极合作研讨会、中国—北欧青年领军者论坛，中冰两国有《中国旅游团队赴冰岛旅游签证及相关事宜的谅解备忘录》(2004年)、《中华人民共和国政府和冰岛政府自由贸易协定》(2013)。为了更好促进各方人员交流，提升旅游便利化水平，参与国家和地区需要积极加强政策沟通，减少制约因素，在签证、通关、交通等各方面采取措施，促进双多方旅游业共同发展。

发挥各类商会、协会等组织企业间的桥梁纽带作用。各类商会和协会具有信息灵通、联系广泛的优势，能够为海外企业提供权益保护、信息沟通、商业指导等服务。以冰岛为例，冰岛中国商业协会可为来冰企业提供咨询、协调等服务促进龙头企业和中小企业相互协调，推动抱团发展，成为组团企业，减少商业摩擦和贸易壁垒。

在海外发展，还需要培育国际化的咨询公司、国际化律师事务所等中间服务机构，为“走出去”企业和“引进来”企业提供专业的投资咨询、维权等服务，协助双多方企业合作开发冰岛—北极北欧—中国市场，形成建设“冰上丝绸之路”的强大支撑。通过其他各类事务所等中介机构等中间组织，开展投资可行性分析与风险收益评估，建立风险预警机制。为企业提供专业化的投资咨询和维权服务，协助企业打开国际市场，形成建设“一带一路”的强大支撑。

去冰岛—北欧的企业应充分重视、理解并正确使用我国已签署的双边投资保护协定。作为当前国际投资法律规则的新常态，投资协定正在为跨境投资者提供国际法意义上的市场准入、投资者地位、争端国际化与独立化解决等多种有力保障和高效机制。

走出去企业尤其应关注和应对好东道国的税务、劳工、海关和反腐方面的法律规定与程序要求，还要注重加强与当地政府部门的沟通，合理运用会计师事务所、律师事务所、咨询机构等专业中介机构的评估与

应对能力，提高化解风险的能力。

积极开展分国别法律政策研究工作，培养专门人才服务于跨国投资企业国家相关部门和行业协会建立分国别法律政策研究机构，培养熟悉"一带一路"相关国家法律政策的专门人才。熟悉掌握对象国与投资产业有关的法律、政策，及时掌握其政策动向，避免盲目投资。开展对象国的文化、风俗、宗教以及项目所在地区情进行调查和分析，评估其风险。

未来可以考虑搭建"冰上丝绸之路"电子信息平台与重大项目储备库，完善市场化的信息采集、信息分层与共享机制，为企业提供公开透明、及时有效的市场信息。严格按照国际商业规则规范企业行为，推进"冰上丝绸之路"建设。

企业在走出国门时不仅要努力提升自身实力，提高产品与服务质量，重视当地员工福利与发展，打造良好的品牌信誉与海外形象。同时还应加强对"走出去"人员，特别是企业高管公共外交知识的培训，主动接触当地媒体，积极塑造企业正面形象。共同打造绿色"冰上丝绸之路"。

四、发挥双方企业积极性，形成共同发展格局

"一带一路"在2015年分别成立海上丝绸之路旅游推广联盟、陆上丝绸之路旅游推广联盟等，推动"一带一路"沿线国家、地区、省市在客源互送、线路共建、目的地共推等方面加强横向合作。随着冰上丝绸之路成为"一带一路"的组成部分，未来成立冰上丝绸之路旅游推广联盟成为顺理成章，促进冰上丝绸之路发展。

以联盟为基础，充分发挥企业的积极性和主动性，让不同市场主体互为补充、形成合力，实现投资主体的多元化。通过各方龙头企业带动产业链上下游旅游企业形成集群竞争力，降低"单打独斗"的风险和成本。冰岛、北欧领先企业开展战略合作，推动共赢发展。与各方旅游行业细分龙头加强合作，在细分行业形成分业竞争优势。

积极开展旅游联合推广。通过强化项目合作、优化区域互补、提升服务品质、协同进行市场化运作，逐步构建面向全球的旅游营销平台，通过资源共享，共同打造"冰上丝绸之路"旅游经济带。在中美贸易摩擦越来越频繁，逆全球化势力越来越强大的情况下，此举将大大促进中

冰、北欧国家旅游共同发展。

在产品推广方面，将各国优势资源为轴线，自然、人文景点有机串联，组合成个性鲜明、一程多站、适销对路的国际国内旅游精品线路。从丹麦的童话世界到芬兰首都赫尔辛基岩石教堂，从挪威卑尔根北部盖朗厄尔峡湾到冰岛的极地风光。讲好北极故事、冰岛故事、中国故事和北欧故事。形成你中有我、我中有你的局面。搭建多个宣传推广平台，开拓彼此市场。在观光巴士、公交系统、地铁站、有轨电车、旅游业界主流刊物、代理商网站和各类主流社交媒体等线上、线下广告平台进行广告投放。芬兰是全球经济竞争力冠军常客，丹麦属最佳商业投资环境，挪威与冰岛夺下最幸福国家冠亚军，瑞典有最适合人居的城市，推动以中国为起点，冰岛为终点跨区域、跨国界冰上丝绸之路交流与合作未来生机无限。

同时，还可以对来冰岛45%的其他欧洲客源市场形成辐射效用。开展区域内的联合促销推介活动。策划联合旅游促销活动，在区域内，应采取同样标识、同样的主题、相同的旅游宣传口号和宣传物，将更有利于吸引域外旅游者，尤其是远途旅游者的兴趣。

网络营销方面，针对不同国际旅游者发布相关的旅游信息，利用网络的快捷、方便功能，更大范围的传播信息。建立中冰旅游网站友情链接，实现旅游网站、微博、微信、Facebook、Twitter、Linked In、vkontakte等网络宣传平台的有效互动。通过网络广告、交换链接、信息发布、注册搜索引擎等方式，发布各种有利于冰上丝绸之路的旅游信息。

旅游渠道开发方面，充分发挥国家旅游局21个驻外办事处对外宣传推广的窗口作用，充分利用中国国际旅游交易会平台，充分发挥冰岛在各国、北欧各国旅游窗口和平台的作用，邀请本国旅游商、国际买家及境内外大型旅游批发商到“冰上丝绸之路联盟”成员踩线。以中冰合作为起点，协同打造具有冰上丝绸之路特色的国际精品旅游线经济带。

结　论

本篇站在“一带一路-冰上丝绸之路”角度，以中冰两国各自优势为出发点，探讨以中冰为冰上丝绸之路两端，带动中国—北欧—冰岛旅游经济带合作，优势互补，促进双多方共同发展。

本篇首先介绍了我国“一带一路”平台，作为参与全球开放合作、改善全球经济治理、促进全球共同发展繁荣、推动构建人类命运共同体的中国方案。接下来介绍了“一带一路”的延伸——“冰上丝绸之路”：指以中国为始发地，为实现北极航线的开发及沿线港口与腹地的发展，与经由北极航线区域的国家和地区开展经济、政治、文化的合作，共同建设中国经北冰洋连接欧洲与北美地区的蓝色经济通道，开辟中国—北欧北极合作新平台，实现“一带一路”向北方的更大延伸。

在此视野下，通过统计数据说明冰岛旅游业由于快速发展带来的问题和中方优势，给出双方合作解决的方向以及建议：

(1)针对旅游基础设施紧张，建议中冰在“一带一路”平台进行旅游基础设施建设。

(2)针对旅游业繁荣导致环保压力、克朗升值，带来冰岛生态和其他产业危机，建议中冰合作开发全域旅游，在保护环境同时，以旅游促进冰岛全产业发展。

(3)针对冰岛游客抑制政策，提议建设中冰—北欧“冰上丝绸之路”旅游经济带。共同维护北欧五国北极利益。

为了有效解决上述问题，附带需要考虑的机制问题包括：

(1)需要考虑北极地缘因素。

(2)加强顶层设计，有效发挥政府引导作用。

(3)建立“冰上丝绸之路”旅游合作多层次体系。

(4)发挥双方企业积极性，形成共同发展格局。

在中美竞争条件下，由中国—北欧—冰岛旅游经济带合作带动更多产业优势互补，促进双多方共同发展的新格局。

第四章　中国—瑞典旅游经济合作研究

第一节　瑞典旅游经济发展概况

一、瑞典国家概况

1. 瑞典国家历史简介

瑞典王国于1100年前后形成，1397年与丹麦、挪威组成卡尔玛联盟，受丹麦女王统治。1523年脱离联盟独立。

1654—1719年为瑞典的全盛时期，其领土包括现今的芬兰、爱沙尼亚、拉脱维亚、立陶宛以及俄国、波兰和德国的波罗的海沿岸地区。1718年对俄罗斯、丹麦、波兰发起战争，战争失败后王国开始衰落。1805年瑞典参加拿破仑战争，于1809年败于俄国后，被迫割让芬兰。1814年瑞典从丹麦取得挪威，结成瑞挪联合王国，直到1905年挪威独立。

瑞典在两次世界大战中均守中立，未受战火影响。瑞典于1949年加入北约。1953年创始加入北欧理事会。1960年创始加入欧贸联。1995年退出欧贸联，转投欧共体—欧盟 。①

2. 瑞典人口地理概况

瑞典是北欧国家中人口最多的国家，根据瑞典统计局数据，2017年瑞典总人口数为9747355人，约有总人口的23. 7%居住在首都斯德哥尔摩。由于气候等因素，瑞典南部的人口密度相对较高，多数居住在梅拉伦湖谷和厄勒海峡地区。大部分地区属亚寒带针叶林气候，最南部属

---

① 瑞典旅游景点介绍，瑞典旅游网 http：//eur. bytravel. com.

温带海洋性气候。平均气温 2 月北部-13℃左右，南部-0.7℃；7 月北部 12.8℃，南部 17.2℃。

瑞典位于北欧斯堪的纳维亚半岛东部，约有 15%的国土面积在北极圈内。它在西部与挪威之间被一系列山脉隔开，并与芬兰共享波罗的海北部的波斯尼亚湾。瑞典西南部临近北海，海岸线长达 7624 千米。整体而言，瑞典地势西北高，东南低，北部为斯堪的纳维亚山脉东坡，最高点凯布讷山海拔 2117 米；南部及沿海为丘陵和平原。境内河湖众多，河流水量充沛，水力资源丰富，主要河流有达尔河、吕勒河等。境内湖泊总面积占国土的 8%，维纳恩湖最大，达 5550 平方千米。该国南部地区主要是农业，森林覆盖的土地面积越来越大。①

瑞典境内分为 3 大区块和 8 个国家区域，进一步分为行政和政治分区——县，共有 21 个县。表 4-1 中，给出了这些县的一般特征，包括各县域的人口数、土地面积、水域面积，以及住宿设施收入。

表 4-1　　**2017 年瑞典各县域基本数据**

	县	人口	土地面积（平方千米）	水域面积（平方千米）	住宿设施收入②（千克朗）
1	Stockholm	2308143	6526	10015	9641794
2	Uppsala	368971	8192	3748	514598
3	Södermanland	291341	6076	2620	395866
4	Östergötland	457496	10545	4032	806252
5	Jönköping	357237	10438	1255	696463
6	Kronoberg	197519	8425	960	353690
7	Kalmar	243536	11166	9331	556619
8	Gotland	58595	3134	12107	364490
9	Blekinge	159371	2931	4001	279661
10	Skåne	1344689	10969	6065	2490156

① 瑞典旅游景点介绍，瑞典旅游网 http：//eur. bytravel. com.

② 住宿设施包括：酒店、度假村、青年旅舍、商业私有公寓和别墅。

续表

	县	人口	土地面积（平方千米）	水域面积（平方千米）	住宿设施收入[①]（千克朗）
11	Halland	324825	5247	3284	670248
12	Västra Götaland	1690782	23797	10538	4159814
13	Värmland	280399	17517	4242	602271
14	Örebro	298907	8504	1129	447244
15	Västmanland	271095	5118	541	303724
16	Dalarna	286165	28030	2193	1125639
17	Gävleborg	285637	18119	6880	417698
18	Västernorrland	245968	21552	6444	465896
19	Jämtland	129806	48945	4808	765266
20	Västerbotten	268465	54672	12059	568653
21	Norrbotten	251295	97257	14825	816714
总计	瑞典	9747355	407340	121108	9641794

数据来源：根据瑞典统计局整理。

3. 瑞典整体经济概况

整体而言，瑞典经济一直保持持续增长态势，也是世界上经济最发达、最富有的国家之一。

农业经济时期：直到20世纪初期，瑞典仍然是以农业经济为主的国家。

工业化发展时期：瑞典凭借其拥有的森林、铁矿和水利三大自然资源，逐步形成了以采矿冶金、林业造纸、电力和机械制造四大传统制造业为基础的工业体系，加速其工业化进程的速度。

后工业化时期：自20世纪70年代开始，瑞典逐渐从原材料的传统生产模式转向高科技含量较高的先进工业化生产，例如交通与通讯设备，电器和生物化学医药产品，使瑞典依靠高科技产品和后工业化社会

① 住宿设施包括：酒店、度假村、青年旅舍、商业私有公寓和别墅。

形式的第三产业，迅速成为了现代化福利社会。

21世纪以来，瑞典加大科研与发展的力度和投入，高科技产业迅速发展，形成多样性的经济体系，交通、通讯、生物医药、信息、环保领域在世界上具有较强的竞争力。与其他同等规模的发达国家相比，瑞典除拥有自主研发的汽车制造、军事工业、通讯及制造业外，还拥有发达的航空工业及核能工业，瑞典已经迅速向服务型和知识化社会发展。①

瑞典实行外向型的经济模式，其贸易依存度为80%左右，出口利润占GDP的45%左右。其主要出口商品有机械、车辆、船舶、纸张、铁砂矿、化学制品；主要进口产品有石油、煤、机械、化工原料、运输器材、木材加工的原材料、金属等。瑞典主要贸易伙伴国是德国、英国、美国、丹麦、芬兰、挪威等国。②

二、瑞典旅游经济概况

瑞典是一个吸引游客的目的地，无论是休闲还是商务旅行，并且越来越受欢迎。旅游业是瑞典发展最快的服务业，预计未来十年的收入将翻番。过去十年间，瑞典国际游客的收入增长了一倍以上，游客数量增长速度超过了欧洲平均水平。住宿，会议中心，水疗中心，活动区等设施的大规模投资已经完成，全国各地正在进行更多投资，包括各大城市和其他有吸引力的夏季和冬季目的地。国际和瑞典游客不断增加，为国际房地产和私募股权投资者、开发商和运营商提供了巨大的机会，从住宿到活动，新产品和新服务被开发，这些发展促使瑞典逐渐成为北欧主要旅游目的地。

瑞典旅游目的地较集中。瑞典有着丰富的自然资源，幅员辽阔，每平方公里只有24名居民，而英国有267名。瑞典全国陆地的一半以上被森林覆盖，海岸线长 达7600多公里；内湖泊有十万多个；沿海岛屿成千上万。瑞典有15%的国土面积处于北极圈，有“白夜”或“夜半日”奇观。这些自然资源和风光地貌使得瑞典可以满足度假和安全目的

① 感受瑞典．中国经贸，2007年9月15日．

② 瑞典投资定居——走向欧洲市场的理想选择 http：//blog. sina. com. cn/s/blog_89b805260100v4ti. html.

地的所有要求。同时，瑞典也有其丰富的文化遗产，结合其国际城市生活，使瑞典成为一年四季都具有吸引力的目的地。

从目的地来看，斯德哥尔摩和哥德堡是接待海外旅游者最多的两大城市，海外游客在瑞典逗留夜次数的 40%是在这两个城市，而瑞典人的国内游客主要集中在斯德哥尔摩、哥德堡和马尔默三大城市，这三个城市都拥有丰富的文化和历史，一流的餐厅和酒吧，舒适的咖啡馆。

斯德哥尔摩是由 14 个岛屿组成的古城，被誉为“水上佳丽”，城中具有 16—19 世纪建筑的“老城”、陈设着皇家战舰瓦萨号的瓦萨博物馆和斯康森露天博物馆，这些旅游景点都是外国游客必到之处。斯德哥尔摩也是世界上最具吸引力的国际会议城市之一，全球排名第一。全球 95 个会议中有 19 个在此召开。它为与会者提供时尚和现代的城市景观，其吸引力还在于其经验和活动的组合，从滑雪，冒险和荒野到沙滩上的休闲日或沿着瑞典漫长的海岸线在群岛中航行。

瑞典北部的拉普兰是非常独特的旅游目的。它地处北极，是欧洲保存最完好的自然原始状态，也是山地远足、垂钓、漂流、山地和越野滑雪、狗拉雪橇等各种户外冒险性活动的集中地。该地区旅游项目中最独特的是参观冰屋和树上酒店。在萨米民族村了解萨米族历史和文化，体验萨米人们生活是本地区重要的人文旅游项目。

中西部的达拉娜地区的游客也比较多。在瑞典西海岸，是瑞典第二大城市哥德堡，哥德堡的吸引力在于其提供各种各样水上活动的西部沿海岛屿。

瑞典南部有 Smaland，Oland，Skane 的 Malmo 以及夏季岛屿目的地哥特兰。早在 19 世纪末，瑞典富裕家庭购买或建造自己的夏季住宅非常流行。进入 20 世纪，拥有夏季住宅的人普及社会各个阶层。夏季住宅也被称为“第二住宅”，它不仅仅在夏季使用，冬天也可以使用；而且，这些住宅选址也不限于乡村、山地或沿海地区，也有不少建造在人口集聚地附近。这种住宅，可以借用、租用，与亲朋共享，或者交换使用。因此，一方面大大提高了“第二住宅”的利用率，另一方面降低了旅游开支。瑞典旅游国外访客主要来自邻国。瑞典作为一个重要的旅游目的地，在发展国际旅游中有着许多优势。第一，瑞典人均国土面积较大，自然风光旅游资源丰富，有着大面积的“未遭破坏的大自然”，这些旅游资源对目前世界上关心环境、注意生态的游客非常具有吸引力。

其二是其独特的文化遗产。虽然瑞典地处欧洲，但其文化传统、语言文字、风土人情与欧洲大陆国家有着很大的差异，十分独特。其三是环境优美，城市清洁卫生，社会治安良好，且旅游基础设施和旅游服务设施完备、状态良好、运行可靠，这些都是入境旅游的重要衡量指标。

为了增加对瑞典旅游业的了解，瑞典经济和区域增长局正在进行边境调查，定期收集有关瑞典入境游客的信息。该研究称为 IBIS。最新调查是在 2011—2014 年期间进行的。该调查的形式是在瑞典最常见的过境点(即机场，渡轮码头，道路交叉口，火车等)出口处对外国游客进行的个人访谈。他们根据原籍国的份额如图 4-1 所示，我们可以从中得出结论，最多的入境游客主要来自瑞典邻国——丹麦，挪威和芬兰。其中 550 万入境游客来自挪威，400 万来自芬兰，360 万来自丹麦。

除北欧国家之外，德国和英国是最大的瑞典入境游客来源地，分别是 150 万次访问和 70 万次。来自挪威的游客的比例增加最多，约 3%，而来自丹麦的游客比例减少了 1 个百分点。来自其他 15 个最大游客市场的游客比例相对不变。

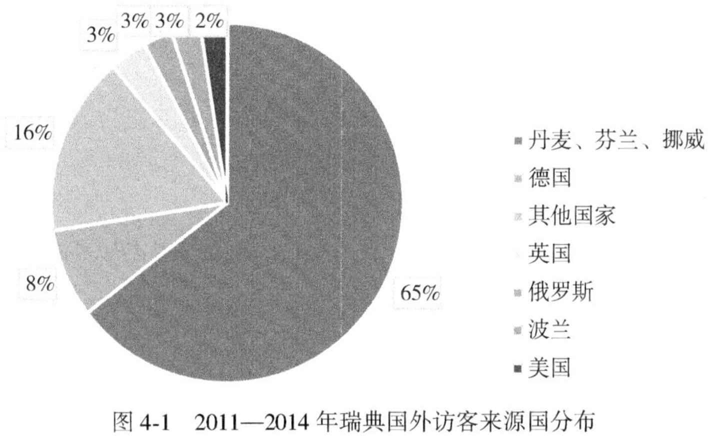

图 4-1　2011—2014 年瑞典国外访客来源国分布

数据来源：瑞典统计局

这个数据比较合理，因为来自这些国家的游客可以在瑞典进行一日游活动。挪威、芬兰、爱沙尼亚等邻国的一日游占比高于 60%，来自拉脱维亚和丹麦的游客也是以“一日游”居多。而相对距离较远的国家的游客则是多日游居多。2014 年，一日游次数增加了 20%，多日游次数减少了 3.5%。这意味着，与 2013 年相比，“一日游”的比例从 41% 增加到 46%。主要是瑞典附近国家的一日游的客流量很大；在 15 个最大的游客市场中，挪威占 68%，爱沙尼亚占 62%，芬兰占 61%，拉脱维亚占 52%，仅停留一天。来自挪威的“一日游”游客的主要目的是在 2014 年增加购物。

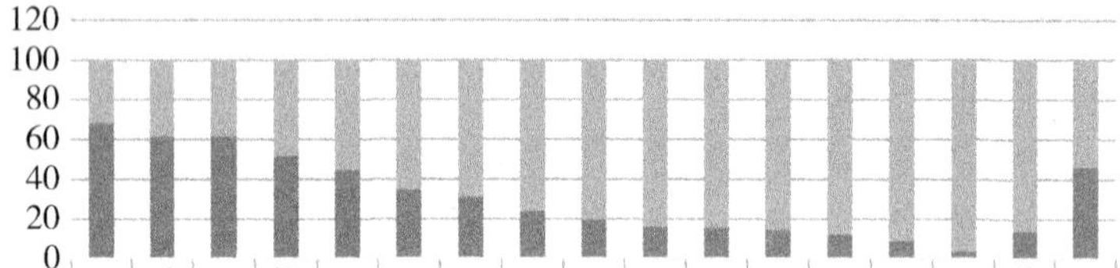

	挪威	爱沙尼亚	芬兰	拉脱维亚	丹麦	俄罗斯	波兰	美国	西班牙	英国	德国	意大利	法国	荷兰	瑞士	其他国家	总共
多日游占比	32	38	39	48	55	65	69	76	80	84	85	85	88	91	96	86	54
一日游占比	68	62	61	52	45	35	31	24	20	16	15	15	12	9	4	14	46

■一日游占比　■多日游占比

图 4-2　各国游客在瑞典一日/多日游比重

数据来源：瑞典统计局

根据瑞典统计局和瑞典经济和区域发展的网站的初步数据显示，与 2017 年相比，瑞典酒店，旅馆，度假村营业地和小屋的客人住宿数量增加了 3%。瑞典的外国游客过夜人数增加了 7%，瑞典游客增加了 1%。与 2017 年相比，2018 年的客人住宿总数增加了 180 万。没有过夜停留在统计数据之外，如 Airbnb 和类似的平台，以及那些来瑞典与家人或朋友同住的。除了 2011 年和 2012 年，当时的趋势没有变化，过去 10 年间客人的夜晚表现稳定增长。

2018 年，外国游客入住达到了 1740 万人次。在 2017 年的疲软下降之后，北欧邻国游客的入住率再次提高。瑞典最大的入境游客源地挪威与去年相比增加了 6%，总计 350 万人次。所有来自挪威游客过夜城市有 36%是在 VästraGötaland。与 2017 年相比，这也是挪威游客过夜人数增加 63000 人次的城市，来自挪威的游客过夜数总共增加了 190000 人。

丹麦是瑞典的第三大入境游客来源国，游客过夜率在 2018 年增加

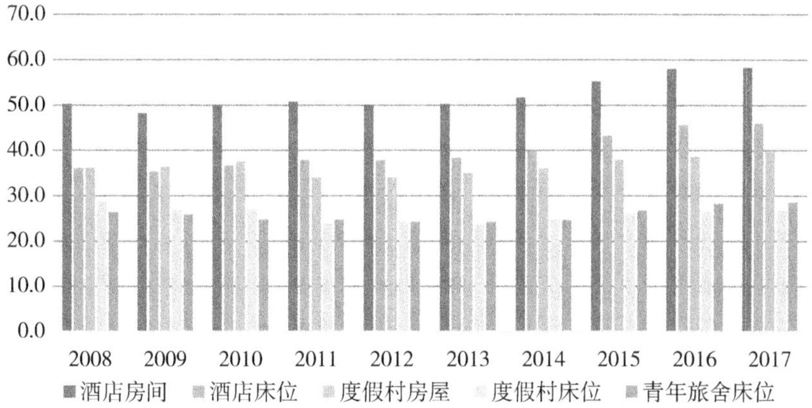

图 4-3 2008—2017 年瑞典各类型住宿入住率

数据来源：瑞典统计局

了 17%。斯堪尼亚的商业住房设施报告了 28.2 万丹麦游客在瑞典过夜住宿，与去年相比增加了近 30%，相当于约 2018 年瑞典所有丹麦游客人数的三分之一。此外，在达拉纳，占丹麦客游客人数的比例大致相同，增幅接近 30%。在过去 10 年间，来自丹麦的游客在达拉纳过夜人数有所减少，但在 2018 年，这一趋势急剧上升。总共有近 250000 个丹麦旅客在达拉纳过夜。其中近 90%是在 1 月至 3 月期间。在斯科讷省，7 月和 8 月出现大幅增长，约占 2018 年丹麦游客住宿总数的三分之一。2018 年，来自较远国家的游客过夜人数也在不断增加。来自美国的游客过夜人数增加了 9%，总计达到了 86.6 万。根据住宿统计数据，是瑞典第四大入境游客来源国。美国游客在瑞典的目的地多为大城市。50%的美国旅客过夜城市为斯德哥尔摩，而 Västra Götaland 占 15%。与去年相比，Västra Götaland 的客人住宿数量与去年相比增加了 18%，而斯德哥尔摩的客人住宿晚数增加了 4%。

Värmland County 是 2018 年商业住宅设施报告游客入住天数相对增幅最大的县。与去年相比，游客住宿天数增加了 13%，瑞典和外国游客住宿的天数增幅大致相等。在韦姆兰，外国客人夜晚的增加主要是由于来自挪威的客人夜晚增加了 9%，占所有在韦姆兰省的外国客人夜晚的近 20%。瑞典客人的夜晚主要在冬季增加，1 月和 3 月增加近 50%。

2018年，将近60%的客人住在酒店。在这一年中，瑞典酒店销售了近2500万间客房(3800万客人住宿)，比2017年增加了847400或4%。每间客房的平均住宿收入为1030瑞典克朗。这比2017年高出17瑞典克朗，比2016年高出39瑞典克朗。在此期间，企业客人占被占用房间的55%。2018年酒店的住宿总收入略高于250亿瑞典克朗。在作为第二常见商品房类型的营地，客人住宿的数量刚刚超过1600万，与2017年相比增加了2%。在旅馆中占总数的5%多一点客人住宿的夜晚，与去年相比减少了2%，达到3500万。旅馆的日收入刚刚超过10亿瑞典克朗。在假日村庄，占总数的比例大致相等，客人的夜晚增加了21%，达到340万，住宿收入总额接近8.3亿。

与北欧邻国相比，瑞典在2018年有一个强劲的发展，特别是在外国旅客过夜人数，瑞典增加了7%。欧盟统计局于1月公布了2018年全年的预测，预计丹麦的客人住宿总数将增加3%，其中外国人增加5%，国内增加1%。在挪威，预计外国和国内客人住宿晚数将增加2%。对芬兰而言，外国人总数增加2%，预计外国人占1%，国内占2%。

三、瑞典旅游经济在国民经济中的地位

自1991年以来，国际旅行者中有80%的人去往欧洲旅行，在同一时期，几乎100%的旅行者有前往瑞典旅行。2000年至2005年，国际游客人数翻了一番，这也为瑞典旅游业创造了收入，瑞典旅游收入年均超过252亿瑞典克朗；瑞典旅游服务企业和酒店业正在支持旅游业的蓬勃发展。2009年全球旅行的比例有所下降。但是，欧洲的过夜停留率几乎增加了30%，欧洲的主要目的地之一是瑞典。与瑞典国内旅行者相比，国际游客将钱花在商品上。50%的购物账户由国际旅行者消费，40%的商务和休闲旅行者在瑞典和国内旅行者中花费大量时间和金钱购物。与瑞典旅行者相比，国际旅行者在餐馆吃饭也是主要目的。

旅游业是世界上大多数国家的重要经济活动。除了直接的经济影响外，该行业还具有显著的间接和诱发影响。联合国统计司批准的旅游卫星会计方法(TSA：RMF 2008)仅量化了旅游业的直接贡献。但WTTC认识到旅游业的总贡献要大得多，并且旨在通过其年度研究来捕捉其间接和诱发的影响。

旅游业对GDP的直接贡献反映了旅游业的“内部”支出(特定部门

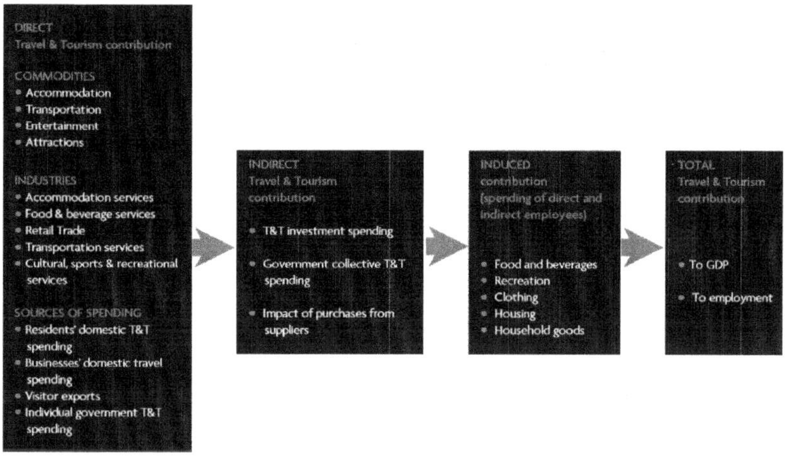

图 4-4 旅游业对经济的影响机制①

的总支出)。政府支出直接与游客相关的旅游观光服务，如文化(如博物馆)或娱乐(如国家公园)。旅行和旅游业对 GDP 的直接贡献计算与产出一致，如国民经济核算所述，旅游业对国内生产总值的直接贡献是通过“净额结算”不同旅游部门的购买来计算内部总支出。该措施与 2008 年旅游卫星中规定的旅游业 GDP 的定义一致。旅游业的总贡献包括其对经济的“更广泛的影响”(即间接影响和诱导影响)。“间接”贡献包括 GDP 和就业支持：旅游业投资支出—当前和未来活动的一个重要方面，包括购买新飞机和建造新酒店等投资活动；政府的“集体”支出，以许多不同的方式帮助旅行和旅游活动，就像它代表的那样直接与游客打交道的部门在国内购买商品和服务——包括购买酒店的食品和清洁服务，航空公司的燃料和餐饮服务以及旅行社的 IT 服务。“诱导”贡献衡量的是旅游业直接或间接雇用的人支出所占的 GDP 和就业岗位。

瑞典旅游业对 GDP 增长的总贡献明显。2017 年，瑞典旅游业对其 GDP 的直接贡献为 1134 亿瑞典克朗(134 亿美元)，占 2017 年 GDP 总额的 2.4%，预计在 2018 年会增长 1.6%，未来 10 年，从 2018 年至

① WTTC，Travel & Tourism economic impact 2018 Sweden.

2028年，年均增长3.2%，在2028年，瑞典旅游业收入预计达到1580亿瑞典克朗，占同年GDP的2.9%。旅游业对国内生产总值的贡献总额为4429亿瑞典克朗(524亿美元)，占2017年GDP的9.5%，预计2018年将增长2.1%，同比增长2.9%至6030亿瑞典克朗，占2028年GDP的10.9%。2017年，旅游业直接支持180000个工作岗位(占总就业人数的3.6%)。预计到2018年，这一数字将下降0.4%，每年增长2.1%，达到220000个就业岗位(占总就业人数的4.2%)。访客出口产生了1398亿瑞典克朗(165亿美元)，占2017年出口总额的6.7%。这时2017年旅游业投资为396亿瑞典克朗，占总投资的3.3%。预计在2018年旅游业投资增长6.5%，并在未来十年内每年增长2.5%，到2028年达到541亿瑞典克朗，占总数的3.5%。

瑞典旅游业对GDP的整体贡献(包括投资，供应链和诱导收入的更广泛影响)在2017年达到4429亿瑞典克朗(占GDP的9.5%)，预计将增长2.1%至4523亿瑞典克朗(9.5%占2018年GDP的百分比。(见图4-5)

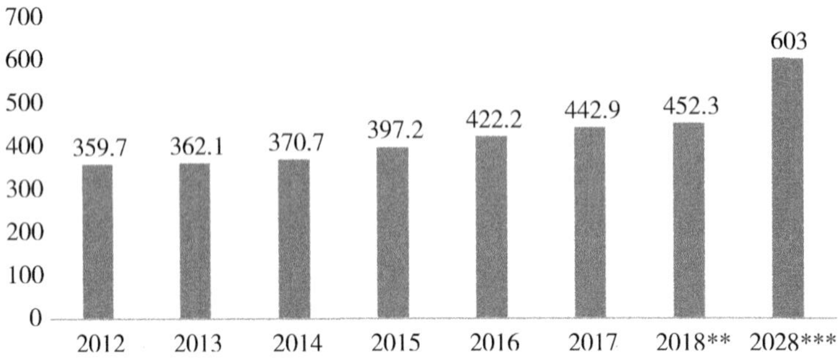

图4-5　2012—2018年瑞典旅游业对GDP的总贡献(每10亿瑞典克朗)

数据来源：https：//www. statista. com.

瑞典旅游业对其就业的贡献逐年增加。2017年，该行业占就业总人数的11.1%(557500个就业岗位)，预计2018年将增加0.4%至560000个就业岗位，并在2028年增加1.9%至674000个就业岗位(占总数的12.9%)。2017年的国内生产总值预计将在2018年增长1.6%，并从2018年至2028年每年增长3.2%，达到1580亿瑞典克朗，占2028

年国内生产总值的2.9%。

旅游业在2017年直接创造了18万个就业岗位（占总就业人数的3.6%），预计2018年将下降0.4%至179000人（占总就业人数的3.5%）。这包括酒店，旅行社，航空公司和其他客运服务（不包括通勤服务）。它还包括例如由游客直接支持的餐馆和休闲产业的活动。到2028年，旅游业将直接创造22万个就业岗位，未来十年将增长2.1%。

旅游业对就业的总贡献（包括投资，供应链和诱导收入影响的更广泛影响），2017年的就业人数为557500人（占总就业人数的11.1%）。预计2018年将增加0.4%至560000个就业岗位（占总就业人数的11.1%）。

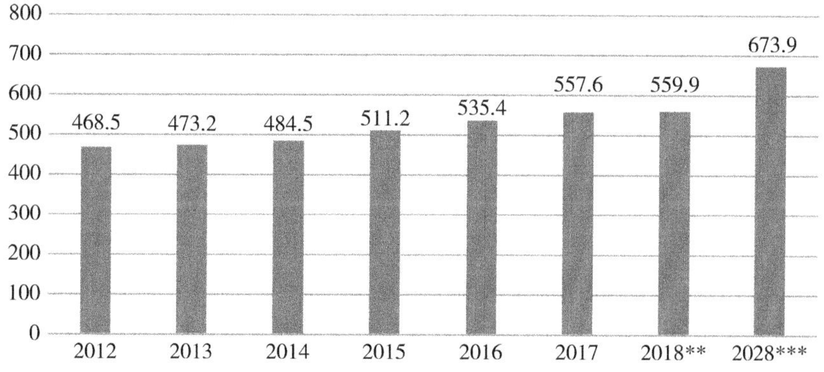

图4-6　2012—2018年瑞典旅游业对其就业的贡献（每1000个工作岗位）

数据来源：https：//www.statista.com.

到2028年，旅游业预计将支持674000个就业岗位（占总就业人数的12.9%），同期增长1.9%。

游客出口是旅游业直接贡献的重要组成部分。2017年，瑞典的游客出口产生了1398亿瑞典克朗。预计2018年这一数字将增长1.1%，预计该国将吸引13407000名国际游客入境。到2028年，预计国际游客总数将达到19880000人次，产生支出2240亿瑞典克朗，同比增长4.7%。

预计2017年旅游业将吸引396亿瑞典克朗的资本投资。预计2018

年将增长6.5%，未来十年将增长2.5%，达到5828亿瑞典克朗。旅游业在国家总投资中的份额将从2018年的3.4%上升到2028年的3.5%。

第二节　中国—瑞典旅游经济政策

一、瑞典与中国“一带一路”倡议

“一带一路”是“丝绸之路经济带”和“21世纪海上丝绸之路”的简称。它旨在借用古代丝绸之路的历史符号，高举和平发展的旗帜，积极发展与沿线国家的经济合作伙伴关系，共同打造政治互信、经济融合、文化包容的利益共同体、命运共同体和责任共同体。①

“一带一路”经济区开放后，我国在“一带一路”沿线国家投资不断增加。2015年，我国企业共对“一带一路”相关的49个国家进行了直接投资，投资额同比增长18.2%。2018年1—11月，我国企业在“一带一路”沿线对56个国家非金融类直接投资129.6亿美元，同比增长4.8%，占同期总额的12.4%。② 对外承包工程方面，我国企业在“一带一路”沿线国家新签对外承包工程项目合同3640份，新签合同额904.3亿美元，占同期我国对外承包工程新签合同额的48.8%；完成营业额736.6亿美元，占同期总额的53.4%，同比增长12.6%。③

中瑞两国经济互补性较强，合作潜力和空间很大。瑞典与中国之间的双边投资额都已近50亿美元，贸易总额达140亿美元，而且瑞典已经成为继英国、德国之后第三大对华技术输出国，总额达200亿美元。通过这些不断增长的这些数字可以看出，中瑞之间的合作前景巨大，尤其是“一带一路”，“中国制造2025”等国家战略规划的推出，对双边贸

① 朱一婷，钱晓慧．温州对浙江省“一带一路”工作中做出的贡献[J]．浙江打造“一带一路”战略枢纽研究学术研讨会论文集，2018年12月。

② 朱一婷，钱晓慧．温州对浙江省“一带一路”工作中做出的贡献[J]．浙江打造“一带一路”战略枢纽研究学术研讨会论文集，2018年12月。

③ 胡迟．深化供给侧改革 实现高质量发展[J]．上海企业，2019年1月10日。

易来说更是重要契机。①

2018 年 10 月 31 日，瑞典王国驻华特命全权大使林戴安（Anna Lindstedt）在接受记者专访时表示，“一带一路”是重要的全球性倡议，能连接世界、推动发展，中欧班列就是“一带一路”倡议扎实落地的成熟典范。这个倡议不仅能够使中国和其周边国家受益，也能使全世界从中受益。这是联通亚洲和欧洲的重要举措，对双方贸易而言具有变革性的意义。

2011 年 3 月 19 日，首列中欧班列成功开行。截至 2018 年 10 月，中欧班列累计开行超过 11000 列，运行线路 65 条，通达欧洲 15 个国家的 44 个城市。而到 2019 年 4 月 22 日为止，中欧班列累计开行了 14691 列，联通了中国 62 个城市和欧洲 15 个国家的 51 个城市，铺行的路线达到 68 条。中欧班列使中国至欧洲的交通和连接变得更加高效，是一个连接中欧的好机会，同时，铁路运输也更加绿色环保。

早在 1739 年，瑞典著名的“哥德堡号”就远航中国，开启了中国和瑞典以及北欧海上丝绸之路的航程。作为第一个同新中国建交的西方国家，瑞典参与“一带一路”倡议有独特优势和广阔前景。2018 年 9 月，一列中欧班列从瑞典启程，载满云杉木材，运往中国江西省赣州市，这标志着瑞典至赣州港首列班列的开通。未来，高效、环保、经济的中欧班列将持续助推“一带一路”经济发展，给沿线人民带来更多的幸福感和获得感，为扩大共建“一带一路”倡议影响力产生巨大的示范和品牌效应。②

二、瑞典与中国参与北极治理政策

全球气候变暖，北极冰雪融化加速，在经济全球化、区域一体化不断深入发展的背景下，北极在战略、经济、科研、环保、航道、资源等方面的价值不断提升，受到国际社会的普遍关注。但北极问题已超出北极国家间问题和区域问题的范畴，它已涉及北极域外国家的利益和国际

① 瑞典中企召开“一带一路”建设、中国制造 2025 战略座谈会[N]. 人民网，2015 年 4 月 2 日。

② 中欧班列助推“一带一路”经济发展 具有变革性意义[N]. 中国改革报，2018 年 10 月 17 日。

社会的整体利益，攸关人类生存与发展的共同命运，具有全球意义和国际影响。

中国在地缘上是“近北极国家”，是陆上最接近北极圈的国家之一。北极的自然状况及其变化对中国的气候系统和生态环境有着直接的影响，进而关系到中国在农业、林业、渔业、海洋等领域的经济利益。

同时，中国与北极的跨区域和全球性问题息息相关，特别是北极的气候变化、环境、科研、航道利用、资源勘探与开发、安全、国际治理等问题，与包括中国在内的北极域外国家的利益密不可分。中国在北冰洋公海、国际海底区域等海域和特定区域享有《联合国海洋法公约》《斯匹次卑尔根群岛条约》等国际条约和一般国际法所规定的科研、航行、飞越、捕鱼、铺设海底电缆和管道、资源勘探与开发等自由或权利。中国是世界贸易第一大国，也是能源消费大国，北极的航道和资源开发利用可能对中国的能源战略和经济发展产生巨大影响；而中国的资金、技术、市场、知识和经验在拓展北极航道网络和促进航道沿岸国经济社会发展方面可以发挥重要作用。①

中国参与北极事务大致可以分为三个阶段。

第一阶段——开启阶段：中国于1925年加入《斯匹次卑尔根群岛条约》，参与北极事务的进程。

第二阶段——科研参与阶段。1996年，中国成为国际北极科学委员会成员国，中国的北极科研活动日趋活跃。从1999年起，中国以“雪龙”号科考船为平台，进行北极科学考察。2004年，中国在斯匹次卑尔根群岛的新奥尔松地区建成“中国北极黄河站”。截至2017年年底，中国在北极地区已成功开展了八次北冰洋科学考察和14个年度的黄河站站基科学考察。借助船站平台，中国在北极地区逐步建立起海洋、冰雪、大气、生物、地质等多学科观测体系。2005年，中国承办涉北极事务高级别会议的北极科学高峰周活动。②

第三阶段——全面参与阶段。2013年，中国成为北极理事会正式

---

① 中华人民共和国国务院新闻办公室．中国北极政策［R］．人民日报，2018年1月27日。

② 中华人民共和国国务院新闻办公室．中国北极政策［R］．人民日报，2018年1月27日。

观察员。这意味着中国的北极活动已由单纯的科学研究拓展至北极事务的诸多方面，涉及全球治理、区域合作、多边和双边机制等多个层面，涵盖科学研究、生态环境、气候变化、经济开发和人文交流等多个领域。另外，中国的企业也开始积极探索北极航道的商业利用。中国在"一带一路"倡议框架下，倡议与各方共建"冰上丝绸之路"，为促进北极地区互联互通和经济社会可持续发展带来合作机遇。①

在中国全面参与北极治理的这个阶段，中国与北极圈国家的合作也显得日益重要。在北极地区的基础设施投资方面，俄罗斯增长最快，这部分程度上得益于中国提出的"一带一路"倡议。该倡议总额 5 万亿美元，目的是升级亚洲和欧洲之间的基础设施。第一个北极"一带一路"项目是坐拥 400 亿美元的丝路基金的一笔投资，在总额为 270 亿美元的亚马尔液化天然气项目中购得 9.9%的股份。在欧亚北极的运输、基础设施和资源开发方面，这是一个具有里程碑意义的项目。

迄今为止，瑞典还不是"一带一路"的参与者，但它是与"一带一路"相关的亚洲基础设施投资银行的创始成员国。2017 年 4 月，中国遥感卫星地面站北极接收站(简称北极站)于在瑞典基律纳投入试运行。

三、瑞典旅游经济政策

Bohlin 等(2014 年)分析了从 20 世纪 30 年代起的三个时期，即前福特主义，福特主义时期和后福特主义，与更广泛的经济和政治背景相关的瑞典旅游政策。瑞典经济的前福特主义时期开始于 19 世纪下半叶，在旅游方面，它涉及旅行和运输的管理，以及用于社会一般目的的基础设施投资。大萧条之后，瑞典进入福特主义时期，其特点是经济增长稳定。一旦社会积累财富，重点就放在福利国家的福祉和创造上。旅游公共政策在瑞典的历史相对较短，然而，与旅游相关的公共政策深深植根于瑞典福利国家的概念(Bohlin 等，2014，第 34 页)。在早期阶段，它是间接的，主要涉及旅行和运输的基础设施和条例。从 20 世纪 30 年代开始，一些公众参与了旅游业，但在 20 世纪 60 年代中期，政策制定更为积极。虽然与旅游有关的公共政策的出发点可以追溯到那十年，但最

① 中华人民共和国国务院新闻办公室．中国北极政策[R]．人民日报，2018 年 1 月 27 日。

初形成政策的想法植根于瑞典福利国家的创立，发展和构成。尽管时间跨度很短，但从 20 世纪 60 年代到今天，由于政治和经济条件的改变，旅游业的政策中出现了许多关于方向，原则和行动的变化。

尽管我们认为瑞典经济的经济轨迹中存在一些不同的时期，但我们认识到每个时期都具有前一时代的某些要素，每个时期都发生了重要的变化，这些变化与积累制度有关。值得注意的是，宏观经济转变在一个特定的部门，如旅游业中，体现出来。因此，政治经济背景的变化改变了发展旅游业的经济条件。积累制度的具体形式由历史制度背景决定，即使它们形成的力量是普遍的(Harris & McDonald, 2000)。表 4-2 列出了这三个时期与旅游相关的一些变化和发展。

表 4-2 **瑞典旅游政策发展阶段**

时期	旅游产业	旅游消费	旅游法规
前福特主义 (1850 年—1930 年)	企业规模小 度假休闲和水疗	主要是上层阶级	较少，因为旅游还未被看成是重要活动
福特主义 (1930 年—1980 年)	夏季别墅	大众旅游 社会旅游 餐饮住宿	出现地区政策 假期立法 建立州代理
后福特主义 (1980 年—至今)	企业规模大 国际资本 利基市场	旅游产品丰富 旅游消费影响力大 先进的科技产品消费多	旅游部门私有化 旅游业参与市场调节 旅游服务分散

资料来源：Magnus Bohlin, Daniel Brandt and Jörgen Elbe, The Development of Swedish Tourism Public Policy, 1930-2010, SJPA 18(1).

前福特主义，1850—1930 年。

这一时期在瑞典经济史上的特点是工业化快速发展。在英国自由贸易体制下，出口驱动的工业化导致了瑞典社会的快速转型。移民和内部城市化加上劳动力从初级活动转移到次级活动，导致瑞典社会的结构调整和社会变革。到世纪之交，劳动力市场由雇主和工人组织起来(Olsson, 1993)。即使劳动力市场在 19 世纪末重新形成，经济政策也无法弥合经济衰退，经济衰退的社会后果往往很难。国家对私有部门的参与有限。随着资本主义的发展，机械化和劳动分工的水平导致产出增加和生产率提高，经济中的消费与生产之间的不平衡导致了危机(Aglietta，2000)。消费水平普遍较低，消费主要集中在中产阶级和行业本身。Aglietta(2000)认为，20 世纪 30 年代危机背后的原因是消费市场的需求不足以匹配工业生产的进步。由于福利制度尚未实施，国家的消费也很低。工业革命加强了几十年前启动的铁路网络的扩张。该国的道路网络标准很低；在冬季铁路发生之前，当道路和湖泊被冻结时，大部分货物运输。在早期，旅行者要么是公务员，要么是商人。在工业革命之前，有钱人曾经过重新创造和休闲的目的，并且已经建立了一个水疗网络。19 世纪后期，资产阶级开始在大城市中心的郊区建造夏季别墅。军事和学术界于 1885 年创立了瑞典旅游协会(Svenska Turistföreningen，STF)，其灵感来自包括斯堪的纳维亚在内的欧洲其他地区的类似俱乐部的出现(Sörenson，1989)。最初是精英主义但很快就会达到更广泛的群体。它成为一个重要的消费者组织，为其成员提供廉价住宿。第一家青年旅馆于 1933 年在 Gränna 镇建立，很快就被新的青年旅馆所追随。STF 通过各种出版物以及后来作为旅行社/制作人向公众宣传瑞典(Svenska Turistföreingen，1986，2010)。

在 20 世纪两次世界大战期间，瑞典获得了关于一般假期的第一项立法。因此，在 1938 年，所有工作人员都得到了两周的假期保证。由于第二次世界大战破坏了社会的正常功能，因此效果有限。然而，在战争之前，还组建了一个名为 RESO 的组织。创始人是 ABF，KF 和 STF1。RESO 连接 Magnus Bohlin，Daniel Brandt 和 JörgenElbe 与接近主流瑞典和社会民主运动的组织接受了创建和制作人民度假套餐(folksemestern)的想法。(Holmberg，1971)在意识形态上，它与福利国家的想法一致，确保了负担得起的和有意义的休闲活动。瑞典国家通过瑞典旅游与旅游协会(STTF)被动地参与促进新的旅游业，该协会于 1902 年成立，作为国家铁路(SJ)，主要渡轮公司等大型旅游公司的集团。后来在斯堪的纳维亚航空公司(SAS)。在 20 世纪 30 年代早期，议会决定专门向 STTF 提供资金。在此决定之前，资源已通过 SJ 汇集。在这十年结束时，通过建立所谓的 Fritidsnämnden(休闲委员会)，决定进一步支持旅游业。其目的是为休闲目的建立自然保护区，度假设施和家庭主妇度假屋。

Fritidsnämnden 是政府询问 SOU 1940：12 报告中提出的娱乐活动的结果。虽然该报告主要涉及娱乐政策(Hultman，1999)，但它表明社会越来越关注作为机会天气的提供者，他们主要是娱乐或游客追求。Sandell 和 Sörlin(1999)指出，一些非政府组织为国内旅游和娱乐的发展做出了贡献，并因此影响了国家政策的形成，后来在瑞典的不同政府层面实施。在此期间发生的事态发展在后期加剧，但在战争时期中断。整体评估是旅游业是经济的一个小分支。它在一些地区如达拉纳县和瑞典西海岸的部分地区具有重要意义，但整体而言，旅游业不景气。国家的参与虽然还很早，却有两个推动力。首先，它试图吸引游客前往瑞典；其次，人们越来越关注为普通人提供休闲和度假的可能性，这一点成为福利国家的一个组成部分(SOU 1940：12)

前福特主义所造成的危机导致资本主义制度的调整。重新安排了机构和国际贸易体系。对于瑞典来说，20 世纪 20 年代的经济危机在国际视野中更为深刻。1931 年示威者在 Ådalen 村被枪杀后，劳动力市场的冲突有所下降。1938 年通过 Saltsjöbaden 条约实施了工人与雇主之间集中谈判以及不干涉国家的瑞典制度。瑞典的旅游政策在 20 世纪 30 年代与福利政策相结合。由于公众参与，旅游业受到了福利体系的影响。第二次世界大战后，凯恩斯主义经济理论在许多西方国家实施。Fordistic 系统基于为大众市场生产标准化产品。福特系统下的国家变得积极主动(Breathnach，2010)。国家进行了比以往更大的干预。这些干预措施的动机是通过减少经济周期性波动的幅度来改善人口的社会条件。凯恩斯主义经济学被采纳，战后引入了一系列社会改革，但基础可以追溯到战前时期。为了改进福特系统，瑞典结合 Meider 和 Rehn 的经济理论，通过刺激结构调整来创造低通胀的经济永久性繁荣(Ryner，1994)。

福特主义时期，1930—1973 年。

在福特主义时期，福利国家的重要性在大多数西方国家都有所增长。这与去商品化的概念有关(Polanyi，1944；Holden，2003)。这个过程是："……当一项服务是作为一项权利来实现时，以及一个人可以在不依赖市场的情况下维持生计的情况下发生的。"(Esping-Andersen 1990：21-22)。经济中的更多部门变得非商品化，例如教育和卫生服务。通过这种方式，在福特时代，福利国家在许多社会中得到了扩展。

社会民主国家和新自由主义国家之间存在差异，但是几个国家在战后时期承担了新任务并扩大了自己的领域。国家开始组织劳动力的业余时间。州和首都共同关注保持劳动力的强大和健康(Holmberg，1971)。许多公司为员工创建了度假屋，并为第二套住房设立了保留区。该州通过立法启动并逐步扩大了休假周数(参见例如 Lundahl)。对此的另一种反映是在福特期间营销国内旅游和娱乐机会。直到 20 世纪 70 年代，福特主义的生产方式产生了预期的结果，但由于一些内部和外部的冲击，凯恩斯主义福利国家无法管理其作为经济体系主管的角色，并维持现有的积累制度。监管者认为，这些积累制度中的每一种都可能遇到问题和危机。危机的程度不同，有些问题只是周期性的或暂时性的，而其他问题则是结构性的和更严重的问题(Lipliz，1987)。在 20 世纪 70 年代，福利国家受到经济学家，政治领导人和公民的批评。经济衰退导致许多西方国家的公众舆论从左向右转变，公共政策也发生了相应的转变。福利制度逐渐被改变或拆除。第二个时期，社会旅游业显著增长及其在经济中的重要性方面的突破。这背后的驱动力是财富的增长和相对均匀的收入分配。瑞典经济在 20 世纪 50 年代蓬勃发展，并在 20 世纪 60 年代几乎爆发。实现福利国家的手段已经到位(Blyth，2001)。1952 年的市政改革加强了地方政府，并陷入了制度变迁的背景。

在 20 世纪 60 年代，包机旅行获得了动力。出境旅游造成国际收支逆差增加(SOU 1973：52)。这段时期的持续时间从 1961 年持续到 2009 年，从而反映出社会的一些变化。事实显示，旅游业现在被认为是瑞典的真正商业。瑞典的假期仍然非常吸引瑞典人，所以重新获得的平衡只是瑞典旅游出口增加的结果(Tillväxtverket 2012)。在 20 世纪 60 年代，委托进行了几次政府调查。SOU 1964：47，1965：19 和 1966：33 的报告介绍了瑞典旅游和娱乐的最新技术，就像 ORRRC(1962)在几年前在美国开展的研究，政府的政策源于这些研究。上面提到的 SOU 报告确定了旅游和娱乐的范围和程度。从他们的意识形态观点来看，政府显然必须采取措施，以增加娱乐和旅游机会和设施的供应，尤其是住宿。这导致了法律体系的重大变化(SOU 1967：50)，这使得市政当局能够满足非居民的需求。

20 世纪 60 年代也是新政府机构成立的十年。因此，Statens Planverk 和 Naturvårdsverket(NV)成立。后者为不同的旅游和娱乐设施提供赠款和财政支持。Statens Planverk 更直接地参与制定国家实体计划。该项目是在 Olof Palme 担任通信部部长期间启动的。这项工作的一部分涉及旅游和娱乐(参见 Genrup & Nordin)，最终指定了 25 个旅游开发区域(Primära Rekreationsområden，Pri R)。它在有关城市创造了类似克朗代克的氛围。1976 年，STTF 被新的瑞典旅游局(ST)取代。这是 1973 年提出的调查结果，而不是创建一个新的部门和任命一个旅游部长 ST 从 STTF 演变而来。它仍然是一个合法的组织机构，是代表创始人的关键组织的基础。然而，新委员会与社会运动有更强的联系，因此也与执政的社会民主党有密切联系。这也反映在 ST 有两项主要任务。它应该促进社会旅游以及企业的良好发展。缺乏关于旅游业的统计数据，从 20 世纪 60 年代的调查中可以清楚地看出，这是 ST 要求补救的一项任务。在西方国家中，瑞典作为人口动态统计的先驱，成为记录这一新兴业务的最后一个国家。

后福特主义，1973 年至今。

在 20 世纪 70 年代初，经济衰退结束了西方世界经济稳定增长的时期。福特增长引擎不再产生预期的结果。失业，国家预算赤字，石油危机和全球货币体系的崩溃改变了积累的制度。为了克服资本主义制度的不平衡，积累制度发生了变化。这个新系统被称为后福特主义或后工业(Bell，1974)。新安排可被视为新的积累制度，或新的监管模式。出现了新的经营方式，同时正在修改社会实践和正式规则以应对这些变化。国家在那个时期增加其重要性的许多政策领域被私有化和放松管制。介绍了在公共部门组织任务的新方法。这背后的哲学来自私营部门。这种发展被称为“新公共管理”(Hood，1995)。自 20 世纪 80 年代以来，许多人认为国家已经有了相当大的“空洞化”。早些时候控制的一些功能要么被移交给市场，要么被其他公共行为者接管。向一个专注于竞争的后福特主义国家的过渡也改变了地区之间的关系(Breathnach，2010)。地方和区域倡议的空间已经大大扩展。区域之间的重新分配已经减少甚至取消，并强调了当地实现经济增长的能力。从我们的研究中可以明显看出，国家正试图塑造区域和地方业务，以使其在全球竞争中更加成功，但在某些情况下，确保自由竞争的立法违背了当地经济的具体需求。结果是一些地方和区域经济体更适应新形势，而其他经济体则面临相对劣势。“一刀切”的方法基于市场经济作为一个中立，有效和公平的制度的概念。

杰索普(Jessop，1993)认为，新国家即可以被描述为熊彼特后国家竞争国家，这是一种新的国家，主要关注在全球舞台上开发新的竞争方式。这导致了定义国家角色的新方法。熊彼特州的工作福利国家更关心的是改善经济的供给方面，通过刺激学习和更多地参与创造一个比以前更好的商业和创业环境。在福特期间，需求方在经济衰退时期受到刺激，以保持经济走势。另一个变化是劳动力成本的感知方式。在福特时代，劳动力被视为需求来源，但现在它被视为一个要素成本。这是资本主义内在的矛盾之一，当通过降低劳动力成本获得资本回报需求受到挑战并且企业将面临危险时。因此，大多数西方国家的经济结构调整都很深刻，从退化到再商品化。作为社会权利问题提供的社会福利已经被市场上的福利服务体系所取代(Dingeldey，2007)。新制度是通过放松对旧垄断的管制以及公共和私营部门之间的分离而建立的。可以注意到一个有趣的悖论是，私人和公共参与者之间的合资企业比以前更加普遍，并且在后福特主义国家，是组织地方和区域发展计划的常用方式。这反过来导致了政治合法性和透明度的问题(Pike，2002)。政策转移是这一时期的一个显著特征。例如，在美国和英国一直主导国家政策的新自由主义政策一直在影响许多国家的政治制度，无论历史背景如何。这种趋势通常被解释为国家权力下降的迹象。但是，没有国家，这种政策转移是不可能的。全球化背后最重要的角色之一实际上是国家(Peck，2001；Gramsci，1971)。自由贸易协定，超国家组织都依赖国家支持才能发挥作用。

政府部分逐步退出旅游业对私有部门是有利的，这可以通过 VISITA(前酒店和餐馆协会)和瑞典旅游业联合会(Rese-och Turistnäingeni Sverige)RTS，成立于 1992 年，以及瑞典营地所有者协会(Sveriges Camping-och Stugföretagares Riksförbund，SCR)等各种贸易组织更加积极得到体现。

1991 年上任的新自由主义政府受到里根经济学的启发，决定取消 ST。因此，在 1992 年，政府决定从瑞典旅行和旅游理事会(一个旅游业创建的组织)购买瑞典的营销服务。1995 年，社会民主党重新获得权力，瑞典旅游局成立。它导致了国家更直接地参与旅游业。再过 10 年，这些组织再次被取代。因此，在大约三十年的时间里，四个不同的组织来去匆匆。目前的这个组织仍然是一个双层组织，其营销主要集中在瑞典旅游局以及瑞典经济和区域增长局(Tillväxtverket)处理的其他旅游事务。值得注意的是，营销重点回到了20世纪60年代后期，即出口(Bohlin & Elbe，2011)。虽然，这最后一个时期通常被描述为经常性重组和重组的时期，这可能模糊了正在发生的事情，但变革的方向是明确的。旅游业纯粹被视为商业，政府应该只关注能够提升旅游业这一方面的行动，如果它应该参与其中的话。随着瑞典加入欧盟，企业和政府的合作建立得到了加强。他们的伙伴关系融资和执法模式符合这种法人组织形式。或多或少的都被组织为基于临时伙伴关系的项目。

2010年提出的瑞典旅游新战略符合欧盟提出的新旅游政策，竞争力是实现旅游业持续扩张的主要途径，旅游业被认为是最有希望的解决失业问题欧盟旅游政策也承认健康的旅游商业环境，可持续的方法和利益将在"……社会事务，领土凝聚力以及对自然和文化遗产的保护和资本化"方面产生。在地方和区域层面也有类似的发展，即私营部门的解决方案是理想的。重组涉及为旅游组织建立私人合作伙伴关系——现在通常被称为目的地管理组织(DMOs)，通常以公共部门为基础，贡献了最大的融资份额，但通常只有少数人投票。私人优于公众。因此，后福特时代的许多这些DMO从公共机构转变为股份制公司。如果本地级别可能被描述为在形式上发生变化，则其地理代表性相当稳定。区域层面的情况更加剧变。一个解释可能是瑞典的行政区域，大部分可以追溯到17世纪，与当今被认为是自然旅游区的区域不一致。由于很难脱离这种政府结构，因而从一开始就将不同的利益纳入区域DMOs。总的来说，大部分冲突已经解决，加强区域一级重要性的区域政策的变化可能有助于这一发展。这种变化是增加权力下放到区域一级和减少中央政府在县一级的存在的一部分。影响旅游业的新区域政策的核心是增长和创新。当时的流行语是集群，网络，合作伙伴关系，创新系统和项目。在相对较短的时间内花费大量时间用于拨款申请。这个项目经济创造了许多官僚主义和项目时间表，不允许思考超过三年的项目时间跨度。

第三节　中国—瑞典旅游经济合作研究

如今，瑞典是一个多元化，竞争激烈且成功的经济体。世界经济论坛将瑞典列为世界十大最具竞争力的国家之一。据世界银行称，瑞典也是世界上最容易与之做生意的国家之一。瑞典目前的经济和社会繁荣建立在20世纪90年代初金融危机的教训之上。政府推行改革，财政可持续性变得制度化。稳定的经济政策与竞争力，创新和开放的贸易方式相结合，使瑞典成为经济成功的典范。

瑞典经济的一个关键特征是其开放和自由的贸易和经营方式。瑞典历来是一个以出口为导向的国家，通常保持贸易顺差，即其出口的商品和服务价值高于进口价值。

除了保持商品和制造业的竞争力之外，瑞典的信息和通信技术（ICT）等现代服务部门的增长也很强劲。瑞典已经产生了许多价值超过100万美元的初创公司 - 包括视频游戏开发商King和Mojang，fintech公司Klarna，音乐流媒体服务Spotify，以及视频通话平台Skype。

瑞典与中国的合作有着悠久历史。早在1000多年前，就有中国商人远渡重洋到达瑞典。2015年，瑞典成为“一带一路”建设和“中国制造2025”计划的重要合作伙伴。在气候变化、城市化、健康医疗领域，中瑞双方努力寻找新的合作契机，从而推动中瑞两国创新合作进入新的发展阶段。

2017年，有超过600家瑞典企业在中国开展业务，超过1万家瑞典公司与中国有商务往来。很多瑞典企业，尤其是中小企业希望能加入“一带一路”建设。① 例如，瑞典华裔刘芳参与创建瑞典“一带一路”执行小组，促进中瑞中小企业的投资合作，充当瑞典与中国之间跨国合作的桥梁与纽带。她认为，瑞典早日加入“一带一路”框架下的合作，利于广大瑞典中小企业参与分享“一带一路”机遇。执行小组的使命是推动瑞典响应“一带一路”倡议，促进全球互联互通，释放瑞典发展潜力，与中国企业在“一带一路”建设中相辅相成，合作共赢。②

瑞典是第一个与新中国建交的西方国家。瑞典也是最早同中国签署政府间经贸、科技合作协定的西方国家之一。瑞典和中国在创新、可持续发展等领域有广泛的共同利益，瑞中需要进一步加强在气候变化、环境、能源、可持续城市化等领域合作，这对推动2030可持续发展议程

① 杨舒．中瑞共育创新之花[N]．国际商报，2017年8月3日。

② 施蔷生．愿做中瑞合作桥梁与纽带[N]．人民日报海外版，2018年10月16日。

非常重要。

中瑞在企业社会责任、科技创新、绿色经济、能源等方面的合作走在旅游合作的前面，在这些方面的成功合作经验和所建立的良好关系也为中瑞旅游合作提供了良好的基础以及支持。本小节接下来将对这几方面合作进行简要介绍。

一、中瑞企业社会责任合作

2007年6月，中国与瑞典共同签署了《关于企业社会责任合作的谅解备忘录》。2008年，为落实《关于企业社会责任合作的谅解备忘录》，中瑞双方共同建立并开通了中瑞企业社会责任合作网(www. csr. gov. cn)，重点介绍企业社会责任的理念、内涵和发展趋势，宣传有关的法律法规和标准，开展中瑞企业社会责任经验交流与对话，展示中瑞企业社会责任合作成果；并举办了第一期中瑞企业社会责任培训班。①

2009年7月和2010年3月，中瑞双方签署《成立中瑞企业社会责任合作工作组的谅解备忘录》和《中瑞企业社会责任合作中长期规划》。

2015年9月，双方签署了《中国商务部与瑞典外交部关于继续开展企业社会责任合作的谅解备忘录》，扩大了两国在企业社会责任问题上的合作范围，新增了采购、垃圾和污水处理、商业中的人权、透明及可持续投资领域。② 此谅解备忘录是两国在该领域于2007年和2009年分别签署的谅解备忘录的延伸。

表4-3　中瑞企业社会责任合作历程

时间	合作成果	合作范围
2007年6月	《关于企业社会责任合作的谅解备忘录》	
2008年	中瑞企业社会责任合作网(www. csr. gov. cn)	介绍相关理念；宣传法律法规和标准；展示合作成果

① 中瑞企业社会责任合作网[J]. WTO经济导刊，2018年6月15日。
② 中瑞企业社会责任合作网[J]. WTO经济导刊，2018年6月15日。

续表

时间	合作成果	合作范围
2009年7月	《成立中瑞企业社会责任合作工作组的谅解备忘录》	
2010年3月	《中国商务部与瑞典外交部关于继续开展企业社会责任合作的谅解备忘录》	新增了采购、垃圾和污水处理、商业中的人权、透明及可持续投资领域

资料来源：根据各网站资料整理。

新谅解备忘录体现了两国将来继续在企业社会责任领域合作的意愿，同时为合作明确了具体的重点领域，并扩大了合作利益相关方的范围。

双边企业社会责任合作将围绕使企业社会责任理念融入政策制定与执行，以及支持中瑞贸易可持续供应链，向中国有关国家部委、省、地市级政府官员、企业及相关机构提供能力建设和政策建议。

谅解备忘录为双边合作列出了企业社会责任相关重点领域，包括：环境保护，气候变化与碳减排，节能增效，废品及水资源管理，工作条件，性别平等，工作安全，劳动关系，食品及产品安全，提高透明度及商业道德，负责任投资，绿色采购，社区参与，企业社会责任与自由贸易，商业领域的人权等。

根据以上重点领域以及双方可以获得的资源和相关规定，双边企业社会责任合作可以采取高层代表团互访、培训班、研讨会和中瑞企业交流等形式。双方将继续合作运营和完善中瑞企业社会责任合作网站，为企业提供企业社会责任相关信息。在新谅解备忘录中，两国企业社会责任合作的利益相关方范围扩展至更多组织，如工会、公民社会和学术界，并将寻求与其他中国部委、政府部门和地方政府的合作。①

① 中瑞企业社会责任合作网，瑞典与中国继续合作推进企业社会责任，2015-09-25。

二、中瑞科技合作

中国和瑞典互为在亚洲和北欧地区的最大贸易伙伴，双方开展更大规模、更高水平、更具深度的务实合作既有基础，也有条件。中国在促进经济迈向中高端水平的进程中，能够借鉴瑞典在高端制造业、科技创新、发展绿色经济和低碳技术等方面的先进经验。

中瑞间的科技合作始于1978年，但合作级别低。① 2004年12月10日，中国和瑞典签署了《中国政府与瑞典王国科学技术合作协定》。这一协定的签署标志着两国的科技合作正式升级到了政府级别。中国成为继南非和日本之后第三个与瑞典签署双边科技合作协定的国家。这份协定最重要的内容是中瑞将共同鼓励双方科技人员参与欧盟科研项目，从而在科研上得到整个欧盟的财力和人力资源的协助。②

此后，中瑞技术合作的领域越来越广，包括能源环境、通信科技、生物医药、材料科学等行业，合作层次也越来越多样，有政府牵头企业和企业间的合作，也有政府部门间的合作，高校与企业及政府间的合作，合作活动也丰富多样。以下为中国瑞典在科技方面的合作历程及取得的成果。

表4-4　**中瑞科技合作历程**

时间	合作事件	成果和意义
2004年12月	中国政府与瑞典王国科学技术合作协定	标志着两国的科技合作正式升级到了政府级别
2005年3月	"中国—瑞典科技周"	科技部和瑞典教育与研究部共同主办；研究和创新政策、材料科学、下一代通信和网络、能源环境和气候、公共卫生和中西药研究等6个重点领域

① 李伟红．李克强同瑞典首相勒文举行会谈[N]．人民日报，2015年3月28日。

② 王洁明．中瑞签署科技合作协议[N]．人民日报，2004年12月12日。

续表

时间	合作事件	成果和意义
2007 年 2 月	中瑞(典)确定在后 3G 无线通讯和网络领域开展战略合作	“863 计划”； 在后 3G 无线移动通信、网络开发等领域开展合作。
2007 年 6 月	中瑞(典)合作成功开发出无镍高性能烧结钢	无镍绿色产品产业化
2009 年 7 月	中欧办加强同瑞典国家创新署的合作	
2012 年 1 月	接入技术-多用户多天线广义频分多接入技术研究	项目申请发明专利 15 项，其中合作申请 3 项；发表学术论文 61 篇，其中合作论文 7 篇； 提出标准化提案 8 项，其中国际标准提案 1 项；培养了 10 名博士、15 名硕士；与瑞典合作方及其基金资助机构建立了广泛、稳定、良好互动的合作机制，形成了国际合作的产学研联合平台。
2012 年 9 月	中瑞绿色创新研讨会	可再生能源与能效、先进生产与制造、清洁技术
2013 年 5 月	城市地下资源与可持续开发：中瑞典型城市对比研究”	建立了城市地下四种主要资源开发相互影响的典型模式与评价模型； 提出了城市地下可持续开发的新理念。
2013 年 9 月	中瑞(典)科技合作联委会第 3 次会议	抗生素耐药性联合研究、极地科研合作等新领域合作； 在可持续发展、清洁技术、生命科学等领域开展更加深入的合作。
2014 年 05 月	2014 中瑞科技经贸合作对接会	40 余家企业代表面对面地进行了深入洽谈，共同探讨双方在环保、新能源、先进装备等产业领域的科技、经贸合作

续表

时间	合作事件	成果和意义
2014 年 11 月	中瑞绿色产业合作平台正式启动	35 家瑞典企业加入了瑞中绿色技术联盟
2017 年 06 月	第二届中国—瑞典绿色经济合作大会	在下一代交通、生命科学、循环经济、智慧城市和新材料五大领域推出创新合作伙伴计划
2017 年 8 月	中瑞科技合作联委会第四次会议	北极科研、生命科学、交通安全、气候变化、智慧城市 研究机构与企业共建合作联盟的“2+2 模式”、共建联合研究中心和实验室 开展跨境众创空间合作等

资料来源：根据中国科技部网站整理。

面对当今和未来的全球挑战，国家和城市的合作非常必要。在 10 多年的合作中，中瑞双方开展了大量的研究工作，也取得了许多突破性的创新成果。中瑞新材料技术交流中心是中瑞科技合作的成功范例，为两国科技合作的发展起到了示范作用。两国还将进一步拓展合作领域，开创新的模式。

瑞典在可持续发展和环境保护方面走在世界前列。为加强绿色产业方面的合作，中瑞两国近年来在清洁能源等领域签署了若干合作协议，越来越多的瑞典环保企业进入中国。中国驻瑞典使馆和瑞中贸易委员会经过近一年的沟通，决定启动中瑞绿色产业合作平台，使之成为两国绿色产业相关信息交流与沟通的地方，以进一步推进两国在低碳、环保领域的交流与对话。

中瑞两国应在能源和森林、可持续交通、垃圾处理、智能建筑、水处理等领域并肩合作，并通过创新金融工具等方式促进双方绿色产业发展，这些也是中瑞旅游合作的重要方向。

三、中瑞旅游合作现状

中国经济的持续高速增长，人均可支配收入的不断提高，使旅游业产生爆发式增长，旅游对经济发展和人民生活水平提升的重要性日益提高，出境旅游已成为衡量中国城市家庭和年轻人幸福度的一大标准。全球旅游产业产值逾7000亿美元，占世界GDP的10%以上。中国对世界旅游业的贡献日益增大，出境游人数逐年增加，强劲助推消费驱动的经济增长。① 根据数据显示，2017年中国公民出境旅游突破1.3亿人次，花费达1152.9亿美元，保持世界第一大出境旅游客源国地位。②

1. 中国游客赴瑞典旅游概况

2007年，中国首次超过日本，成为瑞典在亚洲的最大旅游客源国。2013年7—9月，赴瑞旅游中国人数约15.8万人，比去年同期增长22%，与2008年同期相比增长62%。在非欧盟成员国中，中国成为继美国之后赴瑞旅游第二大国家。

据瑞典公共电视四台称，中国正在逐步赶超美国成为赴瑞典旅游人口最多的非北欧国家。瑞典的自然环境和宜人的夏季气候，著名的人文景点，例如每年举行诺贝尔晚宴的斯德哥尔摩市政厅和诺贝尔博物馆，都是吸引中国游客的重要原因。随着中国赴瑞典人数的不断增加，瑞典官方表示在更多地方提供中文旅游咨询是必不可少的，为广大的中国游客提供服务和帮助，以便提高中国游客的旅游体验是极其重要的。可以看出，瑞典在其旅游推广的全球市场中，中国占据着重要位置。③

瑞典是北欧最大的国家，其国土面积约为45万平方公里，相当于中国黑龙江省的大小。但它拥有众多国际知名的品牌，如汽车制造业萨博(SAAB)和沃尔沃、超级跑车柯尼塞克、货车及巴士制造厂商斯堪尼亚；家居企业宜家；时尚品牌H&M，北极狐户外品牌等。随着这些品牌的国际化发展，中国居民也越来越关注到瑞典品牌的影响力。同时，瑞典是世界上的高福利国家代表之一，被誉为“全球幸福指数最高”的国家之一。瑞典地形南北狭长，一年四季呈现不同的风貌；秀丽的田园风光和众多的境内湖泊使瑞典在自然旅游资源这方面优势凸显；欧洲古

① 何亚非．中欧旅游合作有着广阔的前景和空间．https://baijiahao.baidu.com/s?id=1615260099757336685&wfr=spider&for=pc

② 孔瑞琪．旅游类自媒体的用户构成分析[J]．成功营销，2018年12月15日。

③ 中国将成为赴瑞典旅游人口最多国家，人民网，2016年8月6日。

典风格的建筑和瑞典人的闲适生活方式成为其人文旅游资源的重要构成。瑞典在各个方面拥有的美誉，都使瑞典成为中国游客的理想目的地，从而带动着瑞典旅游产业持续增长。

2. 瑞典来华旅游市场概况

根据国家旅游局的统计数据，2005 年至今，瑞典来华游客每年保持在 10 万~17 万人次。占瑞典每年 1500 万人次的出境旅游总量的 1% 不到，约占中国 2600 多万的外国入境旅游人次的 0.4%，可见这个规模极其小。而且近年来，瑞典来华旅游人次还出现下滑趋势，2014 年为 14.2 万人次，同比下降 10.7%。

根据《瑞典来华旅游舆情报告》显示，瑞典人民来华意愿不高。在 1000 名受访者中，63.8%的瑞典游客表示对于来华旅游“没有兴趣”和“没什么兴趣”。只有 3.8%的瑞典游客选择中国最为其“今后 3 年最想去的旅游目的地”；33.3%的瑞典游客对于“今后几年，有没有去中国旅游的打算”的问题作出肯定的回复。也就是说，如若不做出较大改善，瑞典来华旅游市场萎缩的态势还会加剧。此外，瑞典来华旅游市场呈现以下两个特征。

(1)瑞典来华旅游市场相对单一

瑞典来华旅游市场在游客结构、旅行方式、旅游动机等方面都相对比较单一。根据《瑞典来华旅游舆情报告》显示，瑞典来华游客中以男性为主，30~39 岁年龄段的人群接近 60%，在旅行形式方面，选择“旅游团”的占 60%；以观光游览为目的的游客占 40%，而有 43.6%的瑞典游客对中国“悠久的历史”感兴趣。

(2)瑞典民众对中国旅游的认知程度较低

《瑞典来华旅游舆情报告》显示，受访者对中国城市的了解仅限于北京、上海，位列其后有南京、西安和广州，认知度仅为 1—2 成；受访者所认知和感兴趣的旅游景区也主要集中在故宫、万里长城、兵马俑、颐和园等历史名胜；70%的受访者表示没有接触过中国各地区在瑞典举办的旅游推广活动，对于国家旅游局组织的“美丽中国”主题活动，仅有 10%的受访者表示“非常了解”或“有些了解”。也就是说，对于瑞典普通民众而言，中国作为旅游目的地的知名度依然较低。①

① 宋瑞．改变陌生“熟人”境况[N]．中国旅游报，2015 年 3 月 23 日。

中瑞旅游合作活动概况

从上述中瑞双边旅游基本概况可以看出，近年来中瑞关系全面发展，旅游合作有较大空间。每年有约 5 万瑞典人和 3 万中国人互访，但中瑞旅游的潜力远不止于此，中瑞双边旅游市场具有很大增长潜力，两国政府旅游部门，行业组织以及旅游企业在近 10 年也有展开不同层次、不同水平的合作。表 4-5 为目前中瑞两国旅游合作项目事件的概况。

表 4-5　**中瑞旅游业合作事项**

时间	合作事项	层　次
2011 年 10 月	瑞典旅游局在北京成立中国代表处	瑞典旅游局在中国市场
2014 年 8 月	“美丽中国，古老长城”中国旅游推介会在瑞典举办	中国国家旅游局在瑞典市场
2014 年 11 月	北欧旅游推广会在京举行，瑞典旅游局新品亮相	瑞典旅游局在中国市场
2016 年 4 月	瑞典旅游局与恺撒旅游战略合作	瑞典旅游局与中国旅游企业
2016 年 6 月	同程旅游与瑞典旅游局达成战略合作	瑞典旅游局与中国旅游企业
2017 年 6 月	“美丽中国”旅游推介会在瑞典举办	中国旅游在瑞典市场
2017 年 8 月	蚂蜂窝旅行网携手挪威旅游局、丹麦旅游局、瑞典旅游局、芬兰旅游局等北欧四国旅游局战略合作	瑞典旅游局与中国旅游企业
2017 年 9 月	支付宝与瑞典贸易联合会签署合作备忘录	瑞典政府部门和中国企业
2018 年 2 月	崇明区：引进瑞典旅游资源 加强两地友好合作	城市间合作
2018 年 5 月	租租车与瑞典旅游局进行深度合作，提升中国游客旅行价值体验	瑞典旅游局与中国旅游企业

续表

时间	合作事项	层　次
2018 年 10 月	重庆市与瑞典西哥特兰省签署建立友好合作关系备忘录	城市政府合作
2018 年 11 月	瑞典旅游局签约成为腾讯旅游首批全球内容合作伙伴	瑞典旅游局与中国企业

中瑞国家旅游局分别在对方国家推广进一步合作。2011 年 10 月 20 日，瑞典旅游局在北京成立中国代表处。瑞典旅游局是由瑞典政府和瑞典旅游行业协会联合注资成立的机构，旨在推广瑞典品牌及瑞典旅游目的地。此前，瑞典旅游在中国市场的推广一直由北欧旅游局负责，自 2012 年 1 月 1 日起，瑞典旅游局中国代表处将独立负责运营瑞典旅游目的地在中国的推广任务。目前，前往瑞典旅游可以通过参加旅游团队申请申根国颁发的 ADS 旅游签证。同时，瑞典驻华大使馆已逐步放宽对个人旅游签证的申请条件，以满足不断增长的个人自助游的需求。①

2014 年 8 月，中国国家旅游局在斯德哥尔摩举行主题为“中国旅游之夜——美丽中国，古老长城”的中国旅游目的地海外推广活动。此次推介会是继英国伦敦、丹麦哥本哈根后，首次欧洲巡回推广的最后一站，目的是向瑞典旅游业人士推广长城旅游带的文化旅游资源，使更多瑞典人体验和感知中国的古老文明和现代发展的完美结合。主办方拍摄制作了《美丽中国——古老长城》宣传视频，从历史、自然、文化和现代四个角度深入展现了长城旅游带上中华文化中最有价值的精神内涵。②

同年 11 月，“遇见北欧，遇见美好”2014 北欧旅游推广会在北京举行。丹麦、挪威与瑞典旅游局联手合作，来自北欧的四十多家旅游供应商，包括地方旅游局、景点、酒店、机场、地接社等参与此次合作活

① 瑞典旅游扬帆起航　瑞典旅游局中国代表处成立，2011 年 10 月 25 日 http：//news. 163. com/11/1025/15/7H7INJH600014JB6. html.

② 美丽中国，古老长城”中国旅游推介会在瑞典举办［N］. 人民网 2014 年 8 月 28 日 http：//world. people. com. cn/n/2014/0828/c1002-25561269. html.

动。2015 年丹麦、挪威和瑞典官方旅游局推荐的特色主题产品，也首次在现场发布。瑞典旅游当局主推“轻体验”—— 依照最具瑞典特色的度假方式，通过各种互动性的活动，让游客“轻”度体验当地的生活方式。比如在瑞典南部斯科纳优美的厄斯特兰地区自驾、在斯德哥尔摩跟随专业摄影师寻找最佳拍摄地点、在哥德堡参加美食烹饪课堂、在西海岸与当地渔夫一起出海捕捞北半球最优质的海鲜等。

2017 年 6 月，在瑞典首都斯德哥尔摩市中心广场，中国国家旅游局举办了“美丽中国”大型推介会，在推荐会期间，主办方举办中国民乐歌舞表演来吸引大批瑞典民众，来自中国国内的代表为瑞典民众介绍有关中国的旅游信息。

借助“一带一路“机遇，中瑞城市间探索旅游合作契机。2018 年 2 月上海崇明区政府代表与瑞典 SOIC 发展有限公司代表和哥德堡项目相关负责人交流和讨论哥德堡项目合作事宜，就在堡镇合作打造航海体验旅游项目签订合作意向书。中方向瑞典方介绍了崇明的形成历史、人文概况、发展定位等。这次崇明与瑞典的合作，是在“一带一路”的推动下迎来的机遇。崇明正在建设世界级生态岛，需要引入世界级项目来助力生态发展。中瑞共同努力、加快推进哥德堡项目，并在未来能引进更多哥德堡的旅游资源，加强两地之间的友好合作。充分运用现代化的技术和瑞典在生态环保等方面的技术建设哥德堡项目，可以促进双方共赢。①

同年 10 月，重庆市与瑞典西哥特兰省签署了建立友好合作关系谅解备忘录。当前，重庆发挥中国西部大开发的重要战略支点、“一带一路”和长江经济带的联结点作用，加快建设内陆开放高地、山清水秀美丽之地，努力推动高质量发展、创造高品质生活。重庆自然和人文旅游资源丰富，经济发展势头强劲，重庆与西哥特兰省是中国和瑞典的重要汽车制造基地和港口城市，有着良好的合作基础。双方已开展人员互访，组织考察访问、开展交流活动，推动两地相关部门和企业在投资、贸易、物流、机械制造、智能科技、文化、教育和旅游等方面的交流合作。双方同意研究制定两地年度交流计划并推动实施，在两地友好关系

① 孔玲娇．崇明区引入世界级项目来助力生态发展[N]．崇明报，2018 年 2 月 11 日 http：//city. eastday. com/gk/20180211/u1a13665650. html

全面发展的同时，共同促进重庆市与西哥特兰省缔结友好市省关系。①

中国旅游企业成为中瑞旅游业合作先锋。从 2016 年 4 月起，众多中国电子商务旅游企业抓住中瑞旅游合作发展的大好契机，与瑞典旅游局签订战略合作协议，整合企业对中国游客的市场信息以及瑞典丰富的旅游资源，开发受中国游客青睐的旅游产品和服务，促进瑞典旅游资源在中国市场的推广，同时为中国游客在瑞典旅游消费提供便利。以下就目前已开始合作的项目所合作的方向和取得的成果进行整理及分析。

表 4-6　　**企业参与中瑞旅游合作信息一览表**

	中国方	瑞典方	合作形式	开发/促销旅游产品	航空	签证	其他
1	恺撒旅游	瑞典旅游局 北欧航空	战略合作	瑞典轻体验 童趣瑞典	是	是	
2	同程旅游	瑞典旅游局	战略合作	瑞典欢乐行 9 晚 11 日 品质游	否	否	瑞典旅游专家 补贴活动
3	马蜂窝	瑞典旅游局	战略合作	否	否	否	官方攻略 官方指路人
4	租租车	瑞典旅游局	合作伙伴	移动 3D 课堂亲子 自驾路线	否	否	旅游局官方 资讯号
5	滴滴租车	瑞典旅游局	合作伙伴	无	否	否	全球自驾路线
6	腾讯	瑞典旅游局	全球内容 合作伙伴	无	否	否	宣传智慧出行分享瑞典旅游信息
7	首都机场集团公司	瑞典机场集团 Swedavia	“友好机场”谅解备忘录	无	是	否	中文标识、服务人员、以及网站
8	中国国际航空公司	瑞典旅游局	联合举办 旅游推介会	瑞典旅游 产品信息	是	否	官方旅游结构 高端酒店等

① 罗静雯．重庆市与瑞典西哥特兰省签署了建立友好合作关系[N]．新华网，2018 年 10 月 24 日 http：//www.cq.xinhuanet.com/2018-10/24/c_1123603456.htm.

恺撒旅游与瑞典旅游局实施战略合作。2016 年 4 月，瑞典旅游局与恺撒旅游在北京签订战略合作协议。双方进行整合资源，共同致力于研发和推广中国游客赴瑞典旅游的产品。瑞典大使馆为此次战略合作提供加快签证审批的服务和支持。据预计，此次战略合作会使通过恺撒旅游前往瑞典的游客有望同比至少增长 50%。

瑞典的旅游资源丰富，远不止传统的观光式游览，此次合作旨在推崇北欧生活方式体验。通过与恺撒的战略合作，有助于瑞典吸引更多的中国游客赴瑞典旅游。此次推出众多新鲜的体验项目，从而实现提高中国游客的旅游体验和满意度的目标。

基于此次合作，恺撒旅游研发了三类北欧旅游产品。第一类为“传统型旅游路线”：从北京、上海两地出发的常规北欧四国游；第二类为“延长型旅游路线”：英国+北欧的连线产品；第三类为“特色型旅游路线”：包括“瑞典轻体验”深度游，以“童趣瑞典”为主题的亲子游。瑞典“轻”体验的“轻”主要体现在形成安排轻松，不像传统的观光旅游样赶行程，时间紧凑；此次战略合作推出北欧 4 国 13 日生机盎然之旅，使游客可以轻松地享受瑞典的自然风光，感受瑞典独特的文化以及体验瑞典人的休闲生活。“深度游”是指在宽松的行程中，全方位地深入地体验。例如在路线中包含体验瑞典饮食——《米其林指南》推荐餐厅烹饪；瑞典酒吧文化——斯德哥尔摩冰酒吧；瑞典人出行——文岛骑行以及瑞典渔民——出海捕捞等多种体验，让游客深入瑞典体验当地不同人群生活，从而对瑞典有个更全面的认识。

而亲子游路线则包括家长和孩子一起进行手工制作——探访瑞典手工糖果屋；亲近自然，体验瑞典原生态风情——与麋鹿“零距离”接触，果园采摘；见识和体验瑞典民俗生活——露天博物馆斯堪森露天博物馆。

此外，此次合作开发的旅游产品均选择搭乘北欧航空的航班直飞斯堪的纳维亚半岛，其全新客舱产品将为中国游客带来更加便捷、舒适的旅游体验。

鉴于此次战略合作可能吸引更多的中国游客，瑞典当局于 2016 年起，逐步在中国新增设 10 家签证中心——重庆、西安、成都、昆明、杭州、武汉、南京、长沙、以及沈阳和济南等城市。恺撒旅游的签证业务累计服务人次超过 1000 万，签证通过率达到 99. 7%，凭借其签证业务办理安全高效，出签快、通过率高等优势，在旅游消费者中认可度较高，目前恺撒旅游在国内 16 个重要城市设置有比较成熟的分公司签证部，证照服务 100%覆盖国内签证口岸城市。基于恺撒旅游在瑞典产品上的丰富性以及签证服务的可靠性，其还获得了瑞典签证绿色通道，将为此次合作提供更大的便利。①

同程旅游和瑞典旅游局战略合作试水新旅游人才培养模式。2016 年 6 月，瑞典旅游局和同程旅游启动战略合作，进行同程旅游的首次瑞典旅游专家选拔赛。此项目旨在进一步提升同程旅游专线服务水平，同时也开创了瑞典旅游局全新的旅游专家选拔模式。

本次瑞典旅游专家选拔项目是面向同程旅游数千名旅游顾问，经过集中培训、销量排名等进行评比，胜出的旅游顾问获得由瑞典旅游局官方认证的瑞典旅游专家证书。这为创新我国旅游人才培养模式提供一种参考依据，也瑞典旅游局在目的地推广方面做出的新尝试。

基于此次合作，同程旅游推出“瑞典欢乐行 9 晚 11 日品质游”产品，路线包含：瑞典首都斯德哥尔摩和瑞典皇族的居住地皇后岛宫；露天博物馆斯堪森公园；参观麋鹿公园；“冰酒吧”等；同程旅游也为次产品推出“下单每人立减 500 元”的补贴活动来进行促销。②

马蜂窝与瑞典旅游局战略合作定位年轻自由行中国游客

中国的年轻一代游客的旅行方式和消费习惯正在悄然发生巨大变化，基于此，北欧四国旅游局抓住机遇，积极在中国寻求合作伙伴来吸引中国游客。在年轻游客的旅行方式变化中，最为显著的是“自由行”的旅行方式越来越受推崇。根据马蜂窝旅游数据显示，与去年同期相比，2017 年 1—7 月蚂蜂窝自由行用户对北欧四国关注度都有不同程度的上升，其中对瑞典的关注度上升 26%。数据也显示，瑞典和其他北欧国家已成为越来越多的中国游客，尤其是年轻游客计划前往的旅游目的地。

2017 年 8 月，全球旅游消费指南蚂蜂窝旅行网与挪威旅游局、丹

① 瑞典旅游局与恺撒旅游达成战略合作，http：//travel. sina. com. cn/outbound/news/2016-04-26/detail-ifxrpvea1239750. shtml.

② 同程旅游与瑞典旅游局达成战略合作　首创专家选拔模式 http：//travel. people. com. cn/n1/2016/0622/c41570-28470049. html.

麦旅游局、瑞典旅游局、芬兰旅游局等北欧四国旅游局进行战略合作。合作内容主要是由北欧四国旅游局与蚂蜂窝共同制定官方攻略内容，打造全方位、立体化的北欧四国旅行指南；通过双方共同打造的旅游攻略，使用户既可以浏览到这些国家的概况、景点、酒店、交通、餐饮及当地玩乐等实用信息，也能通过亿万用户提供的点评、问答信息，制订出详细的出行计划并完成产品预订。

此外，北欧四国旅游局的官方认证达人账号还将入驻蚂蜂窝，以"官方指路人"的身份深度参与蚂蜂窝的问答板块，回答游客关于挪威、丹麦、瑞典、芬兰的旅行问题，为用户提供有价值、实用性强的信息作参考。

蚂蜂窝发布的报告也显示，中国年轻一代的消费特点在引领着旅游消费市场的整体变化，也一定程度上导致了消费总额的下降，因为年轻的旅行消费者比较注重经济实惠，善于收集市场信息，对价格也较敏感。蚂蜂窝大数据显示，68%的年轻消费者会在出国前提前收集关于目的地，旅游纪念品的相关信息，同时会参考他游客的推荐和使用体验。另外，32%的年轻消费者表示他们会在旅游目的地购买的同时，也会通过手机查看国内电商平台上的价格。

此次战略合作的重要前提是马蜂窝在中国旅游市场中的领先地位以及北欧国家作为旅游目的地对中国游客的吸引力。

蚂蜂窝以其高质量的游记、攻略，为用户提供许多真实、可靠且实用的目的地信息和产品推荐，成为中国游客旅游消费决策的最大入口。此次和北欧四国开展战略合作，为马蜂窝在全球旅游市场中进一步发展提供机遇和更多的资源。①

租租车、滴滴租车与瑞典旅游局合作定位中国自驾游游客

随着人均收入的不断增加，人们生活水平提升，海外自驾游市场发展势头良好。但是由于境外交通法规、驾驶习惯等方面的巨大差异，影响了中国旅游消费者参与海外自驾游的积极性。②

---

① 蔡华锋．中国游客告别"爆买时代"，文娱消费大幅增长[N]．南方日报，2017年6月29日。

② 武葳．与租车平台合作瑞典提升自驾游服务[N]．中国旅游报，2017年7月21日。

滴滴租车从三个方面通过合作来解决这方面的问题。第一，联合13大国家旅游局，包括瑞典旅游局在内，推出《全球自驾指南》，由各国旅游局对交通法律法规、驾照政策等内容进行梳理，让用户获得权威、统一的政策信息。第二，联合全球领先的租车平台AVIS发布通用的海外租车、自驾等注意事项，为广大消费者提供准确的自驾资讯服务；以及提供了专属优惠折扣。第三，特邀猫途鹰成为官方旅行平台合作伙伴，在自驾路线中加入来自全球旅行者分享的点评与意见，帮助用户更好地在自驾行程规划中做出决策。《全球自驾指南》将长期存放在滴滴出行APP的自驾租车-国际版块，方便用户随时查阅。①

而租租车定位于自驾游游客中的“亲子”游客。2018年5月，租租车联合瑞典旅游局，推出“童年私驾课”主题活动，将瑞典的一些风光景点包装成专为孩子设计的移动3D课堂。在诺贝尔的故乡里边走边看边学习，领略艺术博物馆、维京文化、瑞典大自然、古典历史等的魅力。

租租车针对瑞典的自然风光地貌，为亲子自驾游用户打造了专属自驾路线。环绕瑞典的西南海岸，从马尔默出发，途经埃勒斯石阵等16处景点，最后到达布斯胡群岛渔村，斯科纳省的旖旎风光在轻松有趣的自驾路上尽收眼底。为了让更多用户有机会享受属于他们与孩子的温馨时光，租租车在此次活动中还提供了北欧双人往返机票免费名额、租车优惠、景点优惠等福利。

腾讯与瑞典旅游当局的互联网+文旅产业升级。2018年11月，2018腾讯全球合作伙伴大会在南京召开。瑞典旅游局参加腾讯“共生·文旅”分论坛，并正式签约成为腾讯旅游首批全球内容合作伙伴。在“共生·文旅”分论坛上，相关行业各领域人才共同探讨文化旅游融合的发展方向和趋势，并围绕互联网助力文化旅游产业升级展开探讨和分享。同时，腾讯发布全球内容合作伙伴计划，并为包括瑞典旅游局在内的十家全球首批内容合作旅游局进行授牌。这也意味着，未来瑞典旅游局将与腾讯旅游携手，在宣传、智慧出行、目的地影响力等方面开展紧

① 武葳．与租车平台合作瑞典提升自驾游服务[N]．中国旅游报，2017年7月21日。

密合作，以技术助力旅行服务，共同深耕多种旅行场景，致力于向中国游客分享更全面的瑞典旅游信息，并不断提高出行体验。①

其他合作。除上述合作之外，另一个重要的参与合作的主体是机场和航空公司。例如，瑞典机场集团与首都机场集团公司在北京签署建立“友好机场”的谅解备忘录。该集团管理的斯德哥尔摩阿兰达机场，是斯堪的纳维亚地区增长最快的一家机场。为了欢迎来自中国的游客，阿兰达机场已配备有包括中文标识、中文服务人员、中文网站及面向中国市场的优惠活动等多种针对中国游客的服务措施。②

2016年4月12日至15日，瑞典旅游局联合中国国际航空公司首次在成都、杭州、厦门三地举办旅游推介会，10多家来自瑞典的地区旅游局、景点、酒店和旅游供应商在现场为当地旅行社提供全面的瑞典旅游产品信息。

中国国航是目前唯一拥有北京至斯德哥尔摩直飞航线的航空公司。该航线已有28年的历史，行程仅需9个小时，使用空中客车330宽体客机执飞，夏秋季每天一班(每周7班)，冬春季每周5班，为赴北欧和瑞典的国内游客提供了舒适便利的条件。此次瑞典旅游局与中国国航联手在成都、杭州和厦门三地举行旅游推介会，旨在将瑞典旅游产品深入推广至华东、华西和华南地区，进一步扩大瑞典在国内的知名度。

此次参加三地推介会的有来自斯德哥尔摩、哥德堡、西瑞典以及瑞典北极地区等目的地的官方旅游机构和高端酒店，以及波罗的海地区的维京游轮和塔林客诗丽雅游轮两大邮轮公司。闻名世界的冰酒店及树屋酒店所属的北部地区——瑞典拉普兰，首次来到中国内地参加路演。同时，致力于北欧线路的中国旅行社北欧公司以及畅通国际公司与三地共70余家旅行社进行了深入的探讨和交流，有望在北欧线路中推出更多样化的瑞典行程。

---

① 瑞典旅游局成为腾讯旅游首批全球内容合作伙伴 http：//www.sohu.com/a/273294016_179557.

② 瑞典将于春季在中国增设10家签证中心 http：//www.sohu.com/a/60161304_119047.

第四节 中国—瑞典旅游经济合作存在的问题与完善协调机制

在中瑞旅游经济合作中，中瑞关系总体保持了稳定发展，各领域合作也取得了新成绩。中瑞双方在各层级、各领域保持着交流互访。两国务实合作部门和地方省市代表团旅游企业和行业代表团频繁交流互访。双方经贸合作持续快速增长。中瑞“一带一路”合作取得积极进展，中国东航开通了上海至斯德哥尔摩的直航，瑞典达拉纳省因申市至中国江西赣州市的中瑞首趟中欧班列开行。科技、文化、教育等交流合作势头良好。中国著名科学家陈竺教授荣获瑞典舍贝里奖，中国科协和瑞典皇家工程院签署合作协议，首届汉语文化节在斯德哥尔摩地标性场地国王花园成功举办，多个中国优秀艺术团组在斯德哥尔摩、哥德堡、法尔雪平等地演出，深受当地民众欢迎。①

一、现有合作较少针对瑞典来华旅游市场

根据本章第三节内容，目前中瑞双方的合作基本是瑞典旅游局面向中国游客开发和促销其旅游产品及服务。在较长一段时间内，瑞典来华旅游市场在需求上没有增长，这一部分受限于瑞典居民数量较少，游客市场容量小，以及瑞典距离中国较远导致旅行成本较高等原因，但另一方面，这也对我国在瑞典旅游推广，提高我国旅游目的地以及旅游资源的投入有限有较大影响。以国家旅游局为例，在北欧并未设立办事处，开展的旅游营销推广活动也很少，中国国家旅游局分别于 2014 年和 2017 年在瑞典举办“美丽中国”宣传活动，全国各地在北欧举行的旅游促销活动也是屈指可数。除此之外，笔者没有找到其他相关合作来吸引瑞典游客来华旅行的资料。这说明我们对挖掘瑞典及整个北欧来华旅游市场的发展潜力的投入度还不够。

尽管瑞典总人口约为 1000 万，但是由于其经济发达、社会福利制度完善、带薪休假时间长、有着长期的旅游度假传统等原因，国民出游率和出游频率都很高，瑞典每年出境旅游人次高达 1500 多万人次。目

① 中国驻瑞典大使馆，驻瑞典大使回顾 2018 年中瑞关系 2018-12-30.

前瑞典等北欧国家来华旅游基数较小，如能采取针对性的营销活动，未来将会有巨大的增长潜力。

二、合作层次浅、范围窄，未能充分利用中瑞双方旅游业优势

双边旅游合作可以是发生在两国政府、国家旅游相关组织机构、旅游企业及相关产业间，以及不同层次间的合作，中瑞旅游合作多发生在瑞典旅游局和中国旅游企业间的战略合作，目的是利用中国企业对中国游客的知识和技能来推广瑞典旅游产品和服务。在过去5年时间，也有两次合作是瑞典城市政府和中国城市政府之间的，签订“友好城市”协定，试图提高双方城市知名度，促进更多的合作机会，但此合作对双边旅游市场增长影响程度大小难以衡量。

除达成共识着力提升两国居民旅游往来便利化，简化签证手续，增加航线航班次数，促进旅游企业及相关产业间合作，共同开发推介旅游产品之外，旅游经济合作也可以是双方旅游资源融合互补共同开发和管理旅游目的地、旅游行业规划和发展、旅游企业运营、旅游政策制定的经验借鉴等方面。上海崇明建设世界级生态岛，引入世界级哥德堡项目来助力生态发展，就是很好的一个例子。

生态旅游作为“绿色旅游消费”被认为是实现旅游业可持续发展的首要且必然的选择。生态旅游已成为当前世界上发展最快，最具活力的一个产业和新的经济增长点，年增长率达20%~25%，是可持续发展战略在旅游行业的实践。① 联合国将2002年定为国际生态旅游年，以鼓励世界各国通过开展可持续的旅游业来促进环境保护和经济发展。

瑞典北部土著萨米人居住区是瑞典重要的旅游区。萨米人的历史文化和独特的生产生存方式构成了巨大的生态旅游吸引力，瑞典政府为保护这一区域的旅游价值，采取严格的文化保护政策，限制其他现代产业的发展，将传统的驯鹿业与生态旅游业有机地结合起来，取得了很大的成功。②

此外，全世界成功实施并运营的“可持续城市”案例只有四个，其中两个在瑞典——哈马碧湖城和马尔默的明日之城。瑞典的哈马碧湖城

---

① 李维长．国际生态旅游发展概况[J]．世界林业研究，2002年8月。

② 牛亚菲．可持续旅游、生态旅游及实施方案[J]．地理研究，1999年6月。

建成后，基本实现了当初定的环境目标。而且，与周边地块相比，其土地价值提升了25%，却仅付出了5%的成本增量，让开发商获益良多。其中，1996年由斯德哥尔摩水公司、Fortum（能源公司）和城市废物回收公司合作开发的哈马碧生态模型至关重要。该模型的主要原理是最大程度地实现材料和能源流的局部闭环。它展示了如何将废物回收、水、地区供暖供冷和交通，与城市规划、景观及建筑设计进行整合，最大限度地减少材料和能源的消耗。哈马碧生态模型不难看出，其通过废弃物、能源、水和污水三个生态循环的联动循环，组成了可持续城市的环境支撑体系，并运用了“3R”原则——减量、回用和循环，实现了更加高效的资源利用。剖析这个生态模型的循环过程会发现，城市居民，即传统的能源消费者，同时也是能源的生产者和输送者，而多样化的可再生能源路径支撑着可持续新城的运营。

瑞典生态经济发展、生态旅游是走在世界的最前列的国家，积累了丰富的经验和知识。早在2011年，海南省和瑞典哥德兰省缔结为友好省市后，瑞典项目团队考察海南东方，有意向大力利用风力发电，及太阳能、生物燃料等能源，投资开发生态旅游区。

三、瑞典旅游行业发展瓶颈

瑞典旅游行业的主体是中小企业，53%的旅游公司声称他们在过去三年中开发并销售了新的或大幅改进的商品或服务，这可以被视为衡量创新的标准。它高于瑞典中小型企业的平均水平，相应的比例为43%。超过50%的创新涉及新服务，超过33%的创新涉及新产品，12%的创新涉及商品和服务。

数字化是一个广泛而复杂的领域，使我们有机会做新事物，并以新的方式做事。对于公司来说，这是关于更新，并与商业部门正在发生的结构转型有关。在数字化方面，旅游公司与瑞典中小型企业的平均水平没有显著差异。与所有公司相比，旅游公司的数字化进一步发展的领域是营销，销售和采购。例如，在旅游公司中，高达46%的人使用IT进行营销，而所有公司只有31%。

尽管在创新方面，这些旅游业中小企业表现出色，但是，瑞典经济与区域增长处调查数据显示，与2014年的调查相比，瑞典旅游公司的增长意愿有所降低。其实瑞典整个商业界的模式相同，自2005年以来的趋势是小型企业的整体增长意愿下降。最重要的是，通过雇用正在减少的人来实现增长的愿望。获得适当劳动力也被视为旅游公司增长和发展的最大障碍，寻找合适劳动力的感知问题也随着时间而增加。在2017年的调查中，36%的旅游公司认为这是一个主要障碍，而2014年为25%。在调查中包括的旅游公司中，有62%的人在过去三年中试图招募。其中一半认为这是找到具有足够专业经验的申请人的主要障碍。最大的问题是酒店内的旅游公司以及餐厅和酒吧。

尽管全球旅行增加以及全国营业额和就业人数增加的趋势强劲，但2017年调查中认为三年期内销售额和盈利能力增加的旅游公司比例有所下降。不仅是不相信增长，我们也看到旅游公司比以前更大程度地相信旅游销售在下降。相信销售下降的旅游公司比例从2014年的8%增加到2017年调查的14%，以及认为盈利能力下降的比例显示出相同的趋势。缺乏盈利能力，特别是在较小的旅游公司中，长期以来一直被认为是在各种发展举措中应对的重要挑战。瑞典旅游中小企业增长乏力，无疑会制约我国旅游产品和服务在瑞典市场上的促销。

四、完善中瑞旅游协调机制

针对以上中瑞旅游经济合作三个方面的问题，提出以下协调机制和建议。

其一，积极利用“海上丝绸之路”进行中国旅游品牌营销。“一带一路”倡议的提出赋予旅游业在促进跨区域、跨国界、跨洲际政治认同、政策融合、设施互通、经济合作、人员往来、文化交融等方面的重任，同时也为相关区域的旅游经济发展带来了空前的机遇。我国各城市应当要抓住“一带一路”建设的历史时机，围绕“海上丝绸之路”进行营销，不断扩大本地区在瑞典市场的旅游影响力。各地旅游局可以自行或联合临近旅游城市或地区共同举办海上丝绸之路国际旅游节，邀请瑞典重点旅行商参加，通过旅游推介、业界洽谈等形式，让境外旅行商了解本地区的旅游产品和资源；同时旅游行业协会可以举办中瑞旅行商经验交流会，促进中瑞旅游人才之间的交流。

福建省在利用“海上丝绸之路”进行其旅游资源品牌营销方面取得一定成效。例如：2015年5月，第十一届海峡旅游博览会在厦门举办，福建牵头上海、天津、浙江等10个省(市、区)和香港、澳门特别行政区旅游主管部门，成立“中国海上丝绸之路旅游推广联盟”。7月底，福建在马来西亚、印度尼西亚相继设立海外旅游合作推广中心。随后，福建在“海上丝绸之路”沿线国家和地区举办“美丽中国·清新福建”专场旅游推介会，宣传营销福建旅游品牌。①

此外，我们也可以借助2015年10月成立的“一带一路”城市旅游联盟来提高中国旅游资源的知名度。联盟内城市可以在旅游发展与创新、节庆活动、旅游品牌培育、旅游市场开发、旅游客源互送、媒体宣传和国际交流等方面多层次、宽领域深度开展交流合作。

其二，充分发挥瑞典行业组织和企业的作用。行业组织在瑞典的旅游发展中扮演着重要角色，除了瑞典旅游行业协会、瑞典旅游者协会、瑞典旅游产业联盟等之外，还有业界与政府等共同组成的瑞典旅游理事会，其成员由旅游相关企业和人员组成。② 中国各旅游企业通过前期与瑞典旅游当局的战略合作，建立良好关系的基础上，可以进一步与其他协会和企业建立战略联盟，利用他们对瑞典游客的旅行方式和旅行的偏好等的专业知识，共同开发符合瑞典游客的中国旅游路线，在瑞典进行市场推广和促销，引起瑞典游客对中国的旅游兴趣，激发其旅游意愿。同时，我国国家旅游局也可积极与北欧航空、国航、南航等企业合作，为瑞典乃至北欧游客来华旅行提供交通便利。

其三，系统解决瑞典居民对来华旅游的认知问题。旅游认知是影响人们旅游行为的重要心理因素之一，它是产生个体旅游行为的前提。全面理解瑞典旅游者旅游认知的过程、特性和影响其旅游认知的主客观因素，有助于我国更好地吸引瑞典来华旅游者。

旅游业是中瑞两国合作的重点与潜力，中瑞人民在相互往来中互相理解尊重对方文化对两国旅游经济合作至关重要。但由于中瑞两国文化差异较大，双方认知不同，我们应该在充分重视瑞典文化以及居民旅游习惯的基础上，系统地解决瑞典居民对中国旅游不了解、不熟悉、不感兴趣的问题。例如在围绕“美丽中国”主题进行整体营销的基础上，要特别针对该地区的客源市场特点，确定营销思路和具体方案。瑞典游客

---

① 福州市旅游局，福建借“海上丝绸之路”主题，力推旅游国际营销 http：//travel.fznews.com.cn/rdtj/2015-11-30/20151130d8Uj7Wdp5414143.shtml.

② 宋瑞．改变陌生“熟人”境况[N]．中国旅游报，2015年3月23日。

向往温热气候、热爱户外运动、注重生活品质、讲求创新创意、偏好朴素低调等特点，我们在推广中，既要重视对中国历史文化的宣传，更要充分展示现代发展和百姓生活；要将长城、故宫等传统旅游产品与富有创意的创新型旅游产品结合营销，将北京、上海等大城市与具有文化和地域特色的地区联合推广。① 以下为较为成功的一个案例，值得推广和借鉴。

2017 年 6 月 28 日，“美丽中国——万里茶道”瑞典站主题推广活动在斯德哥尔摩历史悠久的诺贝尔颁奖殿堂里举行。中国旅游代表团、中国驻瑞典大使、瑞典斯德哥尔摩市政府、斯德哥尔摩旅游局等共 200 余名代表出席活动，内蒙古、广西、山西、湖北、云南、陕西、宁夏、上海、福建、河南、安徽等 17 个省份代表与瑞典当地行业协会、旅行商、航空公司代表进行了卓有成效的业务交流。②

此次活动由中国旅游营销专家进行中国旅游专业推介，以一片东方树叶的神奇旅程为主线，专业又幽默地宣传推介了万里茶道沿线旅游精品，既给瑞典业界呈现了中国深厚的历史风韵，同时也体现了中国的现代化发展的一面，极大增进了瑞典旅游业界对中国旅游资源和产品的了解。负责北欧事务的国家旅游局驻伦敦办事处还特别制作《超乎想象的中国》斯德哥尔摩街拍短片，充分演绎了中国旅游主题口号，聘请瑞典著名歌手索菲娅·格林女士担任(瑞典)“中国旅游推广大使”。随后，索菲娅用英文倾情演唱中国民歌“2002 年的第一场雪”，来自内蒙古的演出团队为在场的瑞典观众呈现了具有浓郁蒙古民族特色的文艺演出，体现中瑞艺术的碰撞和融合，激起了现场观众的强烈情感共鸣。③

其四，充分利用现代营销和传媒手段。人们对互联网、移动终端等新媒体的依赖性越来越强，阅读网络新闻、浏览博客、参与网络社交等成为现代生活中一种重要的信息接收方式，世界营销生态环境发生了巨变，社交网络成为境外旅游营销的重要平台。中国旅游企业、行业协会

---

① 宋瑞．改变陌生“熟人”境况[N]．中国旅游报，2015 年 3 月 23 日。

② 吕文．万里茶道走进诺贝尔颁奖殿堂[N]．中国旅游报，2017 年 7 月 3 日。

③ 吕文．万里茶道走进诺贝尔颁奖殿堂[N]．中国旅游报，2017 年 7 月 3 日。

等可以充分利用互联网等现代传播手段来开展宣传。例如：开发针对瑞典市场的旅游英文网站甚至是瑞典语网站；也可以与 Expe-dia、Priceline、TripAdvisor 等全球旅游网站实现战略合作；在 Facebook、Google、Youtube 上开通账户或上传专项推广内容等。

结　论

中国政府在 2018 年宣布了“极地丝绸之路”的愿景，计划把北极纳入“一带一路”倡议。在中国北极政策文件中，中国当局提出将鼓励企业建设基础设施，在新航线上进行商业航行试航。北极有很大的增长机会，它位于世界上最大经济体之间的地位意味着它可以往南到欧洲，往西到北美，往东到亚洲，寻求合作伙伴来建设基础设施。

在中国与中欧和东欧国家之间的合作之下，“一带一路”越来越多地进入欧洲，特别是铁路运输。为了资助这些发展，中国工商银行于 2016 年 11 月份成立了一个总额 111.5 亿美元的投资基金(未来的目标是扩大到 557.5 亿美元)，重点是 16 个中东欧国家的基础设施、高科技制造业和消费者商品等行业。

北欧国家(丹麦、芬兰、冰岛、挪威和瑞典)不是“一带一路”的参与者，尽管这 5 个国家都是与“一带一路”相关的亚洲基础设施投资银行的创始成员国。随着中国“一带一路”和北极政策的实施和发展，瑞典也积极参与合作。①

文章从瑞典参与中国“一带一路”倡议和中国北极战略的合作入手，了解到中瑞合作意愿强烈和中瑞往来关系良好，这些是中瑞旅游经济合作的重要前提和基础。接下来，文章深入了解瑞典旅游基本概况，包括瑞典国家概况，其主要旅游城市和资源，以及近年来瑞典旅游经济指标，和旅游业对瑞典经济的影响等方面，从中了解到瑞典旅游经济发展趋势。今年来，中国赴瑞游客人数不断增加，瑞典各城市在积极探索吸引中国游客的有效途径；但是，瑞典居民赴中国旅游人数较少，且据调查，瑞典居民对赴中国旅游存在较深认知上的问题。因此，无论是从中

① 境外媒体：北欧国家看好“冰上丝绸之路“https：//baijiahao. baidu. com/s? id=1590898468529609321&wfr=spider&for=pc.

瑞旅游当局、旅游行业组织、旅游企业甚至是游客角度，中瑞进行旅游经济合作对双方各层次主体都具有重要的意义和影响。

本章第三部分梳理中瑞近15年来方方面面的合作历程，以及取得的成果。中瑞企业社会责任合作、中瑞科技合作、中瑞能源和绿色合作、中瑞创新合作等走在中瑞旅游合作之先，良好的合作历史为双方旅游经济合作铺好了信任基础，也对旅游经济合作有一定的借鉴意义。中瑞现有旅游经济合作特征为：中国企业为中瑞旅游经济合作先锋，善于发挥自身优势，结合瑞典旅游资源特色和优势，以及中国旅游消费者的特征，开发适合新一代中国自助游、自驾游、亲子游等游客的产品和服务。促进瑞典旅游经济发展，提高中国游客赴瑞旅游的体验和满意度。借着"一带一路"的发展契机，中瑞城市也逐步建立"友好城市"合作，提高双方在对方市场上的知名度，推广城市旅游资源和产品。

2018年，中国赴瑞旅游游客遇到不少问题，而瑞典方在处理这些问题时也不够积极主动，甚至造成更多负面影响，这对中瑞未来旅游经济合作造成一定阻碍。此外，瑞典旅游企业受到人才短缺的制约，增长意愿和预期下降，这可能也是中国旅游当局在瑞典市场推广中国旅游资源和产品、服务的障碍之一。中国旅游当局需要寻求更多的合作途径，来提高中国旅游市场在瑞典的知名度，系统解决瑞典对来华旅游的认知问题。同时，我们也应当从瑞典旅游经济发展的独特经验和成果，如生态旅游方面寻找合作机会和方向，充分发挥双方的优势，来使合作利益最大化。

第五章　中国—芬兰旅游经济合作研究

中国—芬兰之间具有长期的友好合作关系。芬兰政府支持中国的“一带一路”“冰上丝绸之路”倡议。芬兰不但在旅游资源方面得天独厚，而且在清洁能源、环保技术等领域处于世界领先地位。中国—芬兰在旅游基础设施投资(包括酒店、餐饮、度假区域开发等)、旅游信息化提升工程、数字旅游、可回收领域和城镇化技术等方面，有着良好的合作机遇和合作前景。

第一节　芬兰概况

芬兰共和国(The Republic of Finland, Suomen Tasavalta)，简称芬兰，位于欧洲北部，北欧五国之一，与瑞典、挪威、俄罗斯接壤，南临芬兰湾，西濒波的尼亚湾。海岸线长1100公里，内陆水域面积占全国面积的10%，有岛屿约17.9万个，湖泊约18.8万个，有“千湖之国”之称①。芬兰冬季严寒漫长，夏季温和短暂，全国1/3的土地在北极圈内。

芬兰是圣诞老人的故乡，最早的居民为拉普人，故芬兰又称拉普兰，芬兰人迁入后，建立了芬兰大公国。12世纪后半期被瑞典统治。1809年俄瑞战争后并入俄罗斯帝国，成为大公国。1917年12月芬兰共和国宣布独立，成为一个永久中立国。芬兰语和瑞典语为官方语言。76.4%的居民信奉基督教路德宗，1.1%信奉东正教。②

① 芬兰国家概况：http：//news.sohu.com。

② 根据百度百科和中华人民共和国外交部网站整理。

芬兰是欧盟成员国之一，同时也是一个高度发达的资本主义国家。高度工业化、自由化的市场经济体制，其人均 GDP 远高于欧盟平均水平，与其邻国瑞典相当，其国民享有极高标准的生活质量。

一、芬兰发展指标

芬兰自 1995 年以来一直是欧盟成员国，已经从一个安静的农业和林业经济体，重新定义为一个引领潮流的全球技术和设计中心。芬兰高度融入全球经济，国际贸易占其国内生产总值的三分之一。芬兰的商业影响力远远超过其 550 万人的适度人口。国际货币基金组织估计芬兰的国内生产总值约为 2400 亿美元，名义人均国内生产总值为 43000 美元（略高于加拿大或德国）。它是唯一使用欧元的北欧国家。①

芬兰经常在教育、生活质量、竞争力和透明度等国际调查中名列前茅。它位于欧洲"新北方"的中心，是地理、基础设施、教育、治理和高科技产业的独特交汇点。赫尔辛基是世界上第二大北方首都，通过铁路，海运和空运轻松连接塔林、圣彼得堡和斯德哥尔摩。

联合国根据幸福水平对 156 个国家进行了排名，评估了预期寿命、社会支持和腐败等，(2018)《全球幸福报告》显示，芬兰超过挪威，成为是世界上幸福指数第一的国家，挪威排在第二，其次分别是丹麦、冰岛、瑞士、荷兰、加拿大、新西兰、瑞典和澳大利亚。自 2012 年首次发布该指数以来，北欧国家一直占据主导地位。

2018 年 7 月 10 日，世界知识产权组织和美国康奈尔大学等机构发布《2018 全球创新指数报告》，芬兰排第 7 位。芬兰的发展指标详见表 5-1。

表 5-1 **芬兰发展指标**

人口（2010）	5375276
平均年人口增长率,%（2005—2010）	0.4
预计到 2030 年人口	590 万

① 中华人民共和国外交部网站：https://www.fmprc.gov.cn/web/gjhdq_676201/gj_676203/oz_678770/1206_678964/1206x0_678966/

续表

语言（2010）	90%说芬兰语，5%说瑞典语，1%说俄语
宗教（2010）	78%信奉路德教，1.1%信奉东正教，19.5% 无宗教信仰（2010）
人类发展指数(2010)	0.87
人类发展指数排名(2010)	16
预期寿命(2010)	80.1
年龄中位数(2010)	41.4
议会中女性占到全部的比例 %（2011）	42.5
无淡水资源人口,%（2009）	0
每百人中使用网络的人数（2010）	86
国民总收入 GNI，美元(2010)	253×10^6
人均国民总收入，美元(2010)	47170
人均 GDP 增长,%（2010）	3.6
政府负债总额占 GDP,%（2010）	48.4
政府开发援助,% GNP（2010）	政府开发援助总共 10 亿欧元，占国民总收入的 0.55%
公共卫生支出,% of GDP（2009）	8.0
公共教育支出,% of GDP（2009）	6.6
清廉指数(2010)	9.2
清廉指数，排名于 180 个国家（2010）	第 4

资料来源：芬兰驻北京大使馆：www.finland.cn/

二、芬兰主要产业和资源

在 20 世纪 90 年代，知识推动经济增长和转型，在不到十年的时间里，芬兰成为 ICT（信息和通信技术）特色经济，有诺基亚等著名公司。

除了电子产品和高科技外，传统产业也得以传承，芬兰是世界领先的木材生产国之一。

芬兰的重点产业主要有：互联网和信息通讯产业、森林工业、能源环保产业、金属工业、机械工业、化学工业、食品工业等。

互联网和信息通讯产业。芬兰是因特网接入比例和人均手机持有量最高的国家之一。作为芬兰经济支柱产业，其主要产品包括无线通讯设备、终端产品、通信网络设备、电子元器件和光纤电缆等，其产品和服务出口量较大。诺基亚(Nokia)是旗舰企业，曾是全球最大的手机设备制造商，也是网络运营设备、服务和解决方案的最大供应商之一。业内不少公司也在移动通讯技术和设备领域拥有一定优势，如 Benefon 公司主要生产 GSM+GPS 移动定位通讯设备，拥有世界领先的手机定位技术等。

诺基亚集团(Nokia)成立于 1865 年，数字移动和固定网络供应商，早期从事造纸、化工、橡胶行业，60 年代进入电信市场，90 年代主要生产移动和固定电信网络设备及移动电话，发展迅速。2013 年 9 月，诺基亚将旗下手机业务出售给微软，并专注于网络研发、设备及服务。2016 年 1 月，诺基亚完成收购阿尔卡特-朗讯，两家合并后将成为全球最大的移动通信网络设备供应商。

能源环保产业。芬兰在能源效率、洁净工艺、水资源保护、废物管理和环境监测等方面技术全球领先。在生物能源和热电联产领域，芬兰技术为世界最高水平，目前芬兰可再生能源占其能源总消费量的 22%~25%，居世界前列。普泽技术公司(Puzair)的垃圾分类运输、中央吸尘等系统均占据同类技术和市场全球领先地位。维萨拉公司(Vaisala)的温度和湿度传感器技术世界领先。

芬兰工业在 20 世纪 90 年代得到快速发展。从劳动、资金密集型转变为技术密集型。建立在森林基础上的木材加工、造纸和林业机械制造业为经济支柱，并具有世界领先水平。森林工业产量占世界总产量的 5%，是世界第二大纸张、纸板出口国(占世界出口量 25%)及世界第四大纸浆出口国。

森林工业。主要产品包括锯材、胶合板、纤维板、家具等木材加工品，纸浆及纸张产品。斯道拉恩索(Stora Enso)、芬欧汇川(UPM)和 M-real集团是前三大林业公司。斯道拉恩索是世界第一大纸箱和纸板生产商、第三大锯材生产商；芬欧汇川是世界最大的杂志纸、标签纸生产商和欧洲最大的胶合板生产商；M-real 是欧洲领先的高质量纸张和纸板制造商。森林覆盖率约 80%，约 2282 万公顷，人均 4.2 公顷，木材储积量 21.89 亿立方米。

芬欧汇川集团（UPM-Kymmene）是世界最大的纸和纸制品生产商之一，具有百年历史，在芬兰拥有 93 万公顷森林，年平均消费林材 24 万立方米。主要生产纸张纸浆、纸板和包装薄膜。

金属工业。芬兰的矿产资源中以铜为主，还有少量的铁、镍、钒、钴等。主要产品有钢、生铁、铜、镍、锌等。闪烁炼铜炼镍技术是芬兰发明的全球领先技术。泥炭资源丰富，已探明储量约 690.94 亿立方米，相当于 40 亿吨石油。有两座核电站（四个核反应堆），第五个反应堆在建。奥托昆普（Outokumpu）是领军企业，为全球四大不锈钢生产商之一，业内主要企业还包括全球领先的冶金和采矿加工技术与服务供应商奥图泰公司（Outotec）等。

机械工业。主要产品包括农业和林业机械、造纸机、电梯、起重设备、破冰船、船用设备等。业内大公司包括：美卓集团（Metso），世界最大的纸机生产商；通力公司（Kone），全球电梯和自动扶梯产业最大供应商之一；瓦锡兰公司（Wärtsilä），全球最大的船用柴油机和柴油发电机组制造商之一；科尼起重机公司（KCI），北欧最大的起重机制造商。

化学工业。主要产品有石油化工产品、纸化工产品、塑料及橡胶制品、涂料等，约 40%产品用于出口，占芬兰出口总额 12%。凯米拉集团（Kemira）是世界化工领域的知名企业，从事精细化工品生产、研发及应用，其纸浆及造纸、水处理及特殊工业化学品业务均居世界领先地位。耐斯特公司（Neste Oil Corporation）开发的 NExBTL 技术利用植物油和动物脂肪等可再生原料生产柴油，能有效减少汽车废气排放，该工艺获 2006 年芬兰化工联合会创新奖。

食品工业。主要产品包括肉制品、奶制品、啤酒饮料、巧克力、点心等。芬兰食品工业讲究绿色无污染，是欧洲功能性食品的先锋，维利奥公司（Valio）生产的不含乳糖牛奶，能减少腹泻的发生；莱泰祥公司（Raisio）开发的 Benecol 人造黄油，可有效降低胆固醇，自 1995 年推出以来畅销欧洲。

第二节　中国—芬兰旅游经济政策

一、中国旅游经济政策

改革开放以来，我国实现了从旅游短缺型国家到旅游大国的历史性跨越。“十二五”期间，旅游业全面融入国家战略体系，走向国民经济建设的前沿，成为国民经济战略性支柱产业①。

(一)中国旅游现状

2015年，旅游业对国民经济的综合贡献度达到10.8%。国内旅游、入境旅游、出境旅游全面繁荣发展，已成为世界第一大出境旅游客源国和全球第四大入境旅游接待国。旅游业成为社会投资热点和综合性大产业。见表5-2。

出境旅游人数和旅游消费均列世界第一，与世界各国各地区及国际旅游组织的合作不断加强。积极配合国家总体外交战略，举办了中美、中俄、中印、中韩旅游年等具有影响力的旅游交流活动，旅游外交工作格局开始形成。

表5-2　“十二五”旅游规划主要指标完成情况

<table>
<tr><th colspan="2" rowspan="2">指　标</th><th colspan="2">规划目标</th><th colspan="2">完成情况</th></tr>
<tr><th>2015年</th><th>年均增速(%)</th><th>2015年</th><th>完成程度(%)</th></tr>
<tr><td colspan="2">旅游业总收入(万亿元)</td><td>2.5</td><td>10</td><td>4.13</td><td>165</td></tr>
<tr><td rowspan="2">国内旅游人数</td><td>(亿人次)</td><td>33</td><td>10</td><td>40</td><td>121</td></tr>
<tr><td>居民出游率(次/人)</td><td>2.3</td><td>—</td><td>3</td><td>130</td></tr>
<tr><td colspan="2">国内旅游收入(万亿元)</td><td>2.1</td><td>11</td><td>3.42</td><td>163</td></tr>
<tr><td colspan="2">入境旅游人数(亿人次)</td><td>1.32</td><td>3</td><td>1.34</td><td>102</td></tr>
</table>

① 国务院“十三五”旅游业发展规划。

续表

指　　标	规划目标		完成情况	
	2015 年	年均增速（%）	2015 年	完成程度（%）
入境过夜旅游人数(万人次)	5680	8	5689	100
外国人入境旅游人数(万人次)	2573	4.5	2599	101
旅游外汇收入(亿美元)	580	5	1136.5	196
出境旅游人数(万人次)	8800	9	11700	133
直接就业(万人)	1450	4.7	2798	193

资料来源：国务院“十三五”旅游业发展规划。

（二）推动出境旅游

中国“十三五”旅游行业发展的主要目标包括：旅游经济稳步增长。城乡居民出游人数年均增长 10%左右，旅游总收入年均增长 11%以上，旅游直接投资年均增长 14%以上。到 2020 年，旅游市场总规模达到 67 亿人次，旅游投资总额 2 万亿元，旅游业总收入达到 7 万亿元①，见表 5-3。

综合效益显著提升。旅游业对国民经济的综合贡献度达到 12%，对餐饮、住宿、民航、铁路客运业的综合贡献率达到 85%以上，年均新增旅游就业人数 100 万人以上。

国际影响力大幅提升。入境旅游持续增长，出境旅游健康发展，与旅游业发达国家的差距明显缩小，在全球旅游规则制定和国际旅游事务中的话语权和影响力明显提升。

有序发展出境旅游。推动出境旅游目的地国家和地区简化签证手续、缩短签证申办时间，扩大短期免签证、口岸签证范围。将中文电视广播等媒体落地、改善中文接待环境、中文报警服务、中国公民安全保障措施和游客合法权益保障等纳入中国公民出境旅游目的地管理体系。完善出境旅游服务保障体系，加强境外旅游保险、旅游救援合作。推动

① 国务院“十三五”旅游业发展规划。

建立与有关国家和地区旅游安全预警机制和突发事件应急处理合作机制。加强与友好国家客源互送合作。

表 5-3　　“十三五”期间旅游业发展主要指标

指　　标	2015 年实际数	2020 年规划数	年均增速(%)
国内旅游人数(亿人次)	40	64	9.86
入境旅游人数(亿人次)	1.34	1.50	2.28
出境旅游人数(亿人次)	1.17	1.50	5.09
旅游业总收入(万亿元)	4.13	7.00	11.18
旅游投资规模(万亿元)	1.01	2.00	14.65
旅游业综合贡献度(%)	10.8	12.00	

资料来源：国务院“十三五”旅游业发展规划。

（三）主要旅游法律制度

中国现代治理体系已经初步建立。《中华人民共和国旅游法》公布实施，依法治旅、依法促旅加快推进。建立了国务院旅游工作部际联席会议制度，出台了《国民旅游休闲纲要(2013—2020 年)》、《国务院关于促进旅游业改革发展的若干意见》(国发〔2014〕31 号)等文件，各地出台了旅游条例等法规制度，形成了以旅游法为核心、政策法规和地方条例为支撑的法律政策体系。

二、芬兰旅游经济政策

可持续发展战略贯彻芬兰的方方面面。芬兰的基本旅游政策围绕着芬兰的可持续发展战略展开。自 1987 年以来，芬兰一直在主流政治里努力加强可持续发展理念，促进经济社会的可持续发展。可持续发展理念在政府、私营部门、利益集团和非政府组织、科学社区、教育系统和媒体广泛发展。

芬兰的可持续发展政策基于制度保障和民众的广泛参与，其中各种社会参与者参与定义和实施可持续发展战略。芬兰政府于 1993 年成立了促进芬兰的可持续发展的芬兰国家可持续发展委员会(FNCSD)。自那时起，委员会一直在运作。在成立后的前十四年里，在总理亲自领导，这个委员会因此引起了人们的广泛关注与接受。

（一）芬兰各公共部门贯彻可持续发展战略

芬兰实行两级行政体制，即中央政府及市镇政府。设有 6 个地区管理署和 15 个经济发展、交通和环境管理中心，以统筹资源，服务地方发展。20 个地区管理委员会负责地区间的合作，地区理事会负责本地区的土地使用规划和国际合作。每个市镇设有市镇当局，负责市镇间的交流与合作。详见芬兰组织结构图 5-1。

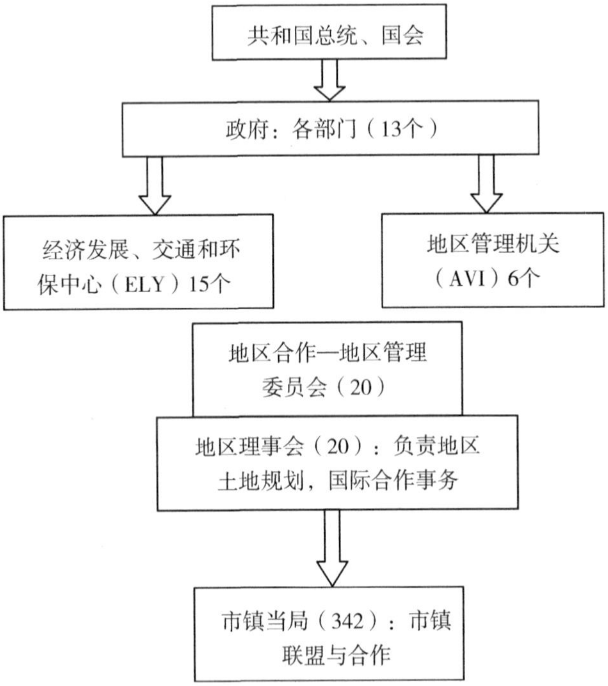

图 5-1　芬兰的主要公共部门机构

1. 环境保护部门

芬兰环境部就自然环境、土地利用和建筑、住房，制定环境法对其进行保护。自 1995 年芬兰加入欧盟以来，国家立法得到了广泛的应用与社区法例协调，特别是在环境保护和自然保护方面。有关废物、空气的法例保护和水保护也在20世纪九十年代得到更新，而且已就环境影响等问题制定了法律环境损害的评估和赔偿。

芬兰在环境领域的立法也有相应的变化。秉着可持续发展的理念，1997年自然保育法案进行了大幅度的更新，又起草新的“环境保护法”和“土地使用和建筑法”，这两项法规都于2000年生效。各部委和其他组织已经制定了自己的可持续发展战略，2000—2002年，政府的可持续发展方案进行了广泛的评估。芬兰可持续发展评估报告发表于2003年春季。

芬兰有各种环保部门，各部门的使命和任务各有不同。

环境部制定环境政策。行政控制并在国家层面制定战略计划。该部也制定环境保护，草案和发展环境的目标立法，并监督国际合作。

芬兰环境研究所(SYKE)生产和编制环境数据，并开发新的方法来保护水、空气和土壤，以改善浪费管理，改善废物管理和监督化学品。该研究所还提供专家参与起草环境立法。芬兰环境研究所SYKE有七个业务中心：淡水中心，海洋研究中心，自然环境中心，消费和生产中心，环境政策中心，数据和信息中心以及实验室中心。这些中心的主要任务是研究、开发和提供各种服务。

2. 经济发展、运输和环境中心

经济发展、运输和环境中心是具体职能部门，实施环境保护措施，并确保环境立法在各自的地区观察职责，并管理国家行政部门的区域执行和发展任务。芬兰一共有15个经济发展、运输和环境中心。这些中心的任务是促进区域竞争力，居民福祉和可持续发展，以及遏制气候变化带来的危害。

这些中心有以下三方面的责任：一是负责工商业、劳动力、就业以及文化活动；二是负责运输和基础设施；三是负责环境和自然资源保护。

以环境和自然资源领域的责任为例，以下都是属于这些中心环境和自然资源保护的责任：报告和监控环境状况；环境和景观保护；环保；指导和监测土地使用情况；水资源的使用和管理等方面。经济发展、运输和环保中心还引导和监督各就业和经济发展办公室的活动。

3. 地区事务发展委员会

地区事务发展委员会主要管理各地区事务。芬兰的地区委员会根据地方自治原则，是法定的，与市政当局共同管理地区事务。理事会作为区域运作发展和区域规划部门，主要负责的是区域规划。在市政民主的基础上，他们关切区域的发展需求，致力于促进本区域居民的物质和文化福祉。除法定责任外，地区委员会还有其他任务。他们追求该地区居民和企业的利益、地区规划和分析以及和各种组织的合作。

地区国家行政机构处理更大的许可证中型工厂，以及根据“水法”颁发的许可证。他们还处理废物处理设施的环境许可和恢复污染场地的许可证。市政当局在地方范围内促进和监督环境保护。他们还发放小型工厂所需的环境许可证设备。如奥兰群岛自治省政府，除国际合作外，履行所有的规定奥兰群岛环境部的职能。

各种保护环境的立法

有关环境保护的立法也非常多，有土地使用和建筑方面的，有水资源开发的，有自然保护方面的等。

土地使用与建筑立法主要有三个：土地使用和建筑法；芬兰国家建筑规范；保护建筑遗产和文化景观。基于促进建筑和房地产生态可持续发展的2000年的土地使用和建筑法，主要目的是：确保土地的使用、水域和建筑活动是为了创造良好生活环境，促进生态、经济、社会和文化可持续发展。

关于水资源开发方面。任何需要使用水资源的人都必须先联系区域环境中心，以确定计划采取的活动是否可从环境许可证管理部门获得许可证。对于用水，芬兰的水立法详细规定了水资源的使用。

水政策以长期战略为基础。并制定了水资源新纲要，确定的目标是：

· 减少导致富营养化的营养负荷
· 降低有害物质带来的风险
· 保护地下水体
· 保护水生生物多样性
· 恢复受生态破坏的水体。

自然保护方面。芬兰以其森林和湖泊而闻名，芬兰大约十分之一的地区被内陆水域覆盖。芬兰拥有悠久的自然保护传统。1923年有第一个物种保护，1932年划定了第一批自然保护区。目前，大约8%的芬兰森林受到保护，约65%的木材产品森林属于私人业主。国家战略和行动计划旨在保护和维护生物多样性，促进可持续利用。

自然保护立法包括：自然保护法；自然保护法令。

完善的法律制度保障了芬兰能有效执行可持续发展战略。其中《环境保护法》《自然保护法》《水域保护法》和《垃圾处理法》四部法律是环境保护方面的大法，涵盖了芬兰环境保护的全部内容，芬兰人实现了环境保护的全民化、日常化，他们尊重法律，有法必依，使得其制定的法律都能得到有效的贯彻落实。

三、中芬出入境和海关政策

(一)芬兰出入境政策

(1)芬兰于2001年3月加入申根协定。根据该协定规定，在任何一个申根国驻华外交代表机构取得入境签证，可同时免签到其他25个申根国家旅行。

(2)虽然持有申根签证能免签到其他申根区国家旅行，但应首先赴主要目的地国家(即在外停留时间最长的国家)的驻华使领馆申请签证。如果在各申根国家的停留天数相同，应赴第一个抵达国家的驻华使领馆申请签证。

(3)依据访问次数，中国公民可以在芬兰驻华使领馆申请一次入境、两次入境和多次入境签证，其中一次入境和两次入境签证有效期最多为6个月，最长可停留90天；多次入境签证有效期最多为12个月，6个月内最长可停留90天。

(4)申根签证的有效期指持证人可以进入申根区的时段，其停留时间不得超过签证有效期。中国公民如超期停留，芬兰边防有可能对其进行罚款和拍照、留指纹，并将其名单录入欧盟入境管理系统，5年内不准进入欧盟境内。

(5)依据访问目的，芬兰申根签证分为商务签证、探亲访友签证、ADS旅行团签证和长期居留许可。除ADS旅行团签证由通过ADS认证的旅行团递交申请之外，其余签证申请均需本人前往所在辖区的芬兰驻华使领馆递交。中芬两国之间无免签协议。芬兰入境口岸不办理落地签证。

(6)所有材料必须是英文或者芬兰文，中文材料必须附有英文译文。

(7)长期居留申请由芬兰移民局做出裁定。

(8)芬兰移民局可为长期居留许可申请人颁发居留许可卡，此卡由芬兰移民局发至芬兰驻华使馆，申请人须等待使馆通知，无须查询结果。

(9)芬兰移民局对学生居留许可申请开通网上申请服务，申请人如使用网上申请，也必须和使馆电话预约面试时间。

(10)居留许可的延期必须在芬兰当地警察局办理。

(11)芬兰与匈牙利已达成协议，匈牙利驻重庆总领馆可代办重庆领区去往芬兰的申根签证。

(12)涵盖整个旅行期间的意外伤害医疗保险，其中医疗、医疗救援保额至少3万欧元。

(13)如被拒签，不退签证费，但可以申诉。

注意事项：中国公民入境应选择非欧盟公民边检窗口。根据芬兰《外国人法》，边防部门对怀疑有非法移民倾向或有其他问题的人可以搜身和开箱检查全部行李甚至扣留当事人。因此，入境时一定要按申办签证时所提供的信息如实回答边防官员关于诸如来芬目的、停留天数、在芬接待单位等问题的询问，避免出现差错，更不要编造与申请材料不符的信息，否则可能被拒绝入境。芬兰法律规定，对提供错误信息者，边防有权将其遣送回国。

(二)芬兰海关政策

(1)芬兰海关规定，来芬者严禁携带毒品及其他违禁品；不得携带仿冒或盗版产品；食品类不得携带肉及肉制品和奶及奶制品；不得携带宠物食品。随身携带超过1万欧元现金的入出境旅客需向海关申报，允许每人免税携带物品的限额分别为：①200支香烟或100支小雪茄或50支雪茄烟或250克烟斗烟草，18周岁以下的未成年人严禁携带烟草制品；②1公升酒精度数超过22度的烈性酒或2公升酒精度数低于22度的酒精饮料，如葡萄酒等，年满18周岁或以上可携带并拥有低于22度的酒精饮料，年满20周岁或以上方可携带并拥有烈性酒。

(2)动植物检验检疫：芬兰对携带动植物入境有严格规定，可有条件允许携带特定宠物入境；携带植物入境需事先向指定的植物保护机构及芬兰植物检查机构提出申请，并向海关提供植物检疫证明。

(3)防疫要求：芬兰对中国公民入境检疫方面无特殊规定。

注意事项：通过边检后即是海关，有绿、红两条通道，绿色是无申报物品通道(NOTHING TO DECLARE)，红色是有申报物品通道(DECLARE)。海关有时抽查绿色通道旅客，如发现须申报的物品没有申报，将会给予处罚。

(三)中国出入境政策

(1)中国公民出境入境，应当依法申请办理护照或者其他旅行证件。中国公民前往其他国家或者地区，还需要取得前往国签证或者其他入境许可证明。但是，中国政府与其他国家政府签订互免签证协议或者公安部、外交部另有规定的除外。

(2)中国公民以海员身份出境入境和在国外船舶上从事工作的，应当依法申请办理海员证。

(3)中国公民往来内地与香港特别行政区、澳门特别行政区，中国公民往来大陆与台湾地区，应当依法申请办理通行证件，并遵守有关规定。具体管理办法由国务院规定。

(4)中国公民出境入境，应当向出入境边防检查机关交验本人的护照或者其他旅行证件等出境入境证件，履行规定的手续，经查验准许，方可出境入境。

(5)具备条件的口岸，出入境边防检查机关应当为中国公民出境入境提供专用通道等便利措施。

(6)中国公民有下列情形之一的，不准出境：

①未持有效出境入境证件或者拒绝、逃避接受边防检查的；

②被判处刑罚尚未执行完毕或者属于刑事案件被告人、犯罪嫌疑人的；

③有未了结的民事案件，人民法院决定不准出境的；

④因妨害国(边)境管理受到刑事处罚或者因非法出境、非法居留、非法就业被其他国家或者地区遣返，未满不准出境规定年限的；

⑤可能危害国家安全和利益，国务院有关主管部门决定不准出

境的；

⑥法律、行政法规规定不准出境的其他情形。

(7)定居国外的中国公民要求回国定居的，应当在入境前向中华人民共和国驻外使馆、领馆或者外交部委托的其他驻外机构提出申请，也可以由本人或者经由国内亲属向拟定居地的县级以上地方人民政府侨务部门提出申请。

定居国外的中国公民在中国境内办理金融、教育、医疗、交通、电信、社会保险、财产登记等事务需要提供身份证明的，可以凭本人的护照证明其身份。①

第三节　芬兰旅游经济发展概况

一、芬兰旅游经济基本战略

可持续发展和资源节约是芬兰旅游战略的核心。就业和经济部是负责旅游业的部门。芬兰旅游局负责协调国外市场的产品开发，它有自己的修订战略(www. mek. fi)，该战略的重点是更多关注具体操作措施。

芬兰 2020 旅游战略是第二个国家旅游战略，第一个旅游战略是 2006 年制定的。相比 2006 年的战略，主要差异在于新战略更加注重发展工业和工业商业活动。旅游业对就业产生了重大影响，有利于平衡芬兰的各区域发展。旅游业是芬兰的重要出口产业。

由就业和经济部编制的旅游战略构成了产业政策的一部分，从本质上讲，它更多地是关于如何发展芬兰旅游业的政治评论。

尼尼斯托总统在卡托维兹气候变化会议领导人峰会上发表了芬兰的国家声明。总统强调，需要采取更加雄心勃勃的行动，因为全球变暖似乎远远超出了我们的星球所能承受的范围：“仍有希望，但没有时间浪费。我们必须立即采取行动。而‘我们’意味着我们每一个人。我们所有人都必须做得更多、更快。《巴黎协定》中规定的目标包括将全球气温上升远低于摄氏 2 度，但到目前为止所做的决定的贡献将导致超过 3 度”。

① 《中华人民共和国出境入境管理法》。

芬兰总统表示，芬兰正在努力实现碳中和，到2045年为实现这一目标，芬兰必须做得更多。芬兰希望，在不牺牲我们的福祉或经济增长的情况下，有可能成为一个碳中和，资源节约型社会。

根据世界旅游组织(UNWTO)的观点，可持续旅游业被定义为“充分考虑当前和未来的经济、社会和环境影响，保持文化的完整性、核心生态过程，生物多样性和生命支持系统”。联合国世界旅游组织明确区分了生态旅游概念和可持续旅游业：生态旅游本身就是旅游业的一部分，而可持续性原则适用于所有类型的旅游业活动、运营、机构和项目，包括常规和替代形式。生态旅游是可持续旅游的一部分。发展旅游业时典型的芬兰模式就是：在不同的合作伙伴和利益相关者间要广泛地讨论。

旅游是世界上大多数国家的重要经济活动，它对经济有直接影响，同时也具有显著的间接和诱导影响。芬兰位列世界最具竞争力的经济体前列，整个国家高度国际化，旅游业是其商业文化中不可或缺的组成部分。

二、芬兰主要市场

与芬兰合作密切的国家和地区有：北欧各国、英国、德国、斯堪的纳维亚半岛、波罗的海国家和与芬兰接壤的俄罗斯部分。芬兰与这些国家合作的优势基于物流、文化知识、语言技能及风险资本运作经验。主要贸易对象包括：俄国、德国、英国、瑞典、中国、荷兰。

目前，美国是芬兰出口的第三大市场，也是芬兰第七大进口来源地。2017年，美国和芬兰之间的商品和服务双向贸易额超过120亿美元。双向货物贸易总额为74.2亿美元，美国对芬兰的出口总额为15.3亿美元，向美国出口的芬兰货物总额为58.9亿美元，主要是计算机设备和电子产品，运输设备，化学品，林业产品和机械。双向服务贸易总额达46亿美元，美国对芬兰的服务出口总额为21亿美元，芬兰对美国的服务出口额达到25亿美元。

欧盟占芬兰贸易总额的60%以上。最大的贸易流量来自德国和瑞典。芬兰的主要出口部门是运输，电子，林业，机械和化学品。贸易政策由欧盟管理，依赖贸易的芬兰传统上一直是自由贸易政策的倡导者。

有关中国芬兰贸易方面。芬兰是第一个与中国签订政府贸易协定的西方国家，自 20 世纪 50 年代建立外交关系以来，中芬两国经贸关系稳步发展。目前，中国为芬兰第 5 大贸易伙伴、第 4 大进口来源地和第 6 大出口目的地，连续第 14 年保持芬兰在亚洲第一大贸易伙伴地位。

据中方海关数据显示，2016 年 1—10 月中芬贸易额 52.7 亿美元，同比下降 11.9%，其中中国向芬兰出口 24 亿美元，同比下降 20.3%，中国自芬兰进口 28.7 亿美元，同比下降 3.4%，中方出现逆差 4.7 亿美元。据芬兰海关数据，2016 年 1—9 月，中芬贸易额 48.84 亿欧元，其中芬对我出口 19.16 亿欧元，芬自我进口 29.68 亿欧元，均与去年同期持平。

三、芬兰旅游业贡献

根据 WTTC(世界旅游理事会)的研究指标，旅游业对经济既有直接影响和贡献，也有间接和诱发性影响和贡献。对 GDP 的直接贡献反映在旅游业的“内部”支出(特定部门的总支出)，直接与游客相关的旅游观光服务的政府支出，如文化(如博物馆)或娱乐(如国家公园)。旅游业的总贡献包括其对经济的“更广泛影响”(即间接影响和诱发影响)。“间接”贡献包括对 GDP 的贡献和新增的就业机会，主要有：

旅游业投资支出包括投资活动在内的当前和未来活动的一个重要方面，如购买新飞机和建造新酒店；政府的“集体”支出，以许多不同的方式帮助旅行和旅游活动，如旅游营销和推广，航空，行政，安全服务，度假区安保服务，度假村区域卫生服务等；直接与游客打交道的部门，如在国内购买商品和服务，包括购买食品和酒店的清洁服务，航空公司的燃料和餐饮服务以及旅行社的 IT 服务等。

2017 年芬兰旅游业对 GDP 的直接贡献为 43 亿欧元(合 49 亿美元)，占 GDP 的 1.9%。旅游业对 GDP 的总贡献为 188 亿欧元(合 213 亿美元)，占 2017 年 GDP 的 8.3%。预计 2018 年增长 2.6%，2028 年将达到 243 亿欧元(276 亿美元)，占 GDP 的 9.3%。

2017 年，旅游业直接支撑了 5.1 万个就业岗位(占总就业岗位的 2.0%)。预计这个数字还会上升。到 2028 年增加至 66000 个工作岗位(占总就业岗位的 2.5%)。2017 年的旅游投资为 19 亿欧元，占总投资

(22亿美元)的3.8%。到2018年，这一比例将上升2.7%，至2028年达到26亿欧元(合30.0亿美元)，占总投资额的4.3%。①

据芬兰统计，2007年芬兰旅游消费总额达110亿欧元。外国游客在旅游消费总额中所占比例为29%。最大的旅游需求项目是客运服务，价值34亿欧元。餐馆服务的使用价值17亿欧元，住宿服务的使用价值15亿欧元。燃料和从商店购买也是旅行者最重要的消费支出项目。芬兰休闲旅游者旅游消费总额的比例在芬兰是50%，差旅费用由雇主支付的18%，利用自己的空闲时间住宅3%。外国旅游者的旅游消费总额的比例29%与31亿欧元。2007年，芬兰的旅游消费总额(按产品计算)为109.58亿欧元。

四、芬兰旅游吸引力

芬兰在《孤独星球》2017年最佳旅游榜单上排名第三，该榜单着眼于明年全球最热门的旅游趋势、目的地和体验。据旅游和旅游指南品牌称，“这是发现芬兰引以为豪的独特文化和风景的最佳时机”，尤其是在2017年芬兰独立100周年之际。芬兰是唯一一个进入《孤独星球》下一年度前十名的欧洲国家。

《国家地理旅行者》杂志将芬兰列为2017年21个最佳目的地之一。与此同时，Travelbird将赫尔辛基列为全球最令人振奋的城市之一。与此同时，赫尔辛基正式成为世界第二大冬季旅游目的地。总的来说，TravelBird调查了全球85个地点的灵感来源，综合所有因素，赫尔辛基排名第12。赫尔辛基的博物馆、电影制作公司以及表演艺术公司也进入了前十名。

据Visit Finland统计，2016年赴芬兰旅游的人数和外国游客的支出都有所增加。2016年共有770万人次前往芬兰，同比增长2%。过夜人数为460万。此外，2016年在芬兰的外国游客支出增长了5%。算上旅费，外国游客在芬兰总共花费了39亿欧元。每位游客平均每次旅行花费约320欧元。

① 根据TRAVEL & TOURISM ECONOMIC IMPACT 2018 FINLAND, WORLD TRAVEL & TOURISM COUNCIL (WTTC)的出版物翻译整理。网站：www.wttc.org.

五、芬兰国际后勤表现指数

基础设施投入是交通运输部门表现的关键决定因素，是提高市场可及性和生产力的重要方面。根据世界银行后勤表现指数，芬兰已经提升了自己的整体排名。从 2014 年的第 24 位提升到了 2016 年的 15 位，2018 年的第 10 位，排在丹麦和挪威前面。芬兰在国际货运上的得分较低，说明有大幅度提升的空间。整体而言，芬兰的有形基础设施具有高度竞争力和高度发达。芬兰的基础设施指数排名第 16，仍位居北欧第二。详见表 5-4、表 5-5、表 5-6。芬兰国际后勤表现指数(Logistic performance index)不断提升。

表 5-4　　**后勤表现指数 2016 年排名靠前的国家**

国家	LPI 排名	LPI 评分	海关	基础设施	国际货运	物流能力	跟踪和追踪	及时性
德国	1	4.23	4.12	4.44	3.86	4.28	4.27	4.45
卢森堡	2	4.22	3.9	4.24	4.24	4.01	4.12	4.8
瑞典	3	4.2	3.92	4.27	4	4.25	4.38	4.45
荷兰	4	4.19	4.12	4.29	3.94	4.22	4.17	4.41
新加坡	5	4.14	4.18	4.2	3.96	4.09	4.05	4.4
比利时	6	4.11	3.83	4.05	4.05	4.07	4.22	4.43
奥地利	7	4.1	3.79	4.08	3.85	4.18	4.36	4.37
英国	8	4.07	3.98	4.21	3.77	4.05	4.13	4.33
中国香港	9	4.07	3.94	4.1	4.05	4	4.03	4.29
美国	10	3.99	3.75	4.15	3.65	4.01	4.2	4.25
瑞士	11	3.99	3.88	4.19	3.69	3.95	4.04	4.24
日本	12	3.97	3.85	4.1	3.69	3.99	4.03	4.21
阿拉伯联合酋长国	13	3.94	3.84	4.07	3.89	3.82	3.91	4.13
加拿大	14	3.93	3.95	4.14	3.56	3.9	4.1	4.01
芬兰	15	3.92	4.01	4.01	3.51	3.88	4.04	4.14

表 5-5　　　　　**后勤表现指数 2016 年排名靠前的国家**

国家	LPI 排名	LPI 评分	海关	基础设施	国际货运	物流能力	跟踪和追踪	及时性
德国	1	4. 2	4. 09	4. 37	3. 86	4. 31	4. 24	4. 39
瑞典	2	4. 05	4. 05	4. 24	3. 92	3. 98	3. 88	4. 28
比利时	3	4. 04	3. 66	3. 98	3. 99	4. 13	4. 05	4. 41
奥地利	4	4. 03	3. 71	4. 18	3. 88	4. 08	4. 09	4. 25
日本	5	4. 03	3. 99	4. 25	3. 59	4. 09	4. 05	4. 25
荷兰	6	4. 02	3. 92	4. 21	3. 68	4. 09	4. 02	4. 25
新加坡	7	4	3. 89	4. 06	3. 58	4. 1	4. 08	4. 32
丹麦	8	3. 99	3. 92	3. 96	3. 53	4. 01	4. 18	4. 41
英国	9	3. 99	3. 77	4. 03	3. 67	4. 05	4. 11	4. 33
芬兰	10	3. 97	3. 82	4	3. 56	3. 89	4. 32	4. 28
阿拉伯联合酋长国	11	3. 96	3. 63	4. 02	3. 85	3. 92	3. 96	4. 38
中国香港	12	3. 92	3. 81	3. 97	3. 77	3. 93	3. 92	4. 14
瑞士	13	3. 9	3. 63	4. 02	3. 51	3. 97	4. 1	4. 24
美国	14	3. 89	3. 78	4. 05	3. 51	3. 87	4. 09	4. 08

表 5-6　　　　　**芬兰物流表现情况**

国家	LPI 排名	LPI 评分	海关	基础设施	国际货运	物流能力	跟踪和追踪	及时性
2007	15	3. 82	3. 68	3. 81	3. 3	3. 85	4. 17	4. 18
2010	12	3. 89	3. 86	4. 08	3. 41	3. 92	4. 09	4. 08
2012	3	4. 05	3. 98	4. 12	3. 85	4. 14	4. 14	4. 1
2014	24	3. 62	3. 89	3. 52	3. 52	3. 72	3. 31	3. 8
2016	15	3. 92	4. 01	4. 01	3. 51	3. 88	4. 04	4. 14

数据来源：世界银行数据库 https：//lpi. worldbank. org。

六、芬兰的港口与航线

芬兰很容易从海上接近。芬兰的全自动化，高度专业化的先进的港口，是世界上最安全和最快的港口之一。汽车渡轮和集装箱船每天定期航行服务该地区，最大的港口(赫尔辛基的 Vuosaari 港)建在一个关键的位置，提供高效的交通连接，覆盖 8000 万消费者的总市场。芬兰的经济增长和货物运输的集中化对港口产生了强烈影响。赫尔辛基港在 2017 年实现了破纪录的增长，成为该国第一大国际货运综合港口。处理的国际货运总量为 1400 万吨(+14.3%)。

赫尔辛基港在欧洲客运港口中排名第一。2017 年，赫尔辛基成为欧洲乃至全世界最繁忙的客运港口，客运量达 1230 万人次。赫尔辛基-塔林航线上的乘客人数继续增加，尤其是赫尔辛基-塔林航线，这反映出赫尔辛基和塔林已发展成为具有密切经济和社会联系的“双城”。与此同时，前往斯德哥尔摩、圣彼得堡和特拉维蒙德的班轮运输保持稳定，就像过去几年一样，而国际邮轮运输显著增加。2017 年，赫尔辛基港的船舶乘客总数比去年增长了 2.4%。仅班轮客运量就增长了 1.8%，达到 1180 万人次。塔林和赫尔辛基之间的客运量为 900 万人次(增长 3.2%)，斯德哥尔摩和赫尔辛基之间的客运量为 230 万人次(下降 0.1%)。年内，赫尔辛基共有 266 艘国际邮轮到访，47.8 万名邮轮乘客(+ 16.8%)，创历史新高。

通过赫尔辛基机场连接芬兰航空公司庞大的网络，所有转机航班都从同一个航站楼起飞。从大中华区，有 7 个城市可以直飞赫尔辛基，它们是：北京、重庆、广州、香港、南京、上海和西安。快捷的交通工具，使旅行更加方便。赫尔辛基机场成为进入欧洲其他国家重要的中转站，间接带动了芬兰的旅游。详见表 5-7。

表 5-7　**赫尔辛基与中国的主要航线情况**

出发城市	航班持续时间	每周最大航班量
Beijing (BJS)	08:20 h	7
Chongqing (CKG)	09:15 h	4
Guangzhou (CAN)	10:00 h	4

续表

出发城市	航班持续时间	每周最大航班量
Hong Kong (HKG)	10:35 h	3
Nanjing (NKG)	09:35 h	7
Shanghai (PVG)	10:00 h	7
Xi'an (XIY)	08:40 h	3

资料来源:芬兰航空 https://www.finnair.com/。

第四节 中国—芬兰旅游经济合作

一、中芬合作基础

中芬友谊有较悠久的历史。芬兰在1950年承认并与诞生仅几个月的中华人民共和国建立了外交关系，这在当时的西方是绝无仅有和难能可贵的。2017年4月4日至6日，中国国家主席习近平对芬兰共和国进行国事访问，进一步夯实了中芬的新型合作伙伴关系。

在中芬联合声明中，鼓励双方将进一步深化在循环经济、资源利用效率、可持续发展领域合作。双方均鼓励有关政府部门、组织和企业，尤其是中小企业以及市政、研究和学术机构在上述领域建立起直接联系并加强沟通，以在这些领域促进双向贸易、投资与创新合作。双方继续深化合作，推进中芬生态园共建工作。鉴于北极环境的脆弱性，在北极地区的经济活动应充分考虑到北极自然资源的保护和可持续利用。两国将加强在北极海洋产业、北极地质学、海洋与极地科学研究(包括北极天气和海冰监测与预报等)、环保技术、航运、海上安全(包括船舶监控及报告、信息通信技术)和旅游业等领域的经济和科技合作。

中国与芬兰有优良的交往与合作传统。自1950年10月28日与我国建交以来，中芬在经济、工业、文化和技术等方面有广泛的合作，并签署了系列重要双边协议及文件，合作基础良好。相关协议详见表5-8。

表 5-8　　中芬重要双边经贸方面的协议和文件

序号	名　称	年份
1	中芬政府间双边贸易和支付协定	1953
2	中芬相互给予关税及航运最惠国待遇的换文	1956
3	中芬民用航空运输协定	1975
4	中芬海运协定	1976
5	中芬经济、工业和科学技术合作协定	1979
6	中芬长期贸易协定	1982
7	中芬投资保护协定	1984
8	中芬科学技术合作协定	1986
9	中芬环境合作谅解备忘录	1995
10	中芬公路技术合作协议	1999
11	中芬投资保护协定	2004
12	中芬农业合作谅解备忘录	2005
13	中芬经济、工业和科学技术合作协定	2005
14	关于环境合作的谅解备忘录	2007
15	中芬关于进一步推动中芬高技术领域合作的谅解备忘录	2009
16	中芬在文化、教育、科学、青年和体育领域合作谅解备忘录	2010
17	中芬关于纳米创新中心合作谅解备忘录	2011
18	中芬关于进一步深化农业合作谅解备忘录	2012
19	中芬关于信息通信技术合作谅解备忘录	2013
20	中芬关于在中国建立中芬农业发展创新合作平台的框架协议	2014
21	中芬 2015—2016 年农业合作计划	2014
22	中芬关于支持在北京经济技术开发区建立“中芬创新生态园”的谅解备忘录	2014
23	中芬交通运输领域合作谅解备忘录	2014
24	赫尔辛基艺术节中国主宾国项目执行计划	2015
25	中芬关于设立文化中心的谅解备忘录	2015
26	中华人民共和国商务部和芬兰经济事务与就业部关于在中芬面向未来的新型合作伙伴关系框架下成立中芬创新企业合作委员会的联合声明	2017

资料来源：作者根据外交部网站资料整理。

得益于中芬经济优势互补，合作互利共赢的特点，两国经贸往来顺畅，务实合作成果丰硕。目前，芬兰是中国在北欧地区第三大贸易伙伴，中国则连续14年成为芬兰在亚洲最大贸易伙伴。人口不到600万的芬兰，截至2016年累计对华投资项目541个，实际投入金额13.6亿美元。

二、市场需求

根据我国旅游业十三五规划，到2020年，我国出境人数将达到1.5亿人，出口市场空间非常大。芬兰旅游资源丰富，加上其在互联网和信息通讯产业、能源环保产业、森林工业、游轮产业、生态保护方面居于世界领先地位。中芬合作市场前景广阔。

表5-9　　**旅游业的关键数据按指标**　　（单位：百万欧元）

	2006	2007	2011	2012	2013	2014	2015	2016*
总旅游需求	10233	10958	13740	14457	14436	14165	13754	13789
入境旅游需求	2788	3126	4013	4396	4374	4035	3588	3599
国内旅游需求	7445	7832	9727	10061	10062	10130	10166	10190
国内休闲旅游需求	5293	5500	6992	7432	7608	7691	7842	7939
其他国内旅游需求（补偿商务旅行，自己的免费住宿）	2152	2332	2735	2629	2454	2439	2324	2251
入境旅游需求总量，占旅游总需求的百分比%	27	29	29	30	30	28	26	26
国内休闲旅游需求总量，占旅游总需求的比重%	52	50	51	51	53	54	57	58
以基本价格计算的旅游业增加值占GDP的比重，%	1.9	1.8	2.0	2.0	2.0	2.0	2.0	2.0
旅游需求产生的增加值，包括雇主的开支	3410	3649	4171	4365	4334	4361	4477	4596

续表

	2006	2007	2011	2012	2013	2014	2015	2016*
国内生产总值基本价格	145023	156912	162665	172417	175002	176987	180818	185649
旅游业的就业人员，百万		130500	130400	136500	137800	137000	137400	137800
旅游业的旅游相关就业，就业人数，百万	62100	63900	60500	62000	62200	59900	62700	62600

资料来源：Statistics Finland。

三、合作优势

(一)芬兰的优势

1. 芬兰的运营环境稳定、商业氛围友好

芬兰是欧盟成员国。芬兰是唯一拥有欧元的北欧国家，公司税率较低，仅为20%。因此，许多外国公司已在芬兰长期建立业务，并享有较高的投资回报。凭借获得顶尖高科技人才和硅谷激发的商业文化，芬兰是一个研发热点，也是寻求业务转型的公司的试验场。

芬兰商业友好型环境。芬兰政府努力营造商业友好型环境、国家设施在逐步完善，拥有纯熟的劳动力和具有竞争力的运营成本。据透明国际(Transparency International)调查，芬兰是世界上贪污最少的国家之一。芬兰的商业环境对于引进外资非常有利。外资企业可以受益于政府投资奖励并接触到来自于芬兰高校、私人领域合作的最新研究成果。作为世界上最具竞争力并且开放的经济体之一，芬兰为外商投资者提供优良的投资环境。

2. 芬兰的信用评级很高

国际评级机构对芬兰的信用评价极高。2017 年，惠誉给予芬兰的评级 AA+；Moody's 2017 年 1 月给予的是 Aa1，前景稳定；标准普尔在 2017 年 3 月给予芬兰的评级也是 AA+ 。

芬兰的高标准及其安全和可持续的商业环境为旅游业务奠定了坚实的基础。芬兰是一个服务系统发达的高度全球化工业经济体。芬兰提供一流的商业环境：创业条件便利快捷，公共研究与发展基金也在逐步完善。基础设施、现代物流与通讯网络的发展使得在芬兰经商变得更加便捷。芬兰位于交通便利且市场前景良好的北欧。芬兰人多受过高等教育并且以诚信而有效率的问题解决伙伴著称。

3. 芬兰拥有世界上最好的人力资本

芬兰拥有高技能的劳动力，高效的公共机构和杰出的研发和创新体系。2015 年，世界经济论坛估计芬兰在教育，福祉和就业方面拥有世界上最好的人力资本。根据经合组织(2016 年教育概览)，欧洲最高绩效的毕业生来自芬兰。芬兰的人才库继续得到芬兰优质教育计划的补充。芬兰的教师必须持有硕士学位和教育专业资格。芬兰 ICT 公司和芬兰游戏行业也与学校合作，帮助开发尖端的数字学习解决方案，让学习变得有趣。

教育使芬兰成为世界一流的知识型社会。14 所大学和 24 所应用科学大学(也称为理工学院)提供高等教育。通过国际比较，高等教育机构网络异常密集，区域全面。芬兰的教育对所有居民都是免费的，包括研究生研究人员。

芬兰人本身就是高度国际化的。英语是商业界常见的第二语言。超过 90%的 30 岁以下的芬兰人会说英语。芬兰在北欧的悠久贸易历史，加上与邻国的历史和文化联系，为该地区提供了宝贵的见解和知识。英语是芬兰高度国际化商业组织的通用语言并在全国上下尤其是年轻一代中被广泛使用。瑞典语是芬兰的第二官方语言，而很多芬兰人同时还会说俄语。

4. 芬兰是通往北部的大门

芬兰长期以来同北欧其他国家都有密切的贸易往来，同时也是连接其周围国家的历史与文化纽带。芬兰还是通往俄罗斯的理想商业大门，也已成为多数欧盟到俄罗斯贸易传输的必经之路。从赫尔辛基到圣彼得堡只有 400 公里，乘火车仅需 3 小时。

先进的交通基础设施和物流是芬兰国内经济的主要优势，也是与北欧和波罗的海国家，欧盟，俄罗斯和亚洲的热闹贸易。广泛的公路和铁路网络以及庞大的水道，运河和海道网络为企业提供服务。

芬兰还提供卓越的数字连接。从芬兰到德国的超快速光缆(Cinia 的 Sea Lion1)可实现与全球网络的世界上最快的数据连接。此外，正在为东北通道提出的北极连接海缆将使芬兰成为西部和东部之间的主要战略数据门户。

5. 芬兰有丰富的自然资源和专业知识

芬兰是生物经济的世界领导者。它拥有世界一流的专业知识和可再生资源，正因为如此，目前中国公司凯迪计划在凯米投资第二代生物炼油厂。

正如前文所言，芬兰有丰富的林业资源，木材是重要的工业和能源材料。基于森林的生物质和生物燃料在芬兰雄心勃勃的能源战略中也发挥着重要作用，该战略旨在到2030年逐步淘汰煤炭的使用。

芬兰都为纤维产品，皮肤和保健用有机配方以及循环经济提供尖端技术和创新生产应用。芬兰是木质生物质工业应用的创新者。除了传统的森林产品，如机械木制品和纸浆和纸张，芬兰正在越来越多地使用木材生产新颖的附加值产品。许多芬兰公司专注于木材和植物提取物的生产及其在医疗保健和化妆品中的应用。芬兰是利用侧流来补充原料基地并通过使用较少天然生物质来减少环境负荷的先行者。

传统上，芬兰在信息通信技术，造纸和纸浆工业方面表现出色。如今芬兰公司在清洁能源和生物经济方面的机会越来越多。他们能够为气候变化和城市化等全球挑战提供务实的解决方案。提供更加能源高效和智能的解决方案，净化空气、水和土壤污染，提供灵活的能源解决方案，生产更加环保的能源，比如生物能源。

（二）中国的优势

1. 中国的市场优势

中国人口规模巨大，具有大国经济优势。近年来，消费升级，消费者愿意花更多的钱去国外旅游，体验不同的人文环境。越来越多的中国游客前往北欧地区旅游，市场巨大。近年来，作为北极圈旅游目的地，芬兰近年来热度剧增，芬兰逐渐受到中国游客青睐。芬兰旅游调研公司TAK的数据显示，2016年中国游客在首都大区的消费总额高达2.14亿欧元，占外来游客总消费额的近18%。在赴芬兰中国游客人数增长的同时，中国游客在该国的人均消费也成为各国之首。芬兰围绕冰雪、极地、内陆水域等自然条件开发的旅游体验项目为其主要优势。当地生活环境、生活气息也带中国游客进入了一次高差异化的生活之旅。

2. 中国的产业优势

中国先进轨道交通装备制造业在世界上有一定优势。特别是先进轨道交通产业，以中国高速铁路为代表，在不到15年的时间内，中国高速铁路在运营里程和建设规模上都是位居世界第一。中国“复兴号”动车组是世界上速度最快也是能耗最低的高速列车。同时，中国高铁的科技创新能力也接近或达到世界先进行列。目前，我国在动车组车体、转向架、制动系统、列车网络控制系统、牵引电动机、牵引控制、牵引变压器、牵引变流器和动车组系统集成技术等九大关键领域，已经自主掌握技术。中国高铁产业是一个系统集成的产业体系，包括供电系统、车辆总成、悬浮系统、牵引传动系统、制动系统、网络控制系统、检测与控制系统、线路工程建设系统等产业。高铁产业涉及传感器、电子元器件、转向架、复合材料、轻合金材料、机械和电子设备制造工艺等众多产品，关联到冶金、通信电子、机械制造等多个产业。

中国数字经济产业发展快速，竞争力世界排名第二。中国在物联网、云计算、大数据、人工智能等新技术方面有一定优势。根据中国信息化百人会发布《2017中国数字经济发展报告》，中国数字经济正步入快速发展的新阶段，进一步巩固了全球第二大数字经济大国的地位，正处于从量变到质变的关键节点上。我国数字经济在加速成长的同时，融合领域不断拓展，不仅为新兴产业、先进制造业提供了沃土，也为传统产业效率提升和结构优化提供了强大动力。越来越多的传统企业将选择拥抱数字化，增加产品的附加值。芬兰在信息技术方面发展名列世界前列，双方可以在数字经济领域加强交流与合作，为旅游经济发展提供便捷。

四、旅游经济投资与合作

(一)中国对芬兰投资

在投资方面，中国对芬兰投资规模不断扩大，形式和主体也在不断丰富。根据中国驻芬兰大使馆经商处的数据，截至2015年年底，芬兰对华投资项目累计509个，实际投资11亿美元，我对芬兰投资累计9627万美元，我自芬兰技术引进项目累计956个，合同金额86.8亿美元。2015年中国产品出口至芬兰35.4亿欧元，自芬兰进口34.9亿欧元，进出口总额 70.3 亿欧元。

截至 2016 年 10 月，中国自芬兰技术引进项目数 22 个，合同金额 1.29 亿美元，同比增长 144%。中芬两国创新合作可谓互补性强，合作领域多潜力大，前景十分美好。对华投资方面，2016 年 1—10 月，芬兰对华投资项目数 28 个，同比增长 115.4%，实际使用金额 2.0777 亿美元，同比上升 282.5%。中国对芬兰投资 1716 万美元，同比下降 51.6%。

截至 2017 年 3 月份，在芬中资企业总数为 27 家，大多数集中在大赫尔辛基地区。其中最大的一项投资，是腾讯于 2016 年 6 月份以 86 亿美元收购了移动游戏工作室 Supercell 的 84.3%股权。从投资形式来看，绿地投资 9 家，占 33.33%；公司及机构代表处 3 家，占 11.11%；并购参股 14 家，占 51.85%；研发中心 1 家，占 3.7%。从投资领域来看，软件及信息技术服务(包括移动游戏)行业 11 家，占 40.74%；制造业 8 家，占 29.63%；其他行业还包括交通运输业、采矿业以及商业服务等。

(二)芬兰企业对华投资

芬兰企业对华投资及在华项目情况：芬兰对华投资始于 1984 年。据统计，目前共有 260 多家芬兰企业在华投资，总投资超过 78 亿欧元，中国已成为芬兰企业重点投资国家。

(三)中芬合作投资汇总

新时代、新形势下，中芬合作搭乘着“一带一路”快车，不仅在传统的信息通讯、森林工业领域，且在交通运输、清洁技术、新能源、创新创业以及人文交流等诸多领域开展了广泛深入的合作，并取得显著成果。

中芬互补合作，创新是近年来中芬经济合作中的亮点。中国与芬兰企业投资合作有几个典型案例，每一个都带着深深的“创新”痕迹。例如，中国移动与诺基亚的合作。中国移动采用诺基亚技术部署公共云服务器。再比如，北京信和洁能收购芬兰公司，收购了芬兰雅威科技 85%的股份，主要目标是空气净化设备的研发生产。还有腾讯控股，它牵头的财团以 86 亿美元价格收购了芬兰的手机游戏公司 Supercell。以及芬兰的 ZenRobotics 公司与江苏绿和环境科技有限公司合作，它们在机器人分拣垃圾技术应用方面开展深入合作。芬兰楼宇管理解决方案提供商努卡公司与浙江中睿低碳技术公司合作改善大型商业楼宇的可持续性能。中科创达收购芬兰汽车软件厂商 Rightware，Rightwar 公司为汽车仪表盘和信息娱乐屏幕设计开发的人机交互界面已经广泛应用在全球超过 20 家知名品牌汽车中。

阿里系下的支付宝在中芬合作中也有亮眼的案例。支付宝与其首都赫尔辛基机场合作，目前首都赫尔辛基机场成为欧洲第一家接受支付宝付款服务的机场，这将大大便利中国游客的支付，提升旅游体验。此外，芬兰的多家公司，如通力、芬欧汇川、美卓、斯道拉恩索等纷纷加快了对中国的投资，正在不断开拓中国市场。而中国的企业，如华为、中远、中兴、比亚迪、东软等则不断拓宽对芬兰的投资领域。

目前中国驻芬兰主要中资企业有 16 家，具体见表 5-10。

表 5-10　**中国驻芬主要企业名单**

序号	公司名称	领域
1	中远芬兰公司	远洋运输
2	尼彼欧公司	服装销售
3	华为芬兰子公司	通讯设备及移动终端
4	比亚迪芬兰公司	移动电话结构件和电子元件
5	东软芬兰公司	移动设备软件研发和医用设备软件
6	国航赫尔辛基营业部	航空
7	中兴驻芬兰代表处	通讯设备及移动终端产品销售
8	AVVI 技术有限公司	清洁技术设备生产
9	清华同方驻芬兰客户服务部	售后维修服务
10	华夏良子公司	健康理疗服务
11	纳通医疗芬兰公司	医疗器械生产
12	武汉凡谷电子技术有限公司芬兰公司	通信基础设备生产
13	歌尔电子(芬兰)公司	声学电子产品研发
14	克鲁森普拉斯公司	生产销售
15	中关村软件园芬兰分公司	技术合作、商业咨询
16	芬兰荒料石公司	矿石开采加工

（四）中芬旅游合作情况

第一份与旅游行业相关谅解备忘录由芬兰贸易投资旅游促进总署与飞猪签订，继飞猪的极光 1.0 项目大获成功之后，双方还将继续深化合作，将飞猪的 IP 产品极光项目升级至 2.0 版本。飞猪与阿里巴巴未来酒店公司的团队已经商讨在芬兰拉普兰地区投资兴建酒店的计划，希望增强他们在芬兰的业务能力和业务发展。

此外，芬兰贸易投资旅游促进总署还与中国最大的出境游运营商之一——众信旅游签署了战略合作谅解备忘录。该谅解备忘录的签订旨在共同推广芬兰在中国市场的目的地形象，促进双方的商务合作，开发芬兰湖区的旅游产品。

第三份与旅游行业相关的合作谅解备忘录由芬兰机场集团公司（Finavia）与均瑶集团签署，两家集团在峰会上签署的谅解备忘录就双方的战略合作关系达成共识，为均瑶集团开通在赫尔辛基转机的首条中欧航线奠定了有力的基础。

2017 年 9 月，腾讯公司与世界旅游城市联合会、赫尔辛基签订三方合作协议，共同打造海外智慧旅游试点城市。在双方合作上，赫尔辛基市提供的最可信的旅游目的地信息，腾讯则将发挥适应中国用户的产品服务和科技优势，共同打造一个为中国海外游客提供轻松制订旅游计划的平台，并减少海外出游障碍。

2017 年 9 月，支付宝与 Finpro（芬兰贸易投资旅游促进总署）签署谅解备忘录，为双方的长期战略合作奠定基础，以推动支付宝在芬兰的广泛使用。2016 年，通过与芬兰数字支付平台 ePassi 合作，支付宝在圣诞老人村成功推出了全球购物节。现今，中国游客可以在芬兰航空和芬兰最大的百货公司 Stockmann 使用支付宝购物。

民航资源网 2018 年 1 月 19 日消息：芬兰航空十分荣幸被选为 2018 年中国—欧盟旅游年航空公司合作伙伴。芬兰航空现阶段运营赫尔辛基至北京、上海、香港、广州、西安和重庆的航线。2018 年 5 月，随着南京全年航线的开通，芬兰航空的航线网络中将加入第七个大中华地区通航城市。

2018 年 2 月腾讯文旅联合芬兰首都赫尔辛基市推出了专属旅游小程序——赫尔辛基城市行囊，包含景点、购物、美食、中文导游、一键求助等政府提供的可信资讯以及腾讯团队的翻译、微信退税等丰富产品能力。今年2月，“赫尔辛基城市行囊”小程序正式上线，腾讯整合了多个产品团队，与赫尔辛基政府部门紧密合作，结合腾讯在媒体影响力，产品服务，科技领先的整体优势，利用了当地景点、活动和服务的数据库等开放数据资源，为用户打造一款提供综合、专业、实时信息和服务的应用程序。

2018年5月，芬兰旅游局及芬兰湖区代表团到访携程集团上海总部，签署了携程旅行网与芬兰旅游局的推广合作协议。携程目的地营销与芬兰旅游局建立了长期稳定合作关系，为芬兰提供了包括在线广告，社交媒体推广等多元化的一站式精准营销推广服务，促进了芬兰旅游品牌的持续升级。

2018年5月16日至18日，全球最大的旅游展ITB Berlin的中国版本ITB China展会将在上海再次起航，本次展会的官方目的地合作伙伴芬兰将成为焦点。芬兰国家旅游局是ITB China 2018的重要展商，有大约50名芬兰旅游业的代表出席展会。芬兰国家旅游局和ITB China联合举办开幕晚宴，约600位客人出席此开幕晚宴。

2018年8月，中国陕西省旅游局、芬兰旅游局和芬兰航空公司的代表在赫尔辛基举行了研讨会，旨在帮助芬兰旅客了解更多的中国旅游资源，促进中芬旅游深入合作。随着芬兰航空公司在赫尔辛基和陕西省会城市西安之间开通直飞航班，芬兰旅客目前可以直接抵达中国的七个目的地城市——北京、重庆、香港、广州、南京、上海和西安。

2018年9月17日上午，河北省旅游发展委员会代表团在芬兰首都赫尔辛基Raddison Blue成功举办了河北省旅游推介会，百悦旅投集团参会，并与当地旅游企业签署合作协议。百悦旅投集团与芬兰Traveller Oy签订合作意向书，双方未来将就乡村旅游产业及其相关领域的市场信息、前沿技术、产品开发、旅游服务和综合解决方案等方面进行合作，尤其是对恋乡小镇的扶贫农场的有机产品种植进行技术合作。

芬兰已于2015年在中国开设了一家外包签证中心服务(签证申请中心)和一家国际公司VFS。合作的目标是提高签证处理效率。受到芬兰在中国取得成功的部分鼓励，新的中国签证中心也证明了两国之间合作的持续快速发展。

为响应中国和芬兰之间越来越多的人员往来，中国国际旅行社

(CITS)在芬兰开设了办事处。为了应对越来越多的两国人之间的旅行，中国驻赫尔辛基大使馆决定建立一个单独的签证中心，以提高其服务质量和速度。国有企业中国国际旅行社(CITS)于2018年6月在赫尔辛基开设了新的签证中心。签证中心位于赫尔辛基市中心的Kamppi区，为商务和休闲旅客提供服务。

五、合作领域

在"一带一路"倡议大背景、新形势下，中芬合作正积蓄着新动能。中芬成功的合作也是为中欧合作注入新活力，为世界经济发展做出新贡献。目前，中国和芬兰都处在各自经济转型升级的关键时期。中国致力于对接中国的"十三五"规划，而芬兰也有其"2025发展愿景"。两国在节能环保、清洁技术、贸易投资、科研创新、文化教育等领域正开展积极务实合作，并取得丰硕成果。在中国的各种倡议和活动中，芬兰一直积极支持和相应。2015年4月，芬兰成为亚投行创始国成员，目前积极响应"一带一路"倡议。

中国到欧洲、北欧乃至芬兰的游客数量增长速度非常快，但芬兰旅游服务也面临着一些挑战和机遇。比如："在芬兰，中国游客数量众多，却缺乏足够的酒店客房。"目前，陕西省旅游集团与芬兰旅游局、芬兰航空公司建立了密切的合作关系，希望能为欧洲游客，特别是芬兰游客，提供更好的服务。

中国和芬兰在"一带一路"上有很多合作机遇，特别在基础设施建设、网络构建、互联互通等方面，既可以发挥各自优势，也可以强强联合，加强合作。

(一)基础设施建设合作

随着游客的增加，对餐饮、酒店、交通工具的需要将激增。根据目前的情况，发展芬兰旅游业存在以下一些挑战，比如缺乏足够的酒店客房、距离中国偏远，交通费用昂贵等。我们基建水平先进，建设效率高，定能帮助芬兰加快完善基础设施建设，服务旅游经济。

制定实施邮轮港口布局规划，形成布局合理的始发港、访问港邮轮港口体系。建设一批公共游艇码头和水上运动中心。促进邮轮运输与航空、铁路、公路等其他运输方式的有效衔接。共同合作开发建设更多的豪华别墅，森林酒店餐厅和会议设施以及码头，满足日益增多的游客需求。

国内的基建企业和交通设备企业可以通过芬兰的投资部门获取相应信息，建立业务联系。投资芬兰可以联系的部门是：Tuija Tommila，投资顾问芬兰办事处，手机：+358 400 472 070，tuija. tommila(at)businessfinland. fi。

（二）旅游信息化提升工程合作

利用中芬两国的信息通讯技术优势，大力推动旅游科技创新，打造旅游发展科技引擎，建设两国的旅游产业大数据平台。构建全国旅游产业运行监测平台，建立旅游与公安、交通、统计等部门数据共享机制，形成旅游产业大数据平台。实施“互联网+旅游”创新创业行动计划。

（三）可回收领域和城镇化过程中技术合作

循环经济，重点是通过服务和智能解决方案重用材料和创造产品附加值，也是巨大的商机。芬兰循环经济的行动计划也引起了很多国际关注。芬兰拥有成为领先的循环经济国家所需的一切，并与他人分享他们的专业知识。

在芬兰，可再填充玻璃瓶的回收率几乎为100%。对于可回收的铝制饮料罐和塑料瓶，回收率约为95%。芬兰在纸张回收方面也处于领先地位，2014年的回收率为81%，按欧洲标准平均为60%。这主要是因为芬兰有一个完善的纸业系统，能够使用回收纸。旧纸已经在芬兰收集了近一个世纪，而在许多其他国家，这仍然是一个新的想法。公寓楼和住房合作社有自己的共享收集点，用于纸张，有机废物，纸板和纸箱，使回收变得容易。超市和购物中心也有金属和玻璃收集点。二手电子设备，电池和灯具可以退回销售这些产品的商店。

芬兰的专长是提供更加能源高效和智能的解决方案，净化空气、水和土壤污染，提供灵活的能源解决方案，生产更加环保的能源，比如生物能源。芬兰在节能环保、清洁技术等方面的技术处于世界前列。

中国随着城镇化和城市建设进程加快，旅游开发迅速升温。一些地方可持续发展的理念淡薄，缺乏保护意识，缺少社会责任，重开发轻保护，只开发不保护，导致商业化、城市化和私有化侵蚀自然和文化生态资源的现象愈演愈烈。在中国城镇化过程中，可以加强与芬兰的合作，引进其可持续发展的理念和技术，以立法的形式作为保障。在节能环保、生物质能源等方面的合作，科学推进城镇化。城镇化中废物及水处理，包括废物管理设计、废物回收、生物质气体收集、废水处理解决方案等。

同时合作的领域非常广泛，如在工业节能、合同能源管理、绿色建筑、可再生能源、生物质原料综合利用、城市区域供热供冷及楼宇集中供热供冷解决方案等方面。空气污染控制与管理，如室内和户外空气质量监测及解决方案等。设计创意方面，智慧城市设计。包括智慧城市概念、绿色可持续建筑及施工、智能交通、体育场所概念及设计、建筑设计与工业设计。积极引进芬兰先进的可持续发展理念和技术，加强合作，实现中国的可持续健康发展。

（四）发展适应大众化旅游产品体系

1. 加快休闲度假产品开发。大力开发温泉、冰雪、滨海、海岛、山地、森林、养生等休闲度假旅游产品，建设一批旅游度假区和国民度假地。支持东部地区加快发展休闲度假旅游，鼓励中西部地区发挥资源优势开发特色休闲度假产品。加快推进环城市休闲度假带建设。

2. 大力发展海洋及滨水旅游。推动国际邮轮访问港建设，扩大国际邮轮入境外国旅游团 15 天免签政策适用区域，有序扩大试点港口城市范围。支持天津、上海、广州、深圳、厦门、青岛等地开展邮轮旅游。制定游艇旅游发展指导意见，发展适合大众消费的中小型游艇。支持长江流域等有条件的江河、湖泊有序发展内河游轮旅游。

中国虽是个造船大国，但我们却不是一个造船强国。而芬兰造船业是全球造船业的一员，在豪华邮轮、极地船舶建造以及船舶配套、绿色环保技术等方面占有重要地位。芬兰海事产业全球闻名，造船业是其重要组成部分。芬兰造船业在高端船型领域占有重要地位，主要建造豪华邮轮、破冰船、滚装船、大型平台供应船、挖泥船、海洋调查船等。豪华邮轮、极地船舶建造技术和绿色环保技术是芬兰造船业的核心竞争力。

2000 年初，芬兰在豪华邮轮设计、建造方面的全球领先地位就已经确立。由于芬兰很多港口临近北极圈，大量航线涉及冰区航行，因而衍生出对极地船、破冰船的大量需求。2016年，芬兰成功建造全球第一艘液化天然气(LNG)动力破冰船①。在绿色环保技术方面，芬兰政府极力支持绿色船舶建造和环保技术研发，大力发展海上风电技术装备，为海洋工程平台和近岸港口提供电力。

加强与芬兰在船舶技术等方面的合作，就以下领域展开：

(1)开发特色旅游线路。打造具有特色的邮轮航线，探索开辟无目的地邮轮航线、洲际及环球邮轮航线。出台系列政策措施，大力发展国际邮轮入境游。

(2)壮大邮轮市场主体。鼓励多元资本进入邮轮旅游产业，加强与芬兰邮轮企业合作，支持本土邮轮企业发展。

(3)促进游艇租赁消费。鼓励开展游艇租赁业务，规范游艇租赁运营管理，培育大众游艇消费，推出一批游艇休闲示范项目。

(4)培养邮轮游艇人才。加快培养邮轮游艇驾驶人员，海乘、维修保养、法律咨询、经营管理等专业人才。

3. 大力发展冰雪旅游。以办好2022年冬奥会为契机，大力推进冰雪旅游发展。支持黑龙江、吉林等地做好冰雪旅游专项规划。建设一批融滑雪、登山、徒步、露营等多种旅游活动为一体的冰雪旅游度假区或度假地，推出一批复合型冰雪旅游基地，鼓励冰雪场馆开发大众化冰雪旅游项目。支持冰雪设备和运动装备开发。推动建立冰雪旅游推广联盟，搭建冰雪旅游会展平台。支持院校与企业合作，培养冰雪旅游专业化人才。

4. 发展森林旅游。海南作为热带海岛，与芬兰气候上的巨大反差对芬兰游客有着巨大的吸引力。海南一流的旅游硬件设施、极为便利的59国人员入境免签政策，特别是“香港+海南”旅游套餐为芬兰旅行商开发海南市场提供了诸多便利。诸多有利条件对游客具有莫大吸引力。

在国际旅游岛建设中，政府高度重视发展森林旅游产业，形成“山海互动”“蓝绿互补”的旅游格局。在这方面，芬兰经验丰富，有比较成熟、比较完善的森林旅游业，可以与芬兰可以开展深度合作。芬兰发展

① 谢予，芬兰：造船小国如何成为配套大国？中国船舶报 http：//www.eworldship.com/html/2018/ShipbuildingAbroad_0509/138993.html

度假木屋的经验对海南发展森林旅游具有很强的借鉴意义。

从20世纪70年代起，芬兰鼓励和引导建设度假木屋，作为夏季避暑的第二居所，带动了森林旅游蓬勃发展。目前全国共有50万套度假木屋，通过分时度假、自住自有木屋等方式，每年有245万人次国内外游客入住木屋，这使芬兰度假木屋成为一个世界级的旅游品牌。芬兰度假木屋的成功运营模式主要经验有：

一是依托资源，科学选址。芬兰素有“千湖之国”的美誉，有岛屿17.9万个，湖泊18.8万个。芬兰度假木屋的开发，紧紧依托其资源优势，85%的森林度假木屋都分布湖畔。

二是以人为本，完善设施。芬兰度假木屋设施一切以满足游客的需求为前提，不断向配套化、完善化方向发展。从2003年以来，度假木屋中电冰箱、电话、观景阳台、卫生间等设施配置率逐年上升，高达90%，周边基本上配备了桑拿室。

三是交通发达，出行便捷。度假木屋最为集中的萨沃省，位于芬兰东西交界处，原本交通落后，现专门修建了连接各个岛屿的专用旅游公路。在水路交通方面，较大的度假村建有码头，方便游客乘坐游艇、小艇或者划着独木舟出行，在赛马区每15分钟定时开行一趟游艇，让人们轻松投入湖泊与森林的怀抱。

四是注重体验，丰富活动。设施齐全、高档、精致的度假木屋，不仅能吸引游客带着家人来度周末，也可以供公司租用举办各种会议和活动。住度假木屋，夏日可随心所欲地选择坐游艇、打高尔夫球、徒步旅行、垂钓、划独木舟和狩猎等活动，冬天还可以进行钓鱼、冰上滑行、越野滑雪或是乘坐雪上汽车等一系列活动。

五是重视环保，生态唯先。芬兰在开发度假木屋项目时特别注意保护生态环境，木屋的建筑材料基本上选用当地丰富的木材资源，避免现代建筑材料给森林环境带来污染。在水处理方面，芬兰采取雨污水分离的方式，污水由专业公司统一收集后集中处理，确保森林生态环境不受污染。

六是家庭经营，分时度假。家庭经营是芬兰度假木屋的主要经营形式，家庭经营占45%。由于森林、土地和木屋都是家庭自有的，使用者购买一定时间段的使用权居住，比购买整套房屋合算。即使新建一个度假木屋，大约需要投入20万欧元，七八年可收回投资。芬兰度假木屋有统一的促销网络和中介公司，在专门的网站上可以预订。①

六、加强在北极事务上的合作

当前，芬兰政府和企业正在积极推进北冰洋海底光缆、赫尔辛基—塔林海底隧道、北极铁路、赫尔辛基港—西安港货运班列等重点项目，并且希望在项目融资和隧道掘进机、高速列车等技术方面与中国企业开展合作。未来，芬兰有望成为“北极丝路”的核心，成为中国“一带一路”倡议在北欧地区的延伸。中芬两国秉承着“面向未来的新型合作伙伴关系”，沿着“一带一路”的宏伟路线图，打造“北极丝路”核心，共同开拓两国关系更加美好的明天。

芬兰 Niinistö 总统特别注意北极地区，该地区的平均气温是地球的两倍。在担任北极理事会主席期间，芬兰积极致力于减少黑碳排放。“如果没有二氧化碳减排，北极就无法拯救，但减少黑碳会带来更多，更直接的结果，减缓温度上升。拯救地球需要拯救北极。这项工作必须从现在开始。在开发北极资源和能源的同时，需要多方加强合作，共同保护北极环境，促进北极经济的可持续发展。

第五节　中—芬旅游经济合作存在的问题与完善协调机制

一、中芬旅游经济合作存在的问题

尽管中芬双边合作关系，特别在旅游经济领域取得了不俗的成果，但是也面临着与日俱增的一些阻力。

（一）欧盟的负面影响

芬兰是欧盟成员，主要旅游贸易对象在欧盟内部。作为成员国，其对外经济合作受到欧盟政策的影响。近年来，伴随着全球经济与有效需求增长的放缓，欧盟在贸易上对中国的商品采取的日渐强硬的保护主义

---

① 海南省政府研究室：借鉴芬兰度假木屋经验，推动海南森林旅游发展。海南日报，2011 年 8 月 23 日，第 A06 版。

政策，开始越来越频繁、激进地通过反倾销、反补贴等举措保护欧洲生产者和劳工的利益，势必影响中国—芬兰的经贸交流。

（二）双方的认知分歧

中国和芬兰由于政治制度的不同，对于很多事务的认知也不尽相同，甚至在有些问题的认知上存在较严重的分歧。文化上也存在很大的差异。中国文化基于古老的东方文明，信奉的是佛教道教文化，而芬兰人80%左右信奉基督教。截然不同的东西方文化背景使人们对问题的思考和理解方式上也存在非常大的差异。

（三）关系的非对称性

在政治和社会制度上，由于中国和芬兰有着不同的社会制度，在政治理念上也不相同。由于交往较少，芬兰对中国的资料获取更多的是通过西方媒体，在对中国的印象上可能存在一些疑惑和偏见。这些不对称的因素，可能会影响中芬的旅游经济合作和交流。

（四）关于中芬旅游合作的研究太少

有关中芬旅游经济的研究非常少。目前主要都是新闻报道。

二、完善协调机制

加强中芬新型合作伙伴关系的发展，在全面深化改革的过程中推动与芬兰的沟通和合作，利用双边机制增进中芬双方的共同利益。

从主体上看，目前形成了政府主导、民间参与的合作模式；从渠道上看，形成了从官方到民间、从中央到地方的多元化的沟通和交流方式；从内容上看，双方间的合作覆盖了投资、贸易、基建、教育、金融等多个领域。这一局面的形成也必将为今后中芬的全面发展和合作奠定坚实的基础。

第一，合作可行性评估。受多种因素影响和制约，跨境旅游合作可以说是一项非常复杂而艰巨的工作，在合作过程中可能会遇到诸多问题。因此，对合作进行可行性评估势在必行。其中，邻国政治、法律、经济、社会、文化等各方面的状况和发展态势，边境地区旅游资源的开发价值和基础条件，双边友好往来的历史和现状等应成为评估重点。在对各个边境地区进行综合评估基础上，再确定优先合作发展区域。

第二，合作意愿评估。跨境旅游合作必须获得双边国家政府的大力支持，但光靠上层领导支持还不够，还要充分考虑双边地方政府、企业、社区的合作意愿。

在进行评估时，既要考虑近期社会经济效益，以便提高合作各方积极性；又要着眼于长远利益，确保整个边境地区获得可持续发展。

第三，合作管理评估。不同主权国家之间在政治、经济、社会、语言、文化等各方面会存在一定差异，这往往成为跨境旅游合作管理中一大障碍，我国也不例外。因此，必须对双边合作的基本理念、机构设置、管理模式、沟通机制、协调能力等进行全面评估。

结　论

近年来，中芬关系的主旋律就是构建和推进面向未来的新型合作伙伴关系。中芬加强合作，符合两国和两国人民共同利益。抓住时代机遇，共建“一带一路”合作，充分利用中欧班列等带来的便利条件，促进亚欧大陆互联互通，深化双边旅游经济、人文交流务实合作，探讨在北极航道开发等项目上的合作机遇，共建“冰上丝绸之路”。

根据中芬双方制定的《关于推进中芬面向未来的新型合作伙伴关系的联合工作计划(2019—2023)》，双方共同决定推动旅游合作，主要目标有：增加在旅游领域的投入，深化旅游领域合作伙伴关系；发展旅游业跨界合作；在旅游便利化平台中增加和提升数字化手段。主要行动包括：深化公共和私营合作伙伴关系；将芬兰作为新应用程序的测试平台，例如无现金社会、移动旅游信息服务等。

基于对世界各地数百个城市的环境和社会可持续发展的评比，“全球目的地可持续发展指数(GDSI)”2019年将芬兰列为“世界上最环保的国家”，并特别关注赫尔辛基所有居民拥有的绿色空间数量和利用率，以及该市拥有世界上最清洁的公共交通工具。芬兰有其独特的发展优势。

在合作领域，秉着可持续发展原则，中方可以加大对芬兰硬件投资，比如基础设施投资，包括酒店、餐饮、度假区域开发等；交通道路设施更新与建设。加强旅游信息化提升工程合作，在数字旅游领域开展合作。在可回收领域和城镇化过程中开展技术合作，充分借鉴和学习芬兰的先进技术和理念。在开发大众化旅游产品体系方面展开合作，发展海洋及滨水旅游、大力发展冰雪旅游、发展森林旅游等。

第六章　中国—挪威旅游经济合作研究

中国与挪威在旅游经济政策和旅游发展目标等方面，有着共同的愿景和良好的合作基础。挪威旅游资源丰富，中国游客在挪威的生态游、高端游方兴未艾，在挪威的旅游消费位居世界前列。中挪旅游经济合作的潜力巨大。中国—挪威双方可以通过共同打造四大旅游地带、共建五大旅游经济协作区、共建三大旅游合作圈，实现互利共赢。

第一节　挪威旅游经济发展概况

一、挪威王国国家概况

挪威的全称为挪威王国(The Kingdom of Norway，Kongeriket Norge)。国土总面积为 38.5 万平方公里(包括斯瓦尔巴群岛、扬马延岛等属地)。人口为 530 万人(挪威统计局，2018)，96%为挪威人，萨米族约 3 万人，主要分布在北部。首都为奥斯陆(Oslo)，人口约 66 万。官方语言为挪威语，英语为通用语(某些乡村地区不讲英语)。主要宗教是基督教路德宗，挪威教会成员占人口总数的 74%。

根据 1814 年通过的《宪法》，挪威是君主政体，国王为国家元首兼武装部队统帅，并提名首相人选，但无权解散议会(中大使馆，2016)。政府权力为三个部分：立法部门(包括议会)、政府、司法部门。政府机构中，首相办公室为整个政府的中央办公室，共 15 个部委①(挪威政

① 挪威的 15 个部委分别是：财政部、外交部、贸易工业和渔业部、石油能源部、农业和食品部、儿童和平等部、气候与环境部、文化部、国防部、教育和研究部、卫生保健服务部、司法和公共安全部、交通运输部、劳动和社会事务部、地方政府和现代化部(挪威政府网站，2017)。

府网，2017)，分管旅游的是挪威贸易工业渔业部，下属的挪威创新署也负责旅游事项。

挪威政府将全国划为三级行政区：王国(Kongeriket)，覆盖挪威全国所有的领土，包括外海的斯瓦尔巴群岛与扬马延岛。郡(Fylke)，挪威不设“省”行政单位，而是划分为19个郡(1市18郡)，首都奥斯陆划为郡。每个大郡下设区。郡是行政区和挪威国会的选区。区(Kommune)，每个郡由数个区组成，挪威全国共有430个区。斯瓦尔巴群岛独立于挪威大陆郡的管辖范围，其首府朗伊尔城也划归为区。①

挪威的旅游大郡主要有：布斯克吕、罗加兰、南特伦德拉格、霍达兰(Hordaland)、默勒-鲁姆斯达尔、西阿格德尔郡-西阿格德尔、芬马克、泰勒马克、西福尔、罗加兰、奥普兰、特罗姆斯、诺尔兰。表6-1注明了挪威主要旅游城市和旅游大郡的旅游特色。

表6-1　**挪威旅游大郡**

挪威1市18郡	旅游城市/郡	旅游特色
奥斯陆(Oslo)	旅游城市	音乐艺术、建筑、美食
阿克什胡斯(Akershus)		
东福尔(Østfold)	旅游大郡	教堂、瀑布、博物馆、森林、田园风光
海德马克(Hedmark)		
奥普兰(Oppland)	旅游大郡	农场别墅、茅草屋、木板教堂、滑雪胜地、博物馆、古建筑
布斯克吕(Buskerud)	旅游大郡	国家公园、古城镇、啤酒厂、博物馆、瀑布、湖泊
西福尔(Vestfold)	旅游大郡	徒步、游泳、高尔夫、潜水、垂钓、博物馆、森林、城堡
泰勒马克(Telemark)	旅游大郡	水上乐园、沙滩、灯塔、地标、博物馆、木板教堂、美食
东阿格德尔(Aust-Agder)		

① 中国驻挪威大使馆网站。

续表

挪威 1 市 18 郡	旅游城市/郡	旅游特色
西阿格德尔(Vest-Agder)	旅游大郡	动物园、游乐园、大炮博物馆、艺术中心、灯塔、海鲜
罗加兰(Rogaland)	旅游大郡	吕瑟峡湾、高原像“讲坛岩石”、白色海滩、木屋
松恩-菲尤拉讷(Sogn og Fjordane)		
默勒-鲁姆斯达尔(Møre og Romsd	旅游大郡	玫瑰之城、博物馆、登山、新艺术派建筑、峡湾、海洋公园
南特伦德拉格(Sør-Trøndelag)	旅游大郡	教堂、堡垒、古镇、前皇家官邸、木建筑、科技之都、海鲜
北特伦德拉格(Nord-Trøndelag)		
诺尔兰(Nordland)	旅游大郡	渔村、博物馆、白色沙滩、山脉、峡湾、午夜的阳光、冰川
特罗姆斯(Troms)	旅游大郡	极光、午夜太阳、鲸鱼、峡湾、峻岭、雪橇、皮划艇、海鲜
芬马克(Finnmark)	旅游大郡	极光、午夜太阳、萨米文化、岩石雕刻、滑雪/滑冰、冰酒店
霍达兰(Hordaland)	旅游大郡	历史艺术文化遗址、音乐之乡、山脉、海鲜

资料来源：挪威政府网站。

二、挪威的旅游资源

旅游资源通常划分为狭义(自然景观和历史文化遗址)与广义(社会网络、生活、社区、礼仪、秩序)两大类。①

① 金准．中国旅游业结构性变化与发展战略展望[J]．人民论坛，2014 年第 12 期。

挪威旅游资源从地文风光景观、遗址遗迹等狭义维度讲，具有典型的自然资源依赖特征，即高度依赖以文化古迹、遗址和自然遗产构成的基础性旅游资源。在挪威长达21000公里极其蜿蜒曲折的海岸线上，沿海岛屿多达15万个，号称“万岛之国”“峡湾之国”。在北极圈和北极光领域内，极负盛名的罗弗敦群岛(Lofoten，地处诺尔兰郡)、斯瓦尔巴德群岛(Svalbard Islands)，不但呈现出由远古冰川形成的巨大裂缝穿插而过的陡峭峡谷和冰冻河流、极夜璀璨的星穹银河交辉相映的奇特极光，而且在极昼，可以领略在北极海上乘风破浪追踪逆戟鲸、座头鲸、抹香鲸，在苍凉的极地雪原追寻北极熊、滑雪、狗拉雪橇，在北极湛蓝的深海潜水等极地风情。挪威由百万年冰川地形变动和冰河延伸构筑的峡湾，雕琢了造型优美，沿着陡峭岩壁倾泻而下，以数条瀑布闻名的盖朗厄尔峡湾、在巨岩凸兀的悬崖和苍茫群山之间流淌着蜿蜒河水的吕瑟峡湾、具有绚丽自然景色的奥兰斯峡湾、田园风光秀丽的哈当厄尔峡湾、以及世界上最长和最深的松恩峡湾。

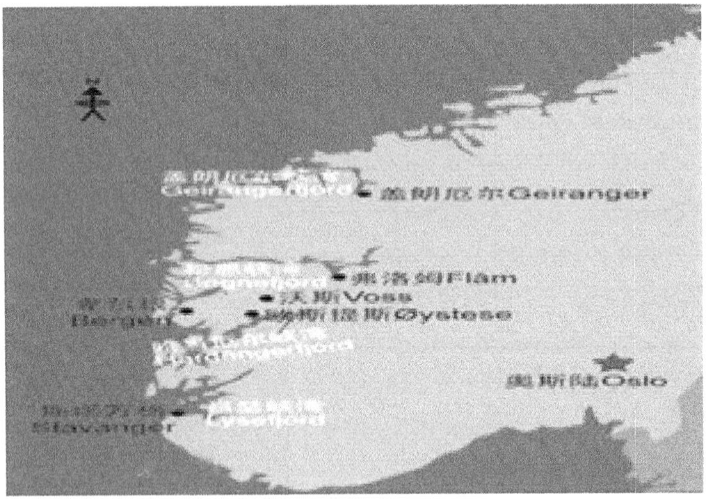

图6-1　挪威的主要旅游峡湾

资料来源：http：//www.dituw.net/europe.

挪威数座历史悠久的文化艺术遗址遗迹的旅游名城，有被《孤独星球》列为2018年最佳旅游城市，并被选为2019年欧洲绿色之都的奥斯陆(Oslo)，该城市以历史建筑和遗址、各类博物馆、多种美食而闻名于世。还有拥有900多年历史，连通挪威和欧洲地区的繁华贸易中心、被誉为音乐之都的卑尔根(Bergen)。这座城市被联合国教科文组织列入世界遗产名录的历史建筑就有60多座，另外，著名的码头遗迹、鳞次栉比的博物馆、艺术馆、童话般的木屋和顶级餐厅，也构成了当地的旅游特色。位于罗加兰郡、以挪威石油之都著称的斯塔万格(Stavanger)，保留了海滨城市弯曲而狭窄鹅卵石人行道，穿行在18世纪的古老木质建筑群的独特风格。海盗时代的挪威首都特隆赫姆(Trondheim)，有着彩色木制建筑群、音乐博物馆、古教堂和丰富的当地美食。海滨城市海于格松(Haugesund)是有上千年历史的挪威海盗王的故乡，并有使用千年前原始技术建造的农场。有着巨大动物园和游乐园的田园诗般的城市克里斯蒂安沙（Kristiansand)，是家庭和儿童的旅游胜地。这一海岸城市拥有无数海滩、码头、海岸天然游泳场、优雅舒适的购物商店。

挪威独特的旅游极地自然资源禀赋，决定其旅游产品质量的不可替代独特性、天然性、环保敏感性。

从广义的旅游资源维度看，挪威有关网络、生活、社区、礼仪、秩序等广义旅游资源基础雄厚。网络方面，挪威移动宽带网速全球最快。挪威政府近年大力推进互联网宽带建设，打造世界级电子通信网络和服务基础设施，挪威政府提出的宽带发展2020年前的目标是，使90%挪威家庭可以连接到速度至少为100兆比特每秒的移动或固定宽带网络，长远目标则是实现全覆盖。① 截至2018年，挪威电信公司近8000个基站中，有90%能够提供4G信号，4G能够覆盖99.8%的挪威人口和85%的陆地国土，并在2020年启动5G服务。而且，挪威大范围使用智能终端，挪威电信公司移动通信客户中超过85%的人拥有智能手机，大约80%的人拥有4G设备。这些都为推进智慧旅游创造了良好的条件。

在生活方面，挪威是高福利、高税收、高消费国家，挪威的福利世界领先，挪威公民读书看病不花钱或花费少，退休有高额的养老金与补贴，基本生活有保障，妇女社会地位高，幸福指数位居世界前列。而且，挪威人喜欢环球旅行，热爱大自然，喜欢在森林中散步、野餐、跑

① 挪威政府：2016年信息通信技术发展白皮书《挪威数字议程》，2016年。

步、滑雪等户外运动，就连有些传统节日都与自然环境有关。挪威官方语言为挪威语，英语为通用语言。旅游景区的挪威人都能讲英语。挪威的环境教育深入普及，挪威人环保意识强，不乱扔废物、不随地吐痰、垃圾分类、节能节水节约粮食等已成生活习惯。因此，挪威人的生活条件使其愿意接纳来自各国的生态旅游和高端旅游。

礼仪方面，挪威推崇守时、守信用。相互谈话时要保持固定的距离。挪威人喜欢握手，陌生人相会，要握手和互道姓名。室内不能戴帽子。不准捕捉或伤害河鸟。在挪威最流行的是红色，儿童的滑雪衫、女孩的大衣、男人毡帽的镶边全是红色。总的来看，挪威的礼仪不是非常复杂和拘泥，而且中国也流行红色。这些礼仪都是正常的人际交往，不会影响旅游的开展。①

秩序方面，挪威社会次序良好，法律制度完善，司法体系运作高效。②

挪威的旅游资源表明其具有发展旅游业的良好基础。中挪两国在旅游经济合作方面有着巨大潜力。

三、挪威旅游业在国民经济中所处地位

挪威的人均 GDP 长期排名世界前三名。挪威国民经济的支柱产业，按对 GDP 贡献的重要性排名，分别为石油、天然气、金属、渔业。③图 6-2 显示，自 2010—2017 年，以工业产品为主的商品贸易在 GDP 中的占比平均为 45%以上，服务贸易(包括商业、旅游、运输、通讯、金融、建筑、房地产、公共服务)在 GDP 中的占比平均为 20%左右，④2015—2016 年，挪威大陆旅游业增加值在 GDP 占比为 4.2%。⑤ 可见，旅游业至今还不是挪威国民经济的支柱产业。

但是，挪威政府在其最重要的石油产业开始转型，从降低石油开采出口，转向发展以清洁能源为主导的能源产业的过渡期间，已经日益鼓

① http：//www. visitnorway. com.

② 挪威驻广州领馆网站。

③ 中国驻挪威大使馆经商参处网站，2017。

④ Wind 数据库，2018。

⑤ 挪威国家统计局网站，2018。

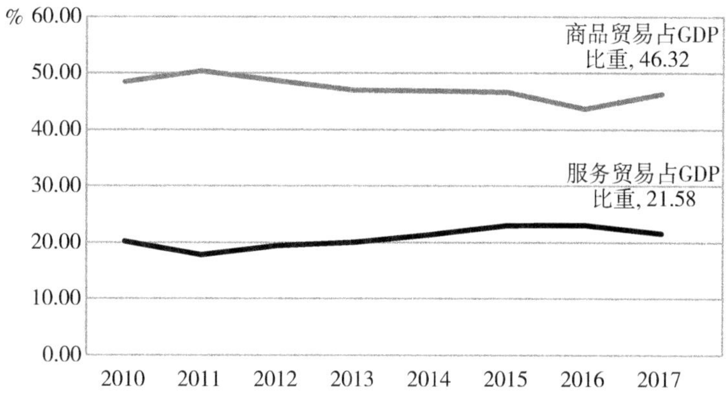

图 6-2　挪威工业商品贸易、服务贸易占 GDP 比重(%)(2010—2017)

数据来源：Wind 数据库，2018。

励发展包括旅游业等服务贸易，尤其是加强了对华双边旅游合作的力度。①

第二节　中国—挪威旅游经济合作

一、中挪旅游经济合作战略意义

通过开展中—挪旅游经济合作，了解挪威文化特点、民风民俗、法制法规诉求，为我国未来在北极资源、能源的勘探开发、航线开发、与极地国家产能合作布局，营造良好的外部国际环境、提供必要的当地信息以保障未来投资的效率，并增强在全球旅游规则制定和国际旅游事务中的话语权和影响力。

(一)中—挪旅游经济合作有助于我国参与极地的资源开发利用

挪威的石油天然气、渔业、水利、森林和矿产等自然资源十分丰富，挪威经济很大程度上依赖石油产业和国际油价，1999 年，挪威的石油及天然气占其出口总额的 35%，作为非石油输出国组织的成员，

① 挪威创新署网站，2018。

挪威的石油输出仅次于沙特阿拉伯和俄罗斯。挪威天然气的出口是挪威经济收入和增长的最主要因素。在挪威和俄罗斯都自称拥有主权的巴伦支海水域，可能蕴藏着5800亿桶石油，与沙特的石油储量相比翻了一番。随着北极冰山融化速度的加快，这些能源资源的开采方式将变得极为简单。在挪威总计石油储量中，77%被证实在北海、19%在挪威海、4%在白令海。另有大约37亿当量立方米是以未来勘探为基础。按近年石油生产速度，挪威已发现的剩余石油资源(包括新增寻回量)将可继续生产17年，天然气可生产87年。① 挪威现有20条输送油气管线和7个陆上设施，为油气进行输送、浓缩等服务。其中，除输往挪威大陆的管线之外，输往欧洲的有8条天然气管线和2条石油管线，管线从海中油田开始，按需要在海上与管线连接、在陆上与设施相接。在挪威近海，总计约有8000公里管线。挪威海上石油开采技术，尤其是海上平台和水下钻探技术在世界领先。

挪威富含风能等清洁能源。挪威用于绿色能源的矿产资源价值高达8万亿克朗。这些矿产如锂、硅等广泛用于手机、电动汽车、飞机和风力发电等。② 挪威发展政策的白皮书(2018)提出将可再生能源的支持资金从2017年的4.95亿挪威克朗增加到2019年的10亿挪威克朗，并到2021年额外提供7.5亿挪威克朗。挪威可再生能源等研究领域都居于国际领先地位。挪威和其他欧盟国家一起共同参与迄今为止世界最大的科研和创新项目“欧盟2020地平线计划”。③

挪渔业发达，是世界第二大海产品出口国，2012年向150多个国家出口了约230万吨海产品，价值516亿挪威克朗。据估计，挪威渔业和水产养殖业每天提供3300万吨海鲜。2012年6月举行的联合国可持续发展会议强调了渔业和水产养殖在全球粮食安全中的关键作用。挪威是一个食品净出口国，主要是因为其大规模生产海产品，其中95%用于出口。世界粮农组织估计，渔业和水产养殖目前满足全球粮食需求的8%左右。④

---

① 挪威石油和能源部．1999年挪威石油活动[M]．挪威出版社，1999年版。
② 中国驻挪威大使馆经商参处网站，2016。
③ 挪威政府网站，2018。
④ 挪威政府网站，2018。

据挪威国家统计局数据(2019)，中国目前是挪威在亚洲最大的贸易伙伴，是挪威第三大进口来源国(仅次于德国、瑞典)，第10大大陆经济出口对象国(仅次于英国、德国、荷兰、法国、瑞典、比利时、美国、丹麦)。2018年挪中双边贸易总额约为111.97亿美元。中国在挪威对外贸易总额中占第6位，中国在挪威进口贸易总额中占前3位，出口贸易总额中占世界前10位。中挪旅游经济合作，可以增进双边民心相通和友好往来，交通互联互通，贸易和资源开发互利双赢。

(二)中挪旅游经济合作有助于我国参与极地的航道开发利用

北极海冰的融化，为海上运输开辟新的机会。穿越北冰洋、穿越西北通道和东北通道的无冰航线为极地水域的海上运输提供了新的机会。极地科学家预测，北冰洋冰川融化速度目前已经超出了人们的意料，随着北冰洋西北、西南航道的冰层融化，冰线后退，挪威通往中国的北部航道将会显现，连接大西洋和太平洋的“北极西北通道”将增加夏季通航时间，并可能在几十年后进入“四季无阻的贯通状态”。这是一条商业航道和具有军事价值的战略航线。从亚洲航行到欧洲的船只，东北航道将比通过苏伊士运河的航线短约40%，而燃料油消耗将低约20%。①原本挪威是欧洲距中国最远的国家，日后它可能是除了俄罗斯(与中国接壤)外，离中国最近的欧洲国家。挪威海岸线长度世界排名第8，海岸线长达25148公里，几乎与四面环海的澳大利亚的海岸线等长。挪威峡湾是天然的避风港和优良的军港。是世界上海岸线弯曲最大的国家之一。沿岸居民不到三百万人。挪威斯瓦尔巴群岛首府朗伊尔城，是暖流径流的不冻港。而且，瑞典和芬兰的北冰洋出海口，全部都受挪威控制和管辖。

中挪旅游经济合作，能够增强中国在极地的实质性存在，为我国参与极地的资源和航道开发创造良好的外部环境。

二、中挪旅游经济合作基础

中挪双方有着共同的旅游经济政策合作原则、双边的旅游需求强劲、双边推进旅游经济合作愿望强烈，并有一定的旅游经济合作平台

① 挪威政府网站，2018。

支撑。

（一）中挪旅游经济政策合作都遵循互利双赢的原则

自2010年—2016年12月，因挪威方面的政治因素，导致中挪两国一度中断外交关系达6年之久，直到2016年12月19日，中挪双方发表的《中华人民共和国政府与挪威王国政府关于双边关系正常化的声明》，才宣布中挪外交和政治关系恢复正常化。

2016年12月—2017年，随着两国关系恢复正常，中挪双方经济合作在国家各级层面和相关行业全面启动。我国政府宣布和重申了中挪两国关系发展的前提和基础，并得到挪威政府的认同，即坚持一个中国政策、相互尊重、平等互利、政治互信、切实照顾彼此核心利益和重大关切。中国国务院总理李克强指出，中挪经济互补性强，具有深厚的互利合作基础，合作前景广阔。中方同挪方愿意就签署双边自贸协定进行谈判，共同促进贸易投资自由化便利化。密切人文交往，夯实两国关系发展与合作的民意基础。深化在国际地区事务中的合作，推动中国同北欧国家以及欧洲关系的发展。欢迎挪方继续扩大对华投资，在节能环保、科技研发等领域加强合作。① 挪威国王哈拉尔五世（2018）认同挪中两国之间秉承互惠互利的发展理念，投资贸易关系基础牢固，发展速度快，两国也在把握新的历史机遇，寻求更加稳固、持久的发展方案。挪威外交大臣布兰德和挪威外交部（2016）声明，愿抓住两国关系正常化契机，加强高层交往，推进双边自贸协定谈判，拓展在水电、海上油气开发以及投资等领域的互利合作、共同推动全球贸易自由化。② 挪外交大臣瑟雷德（2018）表示，与中国达成自由贸易协定是挪威政府的首要任务，挪威贸工大臣伊萨克森（2018）表示，挪威是一个依赖于国际贸易的开放型经济体，政府不会限制中国在挪威的投资，经验证实投资对经济和就业有利，反对保护主义符合挪威的利益。③ 至2018年5月中国—挪威自由贸易协定已经在挪威奥斯陆举行了第十一轮谈判。挪威政府正试图改变仅与传统上广泛合作的国家合作的做法，比如欧盟各国

---

① 李克强：在新的起点上推动中挪关系再起航．新华社，2017年4月7日。

② 中国外交部网站，2016年。

③ 中国外交部驻挪威经商参处网站，2018年8月23日。

等，加强与重要国家的合作。目前已经将巴西、俄罗斯、印度、中国、南非和日本等国，纳入在高等教育和研究方面广泛合作的国家，并日益重视加强与中国在商务和科研方面的合作。

(二)中挪双方是相互客源地的巨大潜在旅游市场

1. 中国游客出境旅游需求强劲

中国已经成为世界第一大出境旅游客源国、旅游消费国和全球第四大入境旅游接待国。出境旅游规模持续扩大。旅游消费持续增长。出国游占比出现明显提升。根据近年《中国出境旅游发展年度报告 2018》，2012 年，中国出境旅游消费成为世界第一。自 2013 年，中国就已经成为世界上最大的出境客源地，中国超过 9800 万人次出国旅游，人数高于一些欧洲国家总人口数，旅游消费达 1280 亿美元以上。2017 年中国出境旅游市场达到 1. 31 亿人次，出境旅游消费 1152. 9 亿美元，同比增长 6. 9%与 5%。联合国世界旅游组织的最新数据(2018)显示，中国游客占全球出境游客总消费额的比例超过 1/5，而排名第二的美国游客消费额仅相当于中国游客的一半。近年中国境外旅游消费已经成为世界第一。根据高盛(2018)的统计，预计到 2025 年，中国出境游市场还将有 2. 5 倍的增长空间。

2. 中国是挪威客源地的巨大潜在旅游市场

中挪民间旅游规模自发扩大。根据 Shi(2015 年)的报告，中国游客已成为挪威最大的旅游团体之一。中国旅挪过夜游客 2013 年比 2012 年增加了 64%，2010—2015 年共增长了 240%。① 中国赴挪威游客还在逐年猛增，2017 年前三个月，在挪威过夜的中国游客同比增长达 90%以上。②

3. 中国出境旅游消费结构有利于促进挪威旅游产业的发展

中国出境游客未来消费将越发多元化，饮食、休疗养等服务消费占

① Shi，G. Y.，Narrative Analysis of Online Traveling Community：An Explorative Study of Chinese-speaking visitors sharing Their Travel Experiences in Norway，Working paper，University of Stavanger，June 2015：23-57.

② 吴睿婕．北极能源与航道将开辟中挪合作空间．21 世纪经济报道，2018 年 3 月 12 日。

比越来越大，从客源地消费行为看，出境游客对于体验境外当地人生活方式的需求逐渐增长，其中，美食、自然探索、避寒避暑、城市休闲、户外运动、亲子家庭游、深度体验、疗休养等当地化的旅游体验服务消费，更受中国游客青睐，而挪威的旅游资源完全可以满足中国游客对旅游需求的结构性变化。

4. 挪威旅中游客数量稳定

挪威旅中游客自 2006—2007 年，游客人数稳定在 4—5 万人次，2008—2015 年，冬季挪威游客为 4—5 万以上人次，春季为 1—2 万以上人次，10 年平均旅中人数为近 3 万人次(见图 6-3)。

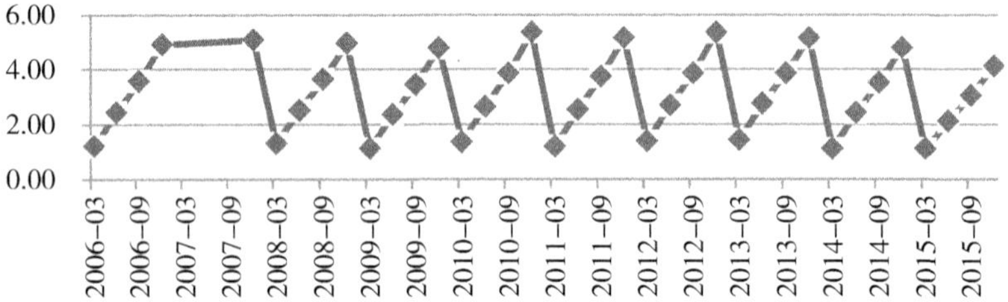

图 6-3　挪威旅游中国人次(2006—2015)(单位：万人)

数据来源：Wind 数据库，2018。

截至 2005 年底，除我国香港和澳门外，74 个国家或地区一直是中国公民的旅游目的地。按时间顺序排列如下：泰国、新加坡、菲律宾、韩国、澳大利亚、新西兰、日本、越南、柬埔寨、缅甸、文莱、马耳他、印度尼西亚、土耳其、埃及、尼泊尔、德国、印度、马尔代夫、斯里兰卡、南非、克罗地亚、匈牙利、巴基斯坦、古巴、希腊、法国、荷兰、比利时、卢森堡、葡萄牙、西班牙、意大利、奥地利、芬兰、瑞典、捷克共和国、爱沙尼亚、拉脱维亚、立陶宛、波兰、斯洛文尼亚、斯洛伐克、塞浦路斯、丹麦、冰岛、爱尔兰、挪威、罗马尼亚。①

(三)中—挪双边推进旅游经济合作愿望强烈

1. 中挪旅游经济合作现状

① WTA，2005 China Tourism Statistical Bulletin.

中挪旅游经济合作在2017—2018年进入快速发展阶段。2017年9月21日，中国移动支付平台支付宝与北欧旅游局达成协议，支付宝将在自有移动应用及其他渠道向用户推介旅游目的地挪威，北欧旅游局则将致力于鼓励挪威商户使用支付宝移动支付系统和营销平台，加强挪威乃至北欧作为中国友好旅游客源地的优势。①

在2018年10月16日中国—挪威工商峰会期间，挪威国王哈拉尔五世出席了中国—挪威工商峰会。中挪双方签署了包括旅游在内的24项合作协议，涵盖互联网、金融、环保、能源、物流、文化、旅游等多个领域。两国之间的经贸往来已经从原来的原材料出口为主扩大到包括技术和知识共享等方面更为深层次的合作。挪威正在和中国进行自由贸易协定的协商，并且取得很大进展。中国对挪威企业是非常重要的海外市场，访华代表团超过300位来自商界，显示挪威对同中国发展经贸关系非常有兴趣。挪威在华投资项目累计已经突破500个，中国自挪威进口同比增长12.3%。

同期两国在不同政府级别和行业间的旅游合作发展迅速。2018年10月18日，挪威国家旅游局与中国国内领先的，运用大数据进行全渠道投放和精准营销、对用户行为进行个性化产品设计、为全球旅游客源地提供一站式整合营销服务的携程集团，就推动中挪双边旅游合作签署了战略合作协议。挪威国家旅游局局长Bente Bratland Holm(2018)强调，中国是挪威重要的旅游客源地，挪威一直非常重视在中国市场的宣传与产品开拓。希望通过与携程集团开展全面战略合作，让中国游客更多地了解挪威丰富的旅游资源，为更多中国游客提供更加优质和多元化的旅游产品和体验。② 2018年4月，挪威叙尔达尔市和赛于达市政府代表团，与国内领先的出境综合服务运营商，并与斯堪的纳维亚旅游局有着连续多年合作伙伴关系的“众信旅游”，将北欧旅游产品研发及服务提升作为经营重点，挪方表示将确保当地的旅游服务尽可能满足中国客人的需求，双方的共同意愿是致力于推广北欧旅游市场。2018年6

① 新华社．支付宝与北欧旅游局合作推广挪威业务．新华社奥斯陆报导，2017年9月21日。

② 环球网．携程集团与挪威达成战略合作，助推挪威旅游新发展，2018年10月18日。

月，为促进中挪冰雪体育旅游的发展，中国黑龙江省建设集团有限公司组织的冰雪产业考察团访挪，与挪方利勒哈默尔冰雪赛事运营总公司签署了战略合作框架协议，就冰雪小镇建设、冰雪场馆建设、高台跳雪滑道建设以及未来冰雪产业项目培训与赛事运营达成共识，共同推广中挪双方的冰雪体育项目和冰雪体育旅游合作项目。①

2. 中挪旅游经济具有较好的合作平台

中挪双方正在积极建立各种旅游经济合作平台。而挪威现有的平台——挪威旅游展(Norwegian Travel Workshop，简称 NTW)，由挪威创新署(Innovation Norway)自 1973 年起就开始举办，迄今已有逾 45 年历史。挪威旅游展(NTW)旨在打造全球买家与众多挪威展商面对面交流的平台，为双方提供充分沟通、商谈的机会，加深全球买家对挪威旅游资源与市场的深度了解，创造更多合作机会，并共同推出高品质的挪威旅游产品。通常每年都有超过 700 多名业内人士参与展会。更有调查结果表明，100%的买家都表示他们对参会体验与所获感到非常满意，并有 90%的买家表示会持续关注并参与。在 2018 年 4 月为期 4 天的第 46 届挪威旅游展上，中国旅游资深从业者齐聚挪威，来自全球的买家与众多挪威展商进行了友好会面与深度洽谈，并当场敲定商业合同。在这里，最新的挪威旅游线路及产品得以全方面呈现，全球买家不仅获取了第一手的资讯，更借展会之机拓展旅游业界人脉资源，促成多赢的合作。2019 挪威旅游展将于 2019 年 4 月 1 日至 5 日在挪威的奥勒松(Ålesund)和孙墨尔(Sunnmøre)两座城市举行。②

3. 挪威重视与中国开展旅游经济合作

挪威政府表示要根据中国游客对挪威自然风光极感兴趣的状况，以中国人喜欢的方式来推广挪威的旅游产品，重点是将挪威打造成全年旅游胜地，让挪威的旅游业全年保持旺盛。使游客既能欣赏挪威的自然景观，也可以观赏其人文景观(包括挪威古代维京时期的遗迹、现代特色

① 新华社．黑龙江冰雪产业考察团与挪威企业签署合作协议，2018 年 6 月 28 日。

② http：//www. innovasjonnorge. no/en/start-page.

建筑、博物馆和艺术馆等)①。挪威强调旅游业应该把中国的出境旅游纳入其中，把挪威作为主要的旅游客源地来吸引更多的中国潜在游客。②

三、中挪旅游经济政策有着共同目标

中国旅游经济政策与挪威旅游经济发展目标具有五大共同目标：促进旅游业作为战略性产业/重要产业、推动旅游业走出去、发展带动相关产业链的全域旅游、倡导绿色旅游、旅游安全。如同挪威驻华总领事司铎莱(2018)所指出，“除北极事务外，中挪在各个领域的共同点和互补性兼备”。③

(一)旅游业成为中国的战略性产业、挪威经济的重要产业

中国“十二五”期间，旅游业已经全面融入国家战略体系，成为国民经济战略性支柱产业，并是社会投资热点和综合性大产业，《2015年中国旅游业统计公报》曾提出，“全年全国旅游业对GDP的直接贡献为3.32万亿元，占GDP总量比重为4.9%；综合贡献为7.34万亿元，对国民经济的综合贡献度达到10.8%。旅游业对餐饮、住宿、民航、铁路客运业的综合贡献率达到85%以上，年均新增旅游就业人数100万人以上。“十三五”规划期间，按照国务院的决策部署，要将旅游业培育成经济转型升级重要推动力、生态文明建设重要引领产业、展示国家综合实力的重要载体、打赢脱贫攻坚战的重要生力军。④

挪威的旅游业在其国民经济中的地位在不断提高。2016年挪威旅游业对GDP的贡献为1138亿挪威克朗，在GDP占比为4.2%。⑤

---

① 司铎莱．北极能源与航道将开辟中挪合作空间．21世纪经济报道，2018年3月12日。

② 挪威工业贸易渔业部网站。

③ 司铎莱．北极能源与航道将开辟中挪合作空间．21世纪经济报道，2018年3月12日。

④ 中华人民共和国国务院．“十三五”旅游业发展规划．2016年12月26日。

⑤ 挪威国家统计局，2017。

（二）中国政府将旅游业发展纳入国家“走出去”战略，挪威推进旅游业对外扩展

为了提升旅游业国际影响力，《国家“十三五”旅游业发展规划》提出要“构建旅游开放新格局，实施旅游外交战略，参与国际旅游规则制定”。要求以国家有关部委牵头，制定旅游业“走出去”战略规划。完善支持旅游企业“走出去”政策服务平台，支持有条件的旅游企业统筹利用国际国内两个市场，建立面向中国公民的海外旅游接待体系。推动旅游业双向开放”。尤其强调“拓展与重点国家旅游交流，推动大国旅游合作向纵深发展，扩大与传统友好国家和发展中国家的旅游交流，推动与相关国家城市缔结国际旅游伙伴城市。并且特别强调开展“一带一路”国际旅游合作。

挪威的旅游业强调对外扩展战略。为了吸引更多的游客来挪威，提高旅游业的盈利能力，挪威已经更加注重对旅游业进行国际推广，在国际和国内市场营销和宣传，以提高外国旅游经营者、消费者和全球新闻记者将挪威作为旅游目的地的认识。并致力于对境外旅挪潜在的目标群体，树立挪威作为旅游目的地的意识、经验、活动。同时，注重挪威旅游产品品牌建设，通过开展各种旅游项目合作和活动，提高国际知名度和打造旅游品牌。①

（三）中国推行全域旅游，挪威注重旅游业与相关产业协同发展

中国近年兴起和正在推行的全域旅游，是以旅游业带动和统筹区域经济社会协调发展、适应脱贫致富、全面小康社会、大众旅游规模化需求、促进生态环保的一种全新的发展理念和模式。② 全域旅游是指在一定区域内，以旅游业为优势产业，通过对区域内旅游资源和其他经济社会资源、相关产业、生态环境、体制机制、政策法规、公共服务、文明素质等，进行全方位、系统化的质量优化提升。将全域旅游纳入城乡建设、土地利用、保护和优化城乡旅游风貌和自然生态环境、旅游基础设

① 挪威创新署网站。

② 中国国家旅游局．全域旅游发展报告 2017。

施建设等，进行统筹规划。①

全域旅游是中国将内需与投资相结合，应对旅游竞争国际化的重大举措。在世界许多国家已经将发展旅游业作为参与国际市场分工、提升国际竞争力的重要手段，纷纷出台促进旅游业发展的政策措施，推动旅游市场全球化、旅游竞争国际化的背景下，全球旅游竞争领域正从争夺客源市场扩大到旅游业发展的各个方面，国际旅游业竞争的严峻形势倒逼中国旅游业从传统抓点为特征的景点旅游发展模式，向区域资源整合、产业融合、共建共享的全域旅游发展模式转变，促进旅游业与农业、工业、林业、水利、科技、文化、体育、健康医疗等产业深度融合，助推旅游业发展战略提升。② 2017 年《政府工作报告》提出的旅游业发展的主线，国家旅游局主推的重要旅游政策战略，都强调旅游业与相关产业的四个结合：旅游基础设施与公共服务体系完善程度相结合、旅游业与其他新业态相结合(旅游+)、旅游服务要素配套与游客满意状况相结合、旅游资源与生态环境保护相结合。将发展全域旅游作为推动地方经济的重要发展模式。

在挪威逐步开展全域旅游，中国已有一些前期基础，主要表现在对挪威物流、航运、电讯、石油钻井平台、石材等行业的投资。从表 6-2 可见，投资挪威航运业的中资公司，包括中远集团、海航集团、中国国际航空股份公司代表处、大新华物流控股集团、同方威视。投资挪威电讯业的中资公司有中兴通讯、联想集团、深圳华为技术有限公司、江苏英特曼电器公司。投资挪威油井平台的中资公司是中海油田服务股份公司。中国的高时(厦门)石业公司投资挪威石材业。

表 6-2　　**中资机构在挪主要投资项目（2001—2011）**

投资项目（境外企业名称）	投资年度	所在城市	经营范围	投资主体
英特曼国际公司	2001 年	英格桑	电器产品的生产与销售	江苏英特曼电器公司
中远北欧有限公司	2003 年	奥斯陆	航运代理	中远集团

① 中华人民共和国国务院．“十三五”旅游业发展规划．2016 年 12 月 26 日。

② 同上。

续表

投资项目 （境外企业名称）	投资年度	所在城市	经营范围	投资主体
中国国际航空股份公司代表处	2005年	奥斯陆	机票销售代理、市场推广	中国国际航空股份公司
中兴通讯挪威公司	2006年	奥斯陆	承包通讯工程项目，提供设备	中兴通讯
深圳华为挪威公司	2007年	奥斯陆	承包通讯工程项目，提供设备	深圳华为技术有限公司
胜嘉蓝麻 (SAGA PEARL AS)	2008年	拉尔维克	石材生产加工	高时（厦门）石业公司
联想(Lenovo)代表处	2008年	Oppegård	电子产品销售	联想集团
中海油服欧洲钻井公司	2008年	桑德纳斯	海上油田钻井、生活平台运营	中海油田服务股份公司
挪威四维贸易公司	2010年	奥斯陆	批发零售纺织品和烟花爆竹	江西安源进出口有限公司
挪威海洋重型运输公司	2010年	奥斯陆	超大设备半潜船运输	大新华物流控股集团
挪威埃肯公司	2011年	奥斯陆	硅材料、硅业务	蓝星公司
挪威 SiOceanic Shipping AS	2010年	奥斯陆	航运物流	海航集团
挪威 Fairstar	2010年	奥斯陆	半潜船运输	海航集团
国家开发银行工作组	2011年	奥斯陆	银行业务	国开行
同方威视工作组	2011年	Svinesund	集装箱检查设备销售和服务	同方威视

资料来源：中国外交部，中资机构在挪主要投资项目，中国外交部驻挪威使馆经商处，2011年12月14日。

挪威将旅游业融入相关产业的综合发展规划之中加以协同推进。挪威强调旅游业要能够维护地方所有权，促进地方商业和长期就业，并对环境、社会结构和文化产生积极影响和可持续发展。注重通过对文化古迹、遗址和自然遗产等基础性旅游资源的保护，产生全社会的经济效应，使游客人数、当地就业人数成倍增加，促进当地经济发展，培养更强的历史意识，和更强的认同感。挪威的旅游和旅游部门致力于促进全国各地的旅游和旅游发展，以便促进该行业内的整体增长。①

（四）中挪双方都注重绿色旅游

中国政府对绿色旅游在产品系列建设、绿色景区打造、各类以公园为主体的绿色生态空间拓展、节能环保交通工具和绿色生态出行方式推广、节减能耗和资源循环利用、生态修复技术研发应用、生态旅游设施建设、绿色旅游消费和环保指导等，进行了系统而完整的规划，并提出实施绿色旅游的详细布局：创建500家生态文明旅游景区、4A级以上旅游景区全部建成生态停车场、所有新修步道和80%以上的旅游厕所实现生态化。② 同时，积极倡导中国游客在北极开展低碳旅游、生态旅游和负责任旅游，推动北极旅游业可持续发展。③ 重视中国旅游在境内外的绿色发展、旅游环境保护、绿色旅游开发。

挪威旅游政策目的是发展可持续旅游业。④ 挪威非常关注无污染环境对旅游业、渔业、养鱼业、农业、食品加工业和所有户外活动的至关重要性。并通过严格的环境标准、排放控制技术，促进绿色技术、绿色产品、绿色服务的发展和推广，实现向无害环保产品和技术的转变。挪威的财富创造（包括旅游业）在很大程度上依赖于环境保护和清洁。挪威的消费者对环保产品和服务的需求在不断增长，挪威所有企业和行业的可持续性，均建立在公众对不影响健康或不污染环境的产品的信心和支持基础上。因此，挪威极为重视绿色旅游的长期可持续性。

（五）中挪高度重视北极旅游安全以及完善保险保障体系

中国历来主张与北极国家共同构筑旅游安全保障网，致力于不断完

① 挪威政府网站。

② 中华人民共和国国务院．“十三五”旅游业发展规划．2016年12月26日。

③ 国务院新闻办公室．《中国的北极政策》白皮书．2018年1月26日。

④ 挪威政府白皮书。

善北极旅游安全、保险保障、救援保障体系，加强在海上预警、应急反应、海空搜救、情报交流等方面的国际合作，以应对海上事故、海洋污染、海上犯罪等安全问题。①

挪威环境条件脆弱，更为关注北极海上交通量的增加，可能给环境和旅游安全带来的风险。挪威极端的天气条件、冬季的黑暗时期、地图绘制不完整、通信系统不完善以及冰雪覆盖的水域，某些旅游地区的偏远，增加了搜索、救援、急性污染应对的难度和成本。为确保极地水域的海上运输安全，挪威正采取措施严格审核船舶标准、船员资格，完善必要的海上基础设施，增加保险公司对气候变化的适应性。②

四、中挪旅游经济的合作方略

根据我国参与极地全球治理的互利双赢、共建共享原则，与挪威旅游经济的合作可以围绕打造“四大地带、五大协作区、三大旅游合作圈”来开展。

（一）共同打造四大旅游地带

1. 打造多功能旅游共享地带

中挪双方在涉及与旅游相关的经济规划中，均强调发展高密度集中式场所的多功能性。中国旅游消费者需要多功能和综合性强的旅游产品。例如，中国利用寒暑假外出旅游的家庭旅游消费群体占比 64.2%，这些消费群体希望家庭旅游市场推出集家庭服务，教育意义，符合家庭老少需求为一体的优质产品。对生态环保类家庭旅游感兴趣的消费者更是高达 77.4%。对动物保育和公益爱心旅游产品感兴趣的消费者达 50%以上，对孩子玩乐家长休闲的旅游产品受到消费者热捧，达 98%。选择境外旅游的家庭占整个同类旅游的 12.8%，一万元以上旅游消费家庭以 90 后家庭为主。③ 单一的旅游产品已经不能满足中国游客的需要。

---

① 国务院新闻办公室.《中国的北极政策》白皮书. 2018 年 1 月 26 日。

② Ministry of Petroleum and Energy, Report to the Storting (white paper), An industry for the future—Norway's petroleum activities—Meld. St. 28 (2010-2011).

③ 中国旅游研究院. 中国家庭旅游市场需求报告 2018，2018 年 5 月 18 日。

挪威气候与环境部（2001）提出，城市和城镇发展的根本理念是推进市场、贸易、服务、教育机构、行政管理和文化活动的密度和多样性，提供各种贸易、教育、文化和体育设施，以便利用几个功能共享的地点场所吸引新的文化活动、新的商业发展和其他活动，不但增强该地作为社会汇合点的作用，而且需要更有效地利用土地。① 挪威的某些景区原本就具有多功能旅游资源，比如，克里斯蒂安沙（Kristiansand）有着巨大的动物园和游乐园，是家庭和儿童旅游胜地。

随着中国旅挪规模的扩大，中挪还可以共同设计和开发双边多功能家庭旅游市场产品。

2. 共同设计和开发双边多功能海岸和海洋旅游共享带

挪威具有丰富的海岸和海洋旅游资源，海洋和海岸是挪威旅游、旅游业、休闲活动、娱乐活动、体育活动（例如划船、游泳）的重要区域。②

中国鼓励发展海岸旅游、温泉旅游，建设综合性康养旅游基地，促进旅游与健康医疗融合发展。鼓励利用优势医疗资源和特色资源，建设一批健康医疗旅游基地。③

中挪可以合作建造中挪中医药海岸疗养带，发展中医药保健、疗养健康海岸旅游，启动中挪中医药健康旅游示范区、示范基地和示范项目建设。将挪威具有旅游资源的海洋和海岸建造成为集挪威旅游、旅游业、休闲活动、娱乐活动、体育活动、中医药保健疗养的多功能的海岸和海洋旅游共享带。

3. 共建双边生态环保旅游带

气候变化使挪威所处极地的生态环境脆弱，对生态旅游的要求会越来越高。中国正在实施全国生态旅游发展规划，加大生态资源富集区基础设施和生态旅游设施建设力度，推动生态旅游协作区、生态旅游目的地、生态旅游精品线路建设，提升生态旅游示范区发展水平。并且以水利风景区为重点，打造生态环境优美、文化品位较高的水利生态景区和

① Ministry of Climate and Environment，Improving urban environment. Report No. 23 to the Storting（2001-2002）.

② 挪威北海和 Skagerrak 海洋环境综合管理（管理计划）（2012—2013），2014。

③ 中华人民共和国国务院．“十三五”旅游业发展规划．2016 年 12 月 26 日。

旅游产品。

在依托挪威独特的生态和文化基础上，可以共建中挪自然与文化遗产生态环保旅游带。

4. 共建中挪油气渔业商务考察旅游带

挪威在石油、天然气、能源、海洋和海产品领域处于世界领先地位。挪威的沿海和许多海洋地区是石油开采、渔业发展、航运交通和旅行游览的聚集地带。挪威已在采取措施，优化石油开采与渔业发展和其他产业的协调，以使不同行业能够良好互动，而且能够在同一地区共存，促使石油、渔业、旅游共同发展。①

借助挪威这一现行政策带来的机遇，中国可以增加对挪威的油气渔业旅游资源的商务考察，共建中挪油气渔业商务考察和商务融合发展旅游带。

（二）共建五大旅游协作区

1. 共建农业特色旅游协作区

以旅游促进农业现代化。挪威具有良好的农业旅游发展基础和前景。挪威议会白皮书 31（2014—2015）提出要以“农场作为资源、市场作为目标、农业作为基础的工业增长和创业精神”，强调推动基于农业产业化基础上的农业旅游业的发展，在提高综合农业资源利用，促进当地食品和饮料市场的增长，生物能源利用、更灵活的圣诞树生产条件的基础上，刺激基于农业的旅游业增长。

中国政府正在助推农业融入旅游因素，发展田园艺术景观、观光农业、休闲农业、阳台农艺等创意农业；推动农业融入科技、人文等元素，发展定制农业、会展农业、众筹农业等新型农业业态；推进农业综合开发利用和庄园式发展，开展农耕、采摘、饲养等农事活动，提高农业附加值。② 中国多地市正在打造乡村旅游精品示范区、乡村产业多元化（乡村旅游+农业、康养、文创、科技、郊野游嬉）、田园生态旅游区

---

① Ministry of Petroleum and Energy, Report to the Storting (white paper), An industry for the future - Norway's petroleum activities — Meld. St. 28 (2010-2011).

② 中华人民共和国国务院．“十三五”旅游业发展规划．2016 年 12 月 26 日。

等农业旅游基地。①

中挪可以通过乡村特色旅游项目合作，开发和建造中挪农业特色旅游示范区，以旅游促进双边农业的进一步现代化。

2. 共建旅游建筑和旅游基础设施协作区

近年的气候变化已经成为加剧挪威建筑物、基础设施脆弱性的普遍因素。② 挪威某些主要旅游城镇的建筑条件需要改善。挪威的建筑物占社会基础设施投资的很大一部分。据 2008 年的统计，挪威有 380 万栋建筑，其中 40%栋是住宅，而且大约 80%的建筑物将维持至 2050 年。2011 年，由于出现水进入建筑物 37113 次，造成房屋损失的事件，挪威保险公司赔偿了 22 亿挪威克朗。目前挪威总共有 240 万建筑物属于高度衰变危房，其中旅游主要城市奥斯陆几乎所有的建筑物都是高度衰变危房，该城市属于中度衰变危险建筑物房已经超过 125000 栋。在另一旅游城市霍德兰，已有大约 19 万栋建筑物或者说超过总库存的一半，位于腐烂危害高的地区，并会在未来几年使得危险建筑物增加到约 22 万栋。此外，一些重要的旅游地：巴斯克鲁德、奥普兰和海德马克的大部分建筑物，将受到年降水量增加 25%以上的影响。气候变化对建筑物维护需求已经急剧增加，但是挪威目前存在对建筑物维修的严重滞后和大量积压。③ 这种状况将不利于挪威旅游业的顺利发展。

此外，挪威许多城镇是随机、零散修建起来的，一些传统建筑已经让位给没有特色的新建筑，未能很好地保护历史文化环境，也不能体现美学和旅游实践需要。挪威目前的城镇建设计划强调建筑应体现城市的历史，城市的历史由不同时期的建筑和街道、公园和城市空间所体现。城市的核心应该为整个城市和城市区域提供商品和服务，并且是行政、文化中心、广泛的社会活动的重要场所。市中心需要改善交通流及其可达性，修复和更新现有的历史城市结构。主张城镇发展的根本理念是要促进市场、贸易、服务、教育机构、行政管理、文化活动、环保的密集

---

① 李彦琴．以旅游+带动乡村振兴：成都将打造世界乡村旅游目的地．成都商报，2018 年 9 月 6 日。

② Parliamentary White Paper 31（2014-2015）

③ Ministry of Climate and Environment. Svalbard—Meld. St. 32（2015-2016）Report to the Storting（white paper）.

度和多样性。①

中国在多年的城镇化建设和基础设施建设中，已经积累了城市建设和建筑物维修的丰富经验，至今已经打造了67个优秀旅游城市。中国正致力于旅游+城镇化，提出建设一批旅游风情城镇和特色景观名镇，培育有竞争力的住宿品牌。②

中挪在旅游城市建设建筑和维修方面进行合作，共建旅游城市大型旅游综合体、主题功能区、中央游憩区等，发展城市绿道、骑行公园、慢行系统，拓展城市运动休闲空间，推动主题公园创新发展，推进住宿企业连锁化、网络化、集团化发展，支持经济型酒店发展，双边都鼓励发展自驾车旅居车营地、帐篷酒店、民宿等新型住宿业态，可以缓解挪威旅游城市建筑的维修压力。

此外，挪威的基础设施除了建筑物之外，还包括道路、机场、铁路、港口、电网、信息和通信技术基础设施、供水和排污系统、废物管理服务等，都受到气候变化的严重影响。近年挪威洪水、滑坡、雪崩频发，但公路路堤和铁路桥梁基础的应力和抗侵蚀性能脆弱。同时海平面上升、风暴潮，海洋酸化和日益恶劣的天气条件，使依赖于航道、灯塔、浮标、防波堤和港口等沿岸的海上基础设施增加负荷和磨损。挪威沿海地区的许多机场位于靠近海岸或开阔水域的平地，使其更易受到较高水位和高浪的影响。而挪威海岸机场的基础设施较脆弱，安全区和照明设施可能受海水侵蚀。湿润的跑道会减少刹车作用，较高的降雨量会使雨水径流的排水更为重要，但也更加困难。在一些机场，温度在冰点附近波动很频繁，降雪量增加，这将给冬季维护和清除积雪带来问题。风的强度和方向、湍流和可能更频繁的极端低压事件的变化，可能会影响空中交通。航海基础设施、防波堤、港口设施等必须设计成能够承受由于海洋酸化而造成的更快速的腐蚀，但由于公路、铁路、海上基础设施维修积压，使基础设施的运营和维护极为严峻。③ 挪威交通运输基建

---

① Ministry of Climate and Environment. Improving urban environment. Report No. 23 to the Storting (2001-2002).

② 中华人民共和国国务院．“十三五”旅游业发展规划．2016年12月26日。

③ Ministry of Climate and Environment. Svalbard—Meld. St. 32 (2015-2016) Report to the Storting (white paper).

设施的现状，将难以承受将来国外游客批量倍增的压力和保障游客的安全。

尽管挪威北高地区的交通在寻求广泛的国际合作,① 挪威其他旅游区域的基础设施状况也需要加强国际合作来加以改善。

中国在规划的推动下，利用旅游交通大数据，促使公路、铁路、航空等旅游基础设施建设发展快速，并且在重点打造的“一带一路”沿线国家丝绸之路旅游带、国家精品旅游带、国家旅游风景道等，进一步完善旅游交通线网布局，推进“一带一路”沿线国家在铁路、公路、水运、民航、邮政等领域的深度合作。至 2017 年底，中国综合交通网络已创下 3 个世界第一和 3 个世界前列：已修建的 2 万多条隧道中，秦岭终南山公路隧道建设规模世界第一、2317 个规模以上港口万吨级泊位的货物吞吐量和集装箱吞吐量，排世界第一、公路总里程 469. 6 万公里为世界第一。三个世界前列分别是：中国综合交通网络总里程 500 万公里，位于世界前列、综合运输能力世界前列、建桥能力世界前列(中国修建的桥梁占世界最长大桥前 10 名的 6 席)。② 随着规划的不断推进，中国在完善游憩与交通服务设施、实施国家旅游风景道示范工程，打造品牌化旅游廊道的实力在日益增强。

中挪在旅游基础设施和交通网络的合作，能够提高挪威旅游交通设施抗自然风险的能力，优化旅游基建设施，提高对游客的交通承载能力。

3. 共建旅游信息化协作区

挪威政府表示要优先发展知识、创新、技术和可持续的产业。挪威的技术集群和专业技术创新中心可以为外国公司提供专业知识、相关网络和潜在合作伙伴。③ 2018 年 6 月，挪威和北欧四国(芬兰、瑞典、丹麦、冰岛)政府，发布了加强在信息通讯领域的第五代移动通信技术(5G)的五国合作宣言，为 5G 的创新应用制订共同的计划，推动北欧五

① The High North Strategy，Cooperation and Cross-Border Transport.

② 徐飞．中国建设交通强国的综合基础与战略意义．人民论坛·学术前沿，2018 年 7 月 23 日。

③ 挪威驻北京总领馆。

国成为世界上第一个5G互联地区。①

中国正在大力推动旅游科技创新，推进旅游互联网基础设施建设，重点涉旅区域无线网络建设(机场、车站、码头、宾馆饭店、景区景点、乡村旅游点等)，物联网设施建设(游客集中区、环境敏感区、高风险地区)。建造“互联网+旅游”的旅游产业大数据平台，促进城乡和企业智慧旅游，实现4A级以上景区免费WiFi、智能导游、在线预订、信息推送、电子讲解等全覆盖。②

中挪可以通过率先在通讯网络技术先进的旅游城市，结成中挪智慧旅游友好城市，共建旅游信息化协作区，合作创新和推广旅游信息新技术，创造全流程、多门类、差异化的一站式跨境旅游流程服务。

4. 共建旅游与文化融合协作区

挪威有丰富的历史文化世界遗产旅游资源，挪威政府主张旅游业的发展要对文化产生积极影响，产生对挪威更强的历史认同感，对文化古迹、遗址和自然遗产等基础性旅游资源的保护，产生能使游客人数、当地就业人数成倍增加，促进当地经济发展全社会的经济效应。③ 挪威的旅游发展通常与文化节日联系在一起。挪威终年有900多个节日，涵盖音乐、美食、体育、电影、戏剧、文学等领域，最大的节日季是夏季。挪威的音乐节日文化享有盛誉。著名的音乐节包括每年1月底在特罗姆瑟举行的长达一周的北方之光海滩音乐节、每年6月中旬在奥斯陆露天举办为期三天的挪威森林摇滚音乐节、每年8月在奥斯陆举行的爵士音乐节、每年10月在卑尔根举办的国际电影节。挪威的各类节日每年都会吸引大量国外游客蜂拥而至。

中国正致力于促进旅游与文化融合发展。推行文化演艺旅游、传统节庆旅游、文化创意和数字文化旅游、传统村落休闲旅游、研学旅游、体验旅游(文物保护、博物馆、非物质文化遗产)。推动“多彩民族”文化旅游示范区建设，打造民族特色村镇。④

中国现有134座国家历史文化名城，其中，既有古代王朝都城、历

① 光通讯网. 2018年6月19日。

② 中华人民共和国国务院. “十三五”旅游业发展规划. 2016年12月26日。

③ 挪威政府网站。

④ 中华人民共和国国务院. “十三五”旅游业发展规划. 2016年12月26日。

史政治和经济重镇、重大历史事件发生地，也有文物遗迹胜地、精美工艺品产地。中国有56个民族，每个民族都有历史悠久的文化艺术传承。各民族的节日丰富多彩，著名的有：彝族的火把节、白族的三月街、蒙古族的那达慕、傣族的泼水节、傈僳族的刀杆节、哈尼族的扎勒特、藏族的酥油花灯节、景颇族的目脑纵歌、拉祜族的月亮节、苗族的花山节等。

中挪双方可以在各自的文化旅游示范区和民族特色村镇，开展中挪历史文化展旅游、中挪节日文化展旅游、中挪民族文化展旅游，促进双方文化交流，民心相通，民族友好往来。

（三）共建三大旅游合作圈

1. 共建中国—挪威—瑞典—芬兰—丹麦—冰岛旅游合作圈

中国对北欧高端旅游有着强劲需求。随着中国国内休闲旅游的快速增长、人民币升值、人均收入水平提高、跨境电子商务的全面发展等因素，出境旅游市场进入相对稳定的发展阶段。2017年，出境旅游人数达到1.27亿人次。① 据Shi统计（2015），中国旅游者中的58%都有北欧五国游的意愿②。近年北欧高端游的趋势在上升。

中国—挪威—瑞典—芬兰—丹麦—冰岛旅游合作圈的基本合作议题，将涉及双方边境出入程序便捷化。凡是涉及中国—北欧5国共同利益的事项，包括旅游经济合作，都可以借助欧洲和北欧五国原有的合作框架和机制，通过增强中国的合作和话语权，来加以协调。

（1）以申根签证为基础，建立中国—北欧5国旅游签证申请一站式快捷通道，简化或取消中国旅客北欧5国旅游的边境检查，免落地签证费。

申根签证（Schengen Visa）指根据《申根协议》而签发的签证。该协议规定了成员国的单一签证政策：各个成员国家之间取消边境管制，只要获得某成员国的签证，即可在签证有效期内在所有申根国家自由旅

① http://www.UNWTO.org, 2018.

② Shi, G.Y., Narrative Analysis of Online Traveling Community: An Explorative Study of Chinese-speaking visitors Sharing Their Travel Experiences in Norway, Master's Thesis, University of Stavanger, June, 2015.

行。这项协议因在卢森堡所属地申根签署而得名，实施这项协议的国家便是所谓“申根国家”。目前包括北欧5国在内，已有28个国家是《申根协定》的成员国（包括新加入的罗马尼亚和保加利亚）。

申根协定把申根成员国之外的国家分为正名单、灰名单和负名单三类：正名单是指所有申根成员国和其他免办签证的发达国家，共30个国家；灰名单是指一部分成员国要求，而另一部分成员国不要求签证的国家，共20个国家，对灰名单国家是否要求申办签证由各成员国自定；负名单国家是指必须申办签证的国家，包括中国在内共130个(申根协定)。

由于中国被申根协定列入必须申办签证的负名单国家，虽然中国游客过境申根协议国24小时内不出机场无需办理过境签证，但如果要连续过境两个申根协议国(如上海—奥斯陆—阿姆斯特丹—波恩)，则被视为入境申根国家，须事先办妥其中一个国家的过境签证。而且，中国游客如果需要申请申根签证，必须向申根国家驻华使馆或领馆提出申请。① 现在申根国家驻华使馆或领馆通常都在北京、上海、广州等城市，这对于地处上述3个城市以外的广大旅客造成极大的不便和增加了代办签证手续费用和时间。根据中国2017年在申请和获得申根签证的数量在全球排名第二,② 而且逐年增长，2017年中国共递交250万份申根签证申请，比2016年增长15.9%。如果在北欧五国申根签证基础上，试行中国—挪威—瑞典—芬兰—丹麦—冰岛旅游一站式签证，简化中国游客的出入境手续和费用，对于扩大北欧五国的旅游市场，打造北欧成为中国旅游目的地，有着不可低估的作用。

(2)基于北欧五国原有合作框架，在试行对中国旅游签证快捷通道基础上，对中国—北欧5国旅游的一些特殊类别(商务交流、商务合作、双边学术合作交流研究、科学考察)免签证。

北欧五国有关旅游的合作框架主要有北欧理事会、北欧五国合作协定。北欧理事会于1952年成立，成员国为瑞典、挪威、丹麦、冰岛，1955年芬兰加入。北欧理事会的宗旨，是就有关北欧各国共同利益的问题进行讨论，探讨合作途径，向北欧部长理事会和北欧各国政府提出

---

① https：//cn. mfa. lt/cn/cn/8377.

② 欧盟委员会网站，2018。

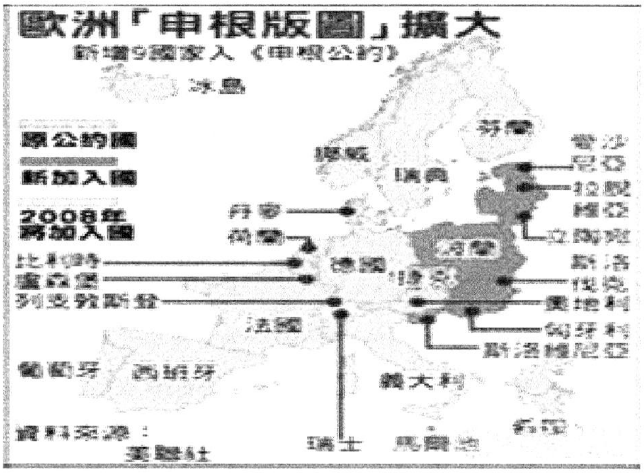

图 6-4　申根协议国(2017 年版)

资料来源：http：//www. dituw. net/europe.

建议并促进建议的实现，以加强和扩大北欧各国间的合作。① 1962 年，芬兰、丹麦、冰岛、挪威、瑞典签订了北欧五国合作协定。规定缔约国维持和加强彼此间的法律、文化、社会、经济、交通等的合作，制定统一的条例和实现适当的分工；缔约一国的公民在另一缔约国具有平等的法律地位，享受同样平等的社会福利；缔约一国法院或其他权力机构的法律裁决在另一缔约国内有效；彼此简化海关手续以利缔约国公民来往。按照北欧五国入境规则，北欧国民在北欧境内跨国界旅行，免除边检，不需任何文件；欧盟国家的国民进入丹芬瑞，可以只带身份证。(希腊除外)瑞士、列支敦士登和圣马力诺国民享有同等待遇；美国、日本、英联邦、梵蒂冈教廷、波罗的海国家、西斯拉夫国家、匈牙利、希腊、塞浦路斯、以色列、韩国及多数拉美国家、少数大洋洲非洲国家国民需有效护照但免签证。但是对于中国、朝鲜、越南、俄罗斯等国家等少数亚欧国家的公民需签证。②

由于中国—北欧五国之间的商务交流、商务合作、学术交流合作研

① 北欧理事会网站。

② 王觉非主编.《欧洲历史大辞典 · 下》. 上海辞书出版社，2007 年 12 月。

究、科学考察等，都是有利于增进双边共同利益，促进互利共赢，而且较之休闲旅游，中国在北欧的商务交流、商务合作、学术交流合作研究、科学考察的数量少，规模小。目前北欧一些国家(挪威、芬兰)已经明确表示要扩大和增强与中国在学术交流合作、有关“一带一路”的商务交流与合作，中国政府也提出愿意同北欧国家加强在北极理事会框架内，规划好中国—北欧合作。①

因此，建立中国—北欧5国旅游签证申请一站式快捷通道，简化或取消中国旅客北欧5国旅游的边境检查，对中国—北欧5国旅游的一些特殊类别(商务交流、商务合作、学术交流、学术合作研究等)免签证，符合中国—北欧五国的共同利益，符合双边政府加强和扩大合作的愿景，并构成打造中国—挪威—瑞典—芬兰—丹麦—冰岛旅游合作圈不可或缺的实质性议程。

2. 共建中国—挪威—瑞典—芬兰：斯堪的那维亚半岛扩展旅游合作圈

中国—斯堪的那维亚半岛旅游合作圈的议题，包括在中国—北欧五国旅游合作圈基础上+“一带一路”，冰上丝绸之路旅游航道、旅游基础设施合作、中欧班列延伸的中芬共建。

(1)斯堪的那维亚半岛旅游资源丰富。挪威、瑞典、芬兰北端，均处于欧洲最大的半岛——斯堪的纳维亚半岛，该岛北起巴伦支海(Barents Sea)，东濒波罗的海，南临卡特加特海峡(Kattegat)和斯卡格拉克(Skagerrak)湾，西傍挪威海和北海。面积约75万平方千米。芬兰北部与俄罗斯接壤，人口约1200余万。横亘于挪瑞两个国家之间的斯堪的纳维亚山脉(基阿连山脉，Scandinavian Mountains)，曾是欧洲第四纪冰川的主要中心，大陆冰川覆盖了整个北欧地区，所以北欧到处可见冰川侵蚀与堆积地貌。湖泊众多，河流短小。位于半岛西部的挪威是北欧地势最高的国家，沿岸陡峭，多岛屿和峡湾，瑞典南部地势较平坦，芬兰为“千湖之国。在挪威东北角与芬兰、俄罗斯交界处有许多景点。挪威与俄罗斯的边界处，能够观赏历史悠久的教堂(格伦斯-雅各布吕夫的奥斯卡二世教堂、内登的新教教堂和圣乔治教堂)、芬兰—挪威的

① 新华社．习近平同芬兰总统尼尼斯托举行会谈．新华社网站，2019年1月14日。

Bug ynes 渔村以及从 Bj rnevatn 湖到 Vre-pasvik 国家公园的道路。在 Ytre Jarfjord，可以狩猎红帝王蟹。再往西是挪威、瑞典和芬兰的交汇处。①

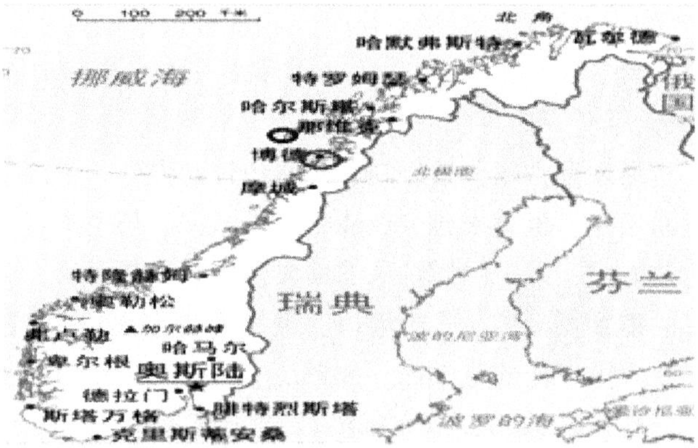

图 6-5　斯堪的那维亚半岛三国

资料来源：http：//www. dituw. net/europe.

(2)斯堪的那维亚半岛的矿藏资源和传统经济，有利于发展航海和海外贸易。半岛金属矿藏丰富，矿藏有铁、铜、钛、黄铁矿等。尤以铁矿驰名。瑞典、挪威均为铁矿砂出口国，瑞典的基律纳是主要产地，是世界上地下开采的最大铁矿，储量达 20 亿吨。挪威海是世界最大的渔场之一，捕鱼量向来居世界前列。在加工工业方面，瑞典、挪威均以造船业见长，所造船舶大部分供出口，两国也都拥有规模庞大的商船队，在世界海运业中，多年来一直占有举足轻重的地位。林业、水力发电、铁矿开采、渔业、造船业和航运业，均为斯堪的纳维亚国家富有特色的传统经济部门。②

(3)中国—斯堪的那维亚半岛旅游合作有着良好的前景和基础。第一，目前中国游客对新兴旅游目的地的海岛游、亲子家庭游、餐饮、文化娱乐、住宿消费、定制、休闲度假受到热捧。③ 半岛奇特的自然风光

① http：//travel. china. com/zh_cn/newlvyou/jw/scene/11.

② 郑建邦.《国际关系辞典》. 中国广播电视出版社，1992 年版。

③ 戴斌．中国旅游研究院、携程旅游大数据联合实验室发布《2018 年上半年出境旅游大数据报告》. 中国旅游研究院，2018 年 9 月 11 日。

地貌，文化历史遗址，对中国游客具有强大的吸引力。2018 年上半年中国前 20 大出境旅游出发城市包括：上海、北京、广州、成都、重庆、深圳、南京、武汉、西安、杭州、昆明、天津、长沙、郑州、南昌、贵阳、济南、合肥、南宁、福州。通过打造中国—斯堪的那维亚半岛旅游合作圈，将推动双边旅游业围绕"一带一路"和"冰上丝绸"之路进一步发展。

第二，贸易联系密切，政府间合作愿望日益强烈。中国是瑞典在亚洲最大的贸易伙伴，也是瑞典出口战略优先国家。与中国有贸易往来的瑞典公司达一万家，以中国为基地的瑞典公司有 500 多家。瑞典的哥德堡港是斯堪的纳维亚半岛最大的港口，也是该地区的天然交通枢纽。在港口周围 500 公里半径的范围内，座落着大约 70%的北欧工业企业。① 哥德堡和上海是姐妹城市，双方的港口亦一直保持相互交流与密切合作。② 瑞典与中国有着密切的贸易关系。尽管瑞典政府和商界对加入亚投行和中国"一带一路"持谨慎态度，但是瑞典商界和部分学界人士都强调中国对瑞典贸易的重要性，呼吁瑞典政府应该制定一个国家战略，通过政府和企业共同努力，积极主动参与中国"一带一路"倡议合作，因为瑞典能够从成为"一带一路"的组成部分——当今世界上最雄心勃勃的基础设施计划受益，这不仅在于瑞典对中国贸易的依赖，而且中国也需要瑞典在基建、高科技制造业、环保业等方面的先进技术和经验。③

中国是芬兰第五大贸易伙伴国(前四大贸易伙伴国是德国、瑞典、美国、荷兰 欧盟统计局)。芬兰与中国关系友好并且发展迅速，并且支持中国的"一带一路"倡议，芬兰现任总统表示在 2019 年下半年接任欧盟轮值主席期间，将努力使"一带一路"倡议与欧盟对接，推动欧盟与

---

① Mikael Weissmann and Elin Rappe, Sweden's approach to China's Belt and Road Initiative Still a glass half-empty, UI paper, No. 1, PUBLISHED BY THE SWEDISH INSTITUTE OF INTERNATIONAL AFFAIRS. WWW. UI. SE, 2017.

② 李静宇．哥德堡港，让我们更近些看你——专访哥德堡港务公司副总裁 Claes Sundmark．中国储运，2012 年 9 月。

③ Mikael Weissmann and Elin Rappe, Sweden's approach to China's Belt and Road Initiative Still a glass half-empty, UI paper, No. 1, PUBLISHED BY THE SWEDISH INSTITUTE OF INTERNATIONAL AFFAIRS. WWW. UI. SE, 2017.

中国发展更紧密的关系(尼尼斯托，2019)。为推动进一步与中国在贸易、环境、旅游、北极事务、创新等方面的合作，芬兰于2019年1月与中国签订了《关于推进芬中面向未来的新型合作伙伴关系的联合工作计划(2019—2013)》。中国政府表示愿意与芬兰共建“一带一路”和“冰上丝绸之路”合作，利用中国—欧洲班列等便利条件，探讨北极航道开发合作机遇，促进欧亚大陆互联互通(习近平，2019)。①

挪威政府重视并强调要与中国在商务、科研、高等教育和研究方面进行广泛的合作。

第三，具备一定的旅游基础设施条件。挪威、瑞典、芬兰，自2013年开始合作实施巴伦支-欧洲-北极运输区联合运输计划，该计划用于改善瑞典、芬兰和挪威之间的交通网络连接、实现全面平衡的跨境交通连接方式。挪威通过加入欧洲经济区协议，遵守欧盟对运输网络的要求，便参与了被称为“北欧三角”的跨欧洲运输网络(TEN-T)，该运输网络将挪威与国外的基础设施连接。挪威方面，“北欧三角”包括从奥斯陆经Kornsj瑞典的挪威铁路线、从奥斯陆经Svine sund至瑞典E6公路线、奥斯陆连接线、通过Kongs vinger banen与瑞典的铁路连接线以及到瑞典的E18公路连接线。挪威基础设施也构成了斯堪的纳维亚地中海走廊的10T核心运输网络的一部分。此外，挪威将优先投资2018—2029年国家交通计划中在北部几个主要的基础设施投资项目，优先采取的措施包括基础设施的运行和维护、渡船的足够容量、开放的山口通道和区域机场可靠的空中服务。②

为产生规模经济效应，挪威和瑞典的八个城市和县——沿海岸线利用跨境运输，连接奥斯陆、哥德堡和马尔默正开始进行“西斯堪的纳维亚”的大区域交通运输合作。③ 挪威、瑞典、芬兰的交通网络，为扩大中国—斯堪的纳维亚半岛旅游合作提供了交通条件。

同时，如果能够打通中欧班列(中欧班列是指按照固定车次、线路

---

① 新华社．习近平同芬兰总统尼尼斯托举行会谈．新华社报导，2019年1月14日第1版。

② Ministry of Transport and Communications, National Transport Plan 2018-2029.

③ OECD, “Building more effective governance in Western Scandinavia”, in OECD Territorial Reviews: The Megaregion of Western Scandinavia, OECD Publishing, Paris, https://doi.org/10.1787/9789264290679-5-en. March 2018.

等条件开行，往来于中国与欧洲及一带一路沿线各国的集装箱国际铁路联运班列）从俄国莫斯科到芬兰赫尔辛基的客运路线，则将改善旅游基础设施，扩大游客规模。中欧班列现在的基本状况在于，铺划了西中东3条通道中欧班列运行线：西部通道由我国中西部经阿拉山口（霍尔果斯）出境；中部通道由我国华北地区经二连浩特出境；东部通道由我国东南部沿海地区经满洲里（绥芬河）出境。截至目前中欧班列累计开行超过11000列，运行线路达到65条，通达欧洲15个国家的44个城市，累计运送货物92万标箱。开通中欧班列，初衷是对接国家西进战略，中欧班列也已成为丝绸之路经济带发展战略的重要组成部分，上升到国家战略的高度。① 目前中欧班列只是货运，能够连接北欧的线路的起点在中国，终点在俄国莫斯科，还未有线路通达北欧国家（见图6-6）。如果能够与芬兰的线路连接，开通中欧班列客运线路（考虑到修建成本，国家之间铁路轨距不同等问题，一定时期内主要考虑开通从芬兰赫尔辛基通往俄国莫斯科的客运列车），② 就可开辟中国与北欧国家旅游客运的陆上通道，通过芬兰与斯堪的纳维亚半岛其他国家的交通网络，增强中国游客在斯堪的纳维亚半岛旅游的交通可达性。

俄罗斯缺乏资金和技术，但是愿意与中国开展包括基础设施建设等方面的投资合作，芬兰赞赏中国提出的“冰上丝绸之路”倡议，愿意推动“一带一路”和“冰上丝绸之路”倡议与芬兰“北极走廊”计划对接，使芬兰成为联通北极和欧亚大陆的枢纽国家，③ 中国的铁路生产能力位居全球第一，高铁技术实力雄厚，中芬在中欧班列北极通道的合作，将开启中国—斯堪的那维亚半岛旅游经济合作圈的新局面。

第四，融资基础。2015年初，中国致力于500亿美元给新的亚洲基础设施投资银行（亚投行），并划拨400亿美元用于丝路基金的融资

---

① 张侠．解析中国北极政策白皮书：反驳“中国威胁论”．坦荡参与治理．澎湃新闻，2018年1月30日。

② 现阶段虽然有客运火车从芬兰赫尔辛基通往俄国圣彼得堡，但是从赫尔辛基通往俄国莫斯科，只有客运慢车，耗时15个小时。乘坐公交车将耗时8~9小时，而且时间不固定．www. guancha. cn.

③ 新华社．习近平同芬兰总统尼尼斯托举行会谈．人民日报，2018年1月14日。

图 6-6　中欧班列(中国局部始发站与俄国终点站 2018 年版)

资料来源：http：//www. dituw. net/europe.

投资。亚投行的核心任务就是投资于连接民众、服务和市场的项目。①亚投行第一年完成的融资项目，多数是与国际多边开发机构(亚洲开发银行、欧洲复兴开发银行、世界银行)联合融资的项目。2015 年，芬兰、挪威、瑞典先后加入了亚投行。

围绕“一带一路”和“冰上丝绸之路”的旅游陆运通道、海运航道合作，完善中国—斯堪的那维亚半岛旅游基础设施建设，将是中国—斯堪的那维亚半岛旅游合作圈的重要内容之一。

3. 共建中挪旅游合作圈

中国挪旅游合作圈的议题包括，中国—北欧五国旅游合作圈+扩大斯瓦尔巴群岛旅游规模+中国—挪威全域旅游合作+航权航线配套。

(1)中挪双方对游客免签证。免签证的经济效应是游客量快速增长。例如，塞尔维亚是首个对中国游客免签的中东欧国家。2017 年上半年通过携程报名前往塞尔维亚旅游的游客，与 2016 年同期相比增长 350%。②

中国的签证政策正在为入境游客提供便利。京津冀、江浙沪等地区先后实施了外国人 144 小时过境免签政策，免签时间进一步延长，便利

① 金立群．亚投行开业三年表现无可争议．中国新闻周刊，2017。

② 中国旅游研究院．2018 年上半年出境旅游大数据报告，2018 年 9 月 11 日。

了外国人来华旅行。挪威目前仍然要求中国游客办理旅挪签证。中国公民因商务、探亲等目的短期访挪，才可向挪威驻华使领馆申请申根签证。① 2017 年全年，中国公民出境旅游人数 13051 万人次，比上年同期增长 7.0%（中国旅游局数据，2018），2018 年，中旅挪总人数达 10 万人次以上，主要是中高收入群体，而且中国旅挪观光休闲游的人数较多，商务交流和商务目的旅挪的较少，为吸引中国游客将挪威作为世界旅游目的地，有必要对中国旅挪的特色旅游（会展旅游、乡村旅游、体育旅游、商务旅游、学术交流）免签证，并逐步过渡到对中国游客免签证。

（2）扩大斯瓦尔巴群岛多元化旅游。斯瓦尔巴岛位于北极圈以北，近北极点，在特罗姆瑟（Tromso）以北约 930 公里（580 哩），由 9 个大岛组成，面积 6.1 万平方公里，占挪威国土总面积的 16%。是挪威旅游胜地。斯瓦尔巴属于自由经济区和非军事区，不属于申根区和欧洲经济区。由于中国政府于 1925 年签署了由海牙国际法院主持的“斯瓦尔巴条约”，该条约对中国人免签，中国 2004 年在此建立了中国北极黄河站，开展北极科考。至今中国公民仍有权自由出入该群岛，在遵守挪威法律的前提下进行正常的科学和生产等活动。②

斯瓦尔巴岛的旅游资源和动植物资源、石油天然气等矿产资源、渔业资源丰富，航道位置重要，在全球环境与气候研究方面的价值日益重要、目前交通运载量较小，住宿容纳量有限。

斯瓦尔巴岛的旅游资源以独特的冰雪景观、动植物景观、极昼极夜景观著称。冰雪景观有群岛的极光、冰川、峡湾。动植物景观包括 160 多种鸟类、各种海豹、海象、白鲸、北极熊（近 5000 头，超过该岛居民数量）、北极狐、斯瓦尔巴岛驯鹿，大量的各种鱼类、164 种植物。极昼极夜景观在北极圈内，冬季有 84—128 天的极夜，夏季有 99—141 天的极昼。岛上有 3 个国家公园，3 个自然保护区，3 个植物保护区和 15 个鸟禁猎区。

斯瓦尔巴岛富藏石油天然气等矿产资源。包括煤、磷灰石、铁、石油和天然气等。

① http：//www.nanhutravel.com/tour/20089344_8.html.

② http：//travel.china.com/zh_cn/newlvyou/jw/scene/11.

斯瓦尔巴岛的航道位置重要。由于其坐落在挪威大陆与北极点之间，地处北冰洋，巴伦支海和格陵兰海之间，群岛及周围海域成为最容易通向高纬度地区的中转站。而且，该岛受北大西洋暖流影响，暖流在北冰洋巴伦支海和格陵兰海之间，沿斯匹次卑尔根群岛西南、西岸流动，夏季平均气温介于 4℃ 到 6℃ 之间，冬季一月气温则介于 -12℃到-16℃之间，斯瓦尔巴群岛首府朗伊尔城，有暖流流过的不冻港埠。

斯瓦尔巴岛交通运载量有限。该岛对外交通主要是空运和海运。朗伊尔城有机场和海港，每周五次航班直飞挪威北部城市特罗姆瑟，海运只在 6 月、7 月、8 月三个月。岛上最普遍的交通工具是雪地摩托和船。岛上有几家旅馆或酒店，包括一座现代化的 RADISSON SAS 雷迪森酒店。①

现在的斯瓦尔巴岛正处于从传统产业转向旅游业的转型期。该岛传统的经济支柱为采矿业及渔业。采矿业长期以来一直是群岛的支柱产业，但近年来，煤炭价格的下跌导致采矿业利润急剧减少和行业萎缩。为了维持挪威在斯瓦尔巴岛的定居点，该岛产业转型以发展旅游业、勘探业、科研和高等教育为主。挪威政府强调旅游业对斯瓦尔巴岛，尤其是朗伊尔的就业非常重要，并拨出 3 亿挪威克朗，资助挪威海岸管理局在混凝土中建造一个新的浮船坞及码头建筑，以容纳更多的游轮及各类船只，并扩大对该地区新的商业旅游客舱的投资建造和增加冬季旅游临时设施，促进和支持旅游业、勘探业、高等教育的发展、以创造新的商业机会。②

借助斯瓦尔巴岛转向发展旅游业的机遇，和对中国公民免签证的有利条件，根据该岛的资源状况，可在该岛扩大多元化主题旅游：除了休闲旅游之外，加强以矿产资源勘探、旅游基础设施建设、旅游航道开发建设、渔业资源调查、学术交流、科学研究等为主体的商务考察旅游；增加以了解认识和保护极地的环保旅游；拓展以当地雪原海洋资源为基础的体育旅游；开发集挪威民俗历史极地科普为一体的文化旅游。增强中国在该岛的影响力。

---

① 世界杂志编辑部．挪威交通．世界，2012 年 6 月 27 日。

② 挪威交通部网站。

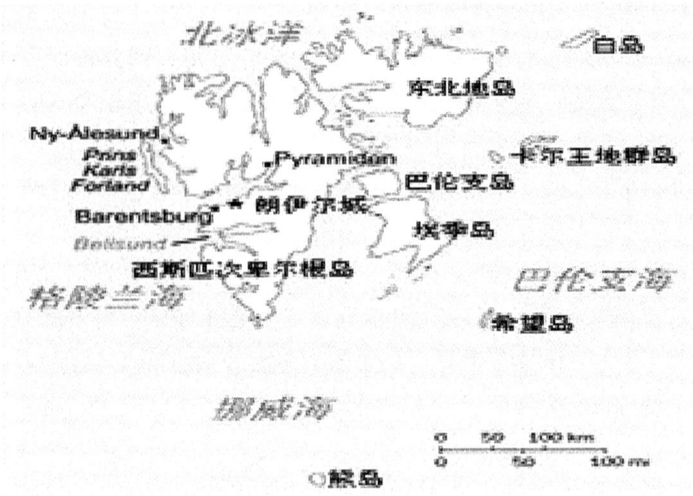

图 6-7　挪威斯瓦尔巴群岛

资料来源：http：//www. dituw. net/europe.

(3)逐步推进中国—挪威全域旅游。随着 2016 年底双边外交关系的恢复，挪威正在加大力度吸引中国旅客把挪威作为世界旅游目的地，并通过挪威各级政府和中国开展旅游合作。2018 年，中旅挪总人数达 10 万人次以上，主要是中高收入群体。目前旅挪观光休闲游的人数较多，商务考察、商务会议旅挪的较少。根据挪威某些主要旅游城市建筑老化、旅游基础设施有待改善、旅游城市建筑和旅游基础设施维修乏力滞后等现状，我国可以扩大多种商务会议商务会展商务考察旅挪规模和数量，适时推进中挪全域旅游进程，使我国旅游产业链“走出去”。

(4)吸引挪威来华旅游人数。近年来，中国的出境游极大地高于入境游，导致中国的旅游收支严重失衡，旅游服务的逆差占到服务贸易总逆差的 85%左右。① 图 6-8 显示，挪威入境中国游客人数随季节波动明显，9 月是来华旅游旺季，3 月是淡季。在 2010—2015 年逐年微幅下降。

① 张应武.“优化入境游政策环境、打造旅游对外开放新格局”. 在第九届中国服务贸易年会的演讲，上海：2019 年 1 月 13 日。

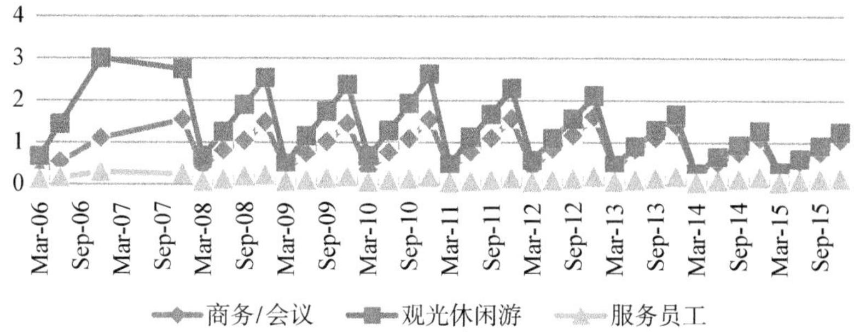

图 6-8　挪威入境中国旅游按目的分类人数(2006/03—2015/09)

资料来源：根据 Wind 数据库的数据(2017)整理而得。

将挪威入境中国游客按年龄分类，由图 6-9 可见，挪威入境中国旅游居于前 2 位的群体，首先为 45—64 岁的群体，其在旅游的高峰期均超过 2 万人次。其次是 25—44 岁的群体，其在入境中国旅游的高峰期接近 2 万人次。15—24 岁和 65 岁以上的群体，同期则在 5 千人次上下波动。

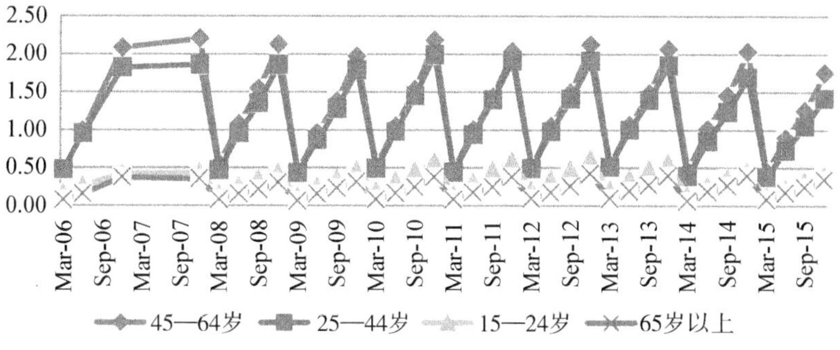

图 6-9　挪威入境中国旅游按年龄分类人数(2006/03—2015/09)

资料来源：根据 Wind 数据库数据(2017)整理而得。

相关数据显示，挪威入境中国游客的目的观光休闲游人数最多时超过 2 万 6 千人次，商务会议游人数最多时超过 1 万 6 千人次(Wind, 2018)。

中国根据挪威入境中国游客的目的和年龄结构，可以通过提高满意度，重点扩大挪威45—64岁、25—44岁，进行观光休闲游和以商务会议为目的的群体规模。同时，根据规划，制订适合于国内外老年和青少年旅游的专项规划和服务标准，开发多样化老年和青少年旅游产品，完善景区无障碍旅游设施，完善老年和青少年旅游保险产品，安排挪威老年和青少年游客错峰来华旅游，以吸引更多的挪威老年和青少年旅游者。

总之，在鼓励中国公民出境游的同时，也需要适时增加国外游客，包括挪威游客的入境游。

(5)增加中挪双边的旅游航权和航线配套，进一步扩大旅游开放力度。旅游签证的便捷化和中挪旅客人数规模的扩大，将使原有的旅游运输能力和运输密度出现瓶颈，这就需要扩大航权和航线的配套，以提高客流量的畅通性。①

(四)中挪旅游经济合作有助于挪威经济增长

中国游客不断增加的数量及其在挪威的消费，增加了挪威的国际旅游收入，有助于挪威的经济增长，以下通过实证分析加以论证。

1. 理论分析与研究假设

根据学术界对旅游消费和旅游收入对经济增长的影响的分析，KatircioGlu(2009)指出旅游消费能够促进旅游相关产业在各方面的投资，从而引致新增国际游客的规模的扩大，国际游客消费量的增加，又将进一步刺激投资，促进经济增长。② Durbarry (2002)将旅游收入视为出口的另一种形式，认为一个国家的旅游收入能够增加外汇收入、创造就业机会，改善工资水平。③　Marin(1992)认为旅游收入能够产生对整体经济的溢出效应和其他外部性，从而有利于一国的经济增长。④

---

① 张应武．优化入境游政策环境、打造旅游对外开放新格局．在第九届中国服务贸易年会的演讲，上海：2019年1月13日。

② Katircioglu, S., Tourism, trade and growth: The case of Cyprus. Applied Economics, 2009 (21): 2741-2750.

③ Durbarry, R., The economic contribution of tourism inMauritius. Annals of Tourism Research, 2002(3): 862-865.

④ Marin, D., Is the export-led growth hypothesis valid for industrialized countries? The Review of Economics and Statistics, 1992 (4): 678-688.

据此，Khan(1995)认为旅游业发展对整个国民经济增长有正向促进作用。①

Balaguer(2003)通过分析西班牙 1975—1997 年数据和进行 Grange 因果关系检验，也发现旅游经济发展对经济增长具有单向的积极影响，认为旅游业发展与经济增长之间存在着长期均衡关系。② Gunduz 和 Hatemi(2005)根据过去 30 年旅游收入、旅游支出与经济增长的关联性，提出了旅游主导型经济增长假说。③

由上述文献研究结果，本文提出假设 1。

假设 1：中国旅挪游客数量的增加与挪威 GDP 的上升具有显著的正相关关系。

为了比较其他国家旅挪游客数量，是否与中国游客一样对挪威 GDP 的增长具有相同影响，本文提出假设 2。

假设 2：外国旅挪游客数量增加与挪威 GDP 的上升具有显著的正相关关系。

2. 变量说明与模型设计

(1)变量说明

1)因变量

选取挪威国内生产总值(GDP)④作为因变量。目的是为了验证挪威发展旅游业，是否对整个国民经济增长有正向促进作用。

2)自变量

a. 中国游客入境挪威旅游总人数⑤(CTN)。游客入境总人数是现

---

① Khan, R., The Multiplier Effect: Singapore's Hospitality Industry[J]. Cornel Hotel and Restaurant Administration Quarterly, 1995(36): 64-69.

② Balaguer J., Cantavella-Jorda. Tourism as a Long-run Economic Growth Factor: The Spanish Case[J]. Applied Economics, 2002(6): 877-884.

③ Gunduz, L. and Hatemi-J, A., Is the tourism-led growth hypothesis valid for Turkey? [J]. Applied Economics Letters, 2005(8), 499-504.

④ 注：由挪威国家统计局提供的挪威国民生产总值(GDP)、人口等数据，2016 年以前只有季度或年度数据。2016 年以前的月度数据，是作者根据挪威国家统计局和有关国际经济组织的月度百分比测算出来的，因而不是非常精确。

⑤ 注：因查找不到中外游客在挪威旅游消费的月度数据，本文只得用中外游客人数作为替代指标。

有文献(黄伟力等，2010；孙根年，2010)用以衡量其对经济增长影响的重要指标之一。

b. 外国游客入境挪威旅游总人数(FTN)。为了检验中外游客对挪威经济增长是否有不同的影响、不同外汇汇率对中外游客影响的差异(王丽华，2010)，① 需要将外国游客入境挪威旅游总人数，作为单独的自变量加以比较分析。

3)控制变量

根据文献对相关控制变量的选择()，设置如下控制变量：美元兑人民币汇率(usdvrmb)、美元兑挪威克朗汇率(usdvkr)、欧元兑挪威克朗汇率(eyvkr)、挪威国内机场运输客运架次(ATS)、挪威人口总数(people)。在模型估计自变量中国游客入境挪威旅游总人数(CTN)时，本文把外国游客入境挪威旅游总人数(FTN)作为控制变量。在估计自变量外国游客入境挪威旅游总人数(FTN)时，将中国游客入境挪威旅游总人数作为控制变量。

为了消除异方差，上述所有变量都分别取自然对数加以处理。

(2)模型设计

为检验中国游客入境挪威旅游总人数对挪威 GDP 的相关性，建立模型(1)：

$$\mathrm{Ln}(\mathrm{GDP}) = \beta_0 + \beta_1 \mathrm{Ln}(\mathrm{CTN}) + \beta_2 \mathrm{Ln}(\mathrm{Controls}) + \mu \tag{1}$$

(1)式中，GDP 为因变量，表示挪威国内生产总值；CTN 为自变量，表示中国入挪旅游总人数；Controls 为控制变量，包括外国(除中国之外)入挪旅游总人数(FTN)、美元兑人民币汇率(usdvrmb)、挪威人口总数(people)、外国游客入境挪威旅游总人数(FTN)、挪威国内机场运输客运架次(ATS)，μ 为随机误差项。

2. 为检验外国游客入境挪威旅游总人数对挪威 GDP 的影响，建立模型(2)：

$$\mathrm{Ln}(\mathrm{GDP}) = \beta_0 + \beta_1 \mathrm{Ln}(\mathrm{FTN}) + \beta_2 \mathrm{Ln}(\mathrm{Controls}) + \mu \tag{2}$$

(2)式中，GDP 为因变量，表示挪威国内生产总值；FTN 为自变量，表示外国入挪旅游总人数；Controls 为控制变量，包括中国入挪旅游总人数(CTN)、挪威人口总数(people)、美元兑挪威克朗汇率(usd-

① 王丽华．低碳生产模式在旅游业中的应用研究[J]．辽宁经济，2010(2)．

vkr)、欧元兑挪威克朗汇率(eyvkr)、美元兑人民币汇率(usdvrmb)、挪威国内机场运输客运架次(ATS)，μ 为随机误差项。

3. 实证分析

(1)描述性统计

表6-3显示，将所有变量取对数后，因变量挪威国内生产总值(LnGDP)的均值为12.391。自变量中，中国旅挪人数(LnCTN)的均值为3.755，最小值为6.576，最大值为11.516。外国旅挪人数(LnFTN)的均值为13.266，最小值为12.356，最大值为14.553。说明中国旅挪游客的变动幅度较大。

表6-3　　　　**主要变量的描述性统计**

变量名(单位)	表示	均值	标准差	最小值	最大值
挪威国内生产总值(百万挪威克朗)	Ln(GDP)	12.391	0.089	12.145	12.602
中国旅挪人数(千人)	Ln(CTN)	9.085	1.350	6.576	11.516
外国旅挪人数(十万人)	Ln(FTN)	13.266	0.625	12.356	14.553
美元兑人民币汇率(%)	Ln(usdvrmb)	1.861	0.039	1.808	1.939
美元兑挪威克朗汇率(%)	Ln(usdvkr)	1.918	0.152	1.656	2.175
欧元兑挪威克朗汇率(%)	Ln(eyvkr)	2.134	0.089	1.987	2.289
挪威总人口(十万人)	Ln(people)	15.335	0.506	13.093	15.485
挪威国内机场运输架次(架次)	Ln(ATS)	6.385	0.229	5.595	6.659

(2)实证结果

通过采用最小二乘估计法(OLS)对模型(1)，模型(2)进行回归估计，得到表6-4的实证结果。

由表6-4，模型(1)的回归结果显示，在控制了美元兑人民币汇率、挪威国内机场运输客运架次、外国游客入境挪威旅游总人数、挪威人口总数等因素影响的情况下，自变量在 $p<0.01$ 的水平上显著，表明中国游客入境挪威旅游总人数每增加1%，将促进挪威GDP上升0.018%，

中国旅挪人数的增加与挪威 GDP 的提高正相关，由此验证了假设(1)。控制变量中，外国游客入境挪威旅游总人数的增加，却与挪威 GDP 呈负相关关系，并在 $p<0.01$ 的水平上显著(coefficient = -0.041，$p<0.01$)，即外国游客入境挪威旅游总人数每增加 1%，会引致挪威 GDP 下滑 0.041%；美元兑人民币汇率每上升 1%，将使挪威 GDP 下降 1.376%(coefficient = - 1.376，$p<0.001$)，美元兑人民币汇率对挪威 GDP 的影响在 $p<0.001$ 的水平上显著。

根据模型(2)的回归结果，在控制了美元兑挪威克朗汇率、欧元兑挪威克朗汇率、美元兑人民币汇率、挪威国内机场运输客运架次、中国游客入境挪威旅游总人数、挪威人口总数等影响因素后，自变量外国游客入境挪威旅游总人数与挪威 GDP 存在负相关性，换言之，外国旅挪旅游总人数每上升 1%，挪威 GDP 将下滑 0.031%，但是不具有显著性，因而不支持假设(2)。控制变量中国旅挪人数的系数虽然与挪威 GDP 显示为正相关，但是并不显著。

表 6-4 **回归结果**

挪威国内生产总值(LnGDP)作为因变量	变量说明	模型(1)	模型(2)
Ln(CTN)		0.018** (2.72)	
Ln(FTN)		-0.041** (-2.80)	-0.031 (-1.82)
Ln(CTN)			0.011 (1.18)
Ln(usdvrmb)		-1.376*** (-7.79)	-1.452*** (-8.39)
Ln(people)		0.020* (2.35)	0.019* (2.38)
Ln(ATS)		0.056 (1.66)	0.076 (1.96)

续表

挪威国内生产总值(LnGDP)作为因变量	变量说明	模型(1)	模型(2)
Ln(usdvkr)			0.054 (0.64)
Ln(eyvkr)			0.061 (0.38)
_cons	截距项	14.66*** (29.34)	14.40*** (21.83)
Month	月度	Y	Y
N	样本量	104	104
F		41.43	38.68
R^2	调整 R^2	0.501	0.514

注：* $p<0.05$，** $p<0.01$，*** $p<0.001$ 分别表示在 10%、5%和 1%水平显著；括号内为回归系数的 t 统计量。

(3)稳健性检验

为了检验回归结果的稳健性，本文采用替换因变量、增加控制变量的估计方法，对表 6-4 的基准回归进行检验。

$$Ln(BPMT) = \beta_0 + \beta_1 Ln(CTN) + \beta_2 Ln(Controls) + \mu \tag{3}$$

$$Ln(BPMT) = \beta_0 + \beta_1 Ln(FTN) + \beta_2 Ln(Controls) + \mu \tag{4}$$

其中，因变量为挪威国际收支中源于国际旅游的外汇收入(BPMT)，控制变量中加入了挪威居民消费价格指数(CPI)。

本文采用模型(3)和模型(4)，分别衡量中国旅挪人数的增加、外国旅挪人数的增加与挪威 GDP 的相关性。由此可见，替换因变量和增加控制变量后，其回归结果：中国旅挪人数的增加与挪威 GDP 的增长在 $p<0.001$ 的水平上显著正相关，而外国旅挪人数的增加与挪威 GDP 的提高在 $p<0.05$ 的水平上显著负相关。

出现这种情况可从三个方面加以解释，一是与其他国家游客的旅挪消费相比较，中国游客的消费明显增加了挪威的外汇收入。中国大陆的出境旅游的人数和境外游客消费金额均连年位居世界榜首。自 2016—2018 年，中国大陆游客的境外消费总额，分别为 2610 亿美元、5565 美元、5715 美元，远远高于世界各国。

其中一个重要原因，是中外游客的海外旅游消费预算不同。中国游客在海外消费的前三类是购物(25%)、住宿(19%)和餐饮(16%)，购物为最高消费，并且大多购买海外奢侈品，仅 2015 年，中国游客买走全球 46%的奢侈品，中国游客对全球奢侈品的消费达到 1168 亿美元(财富品质研究院，中国游客对国外奶粉和其他名牌产品的需求消费也非常强劲。中国游客人均购物消费为 762 美元，远远超过非中国游客(486 美元)。对于非中国的游客，购物不是境外旅游的主要消费，排在前三类的消费是住宿(29%)、餐饮(18%)和购物(15%)。2016 年，中国大陆游客的境外消费仍高于其他国家至少一倍以上(见图 6-11)。

表 6-5　　**替换因变量估计方法的稳健性检验结果**

挪威的国际旅游外汇收入（Ln_*BPMT*）作为因变量	变量说明	模型(3)	模型(4)
Ln(CTN)		0.181*** (7.23)	
Ln(FTN)		-0.127* (-2.10)	-0.127* (-2.10)
Ln(CTN)			0.181*** (7.24)
Ln(usdvrmb)		0.008 (0.01)	0.019 (0.02)
Ln(people)		0.033 (0.68)	0.028 (0.65)
Ln(ATS)		-0.075 (-0.42)	-0.071 (-0.40)
Ln(usdvkr)		0.633* (2.34)	0.736 (1.64)
Ln(eyvkr)			-0.361 (-0.42)

续表

挪威的国际旅游外汇收入（Ln_BPMT）作为因变量	变量说明	模型(3)	模型(4)
Ln(CPI)		-0.738 (-0.61)	-0.446 (-0.38)
_cons	截距项	11.26 (1.97)	10.52 (1.81)
Month	月度	yes	yes
N	样本量		
F		39.02	33.49
R^2		0.461	0.462

注：$^{*}p<0.05$，$^{**}p<0.01$，$^{***}p<0.001$ 分别表示在 10%、5%和 1%水平显著；括号内为回归系数的 t 统计量。

一是中国游客数量与其他国家入挪游客数量相比，虽然只占 10%以上，但是旅挪消费远超其他国家和地区。中国大陆游客平均在挪威停留 4 天左右，主要游览西部峡湾地区和首都奥斯陆，但是中国大陆游客在挪威旅游期间人均每日消费 8130 克朗(约合 7407 元人民币)，比平均在挪威停留 15 天、游遍挪威所有地区的德国游客的消费(日均消费 1060 克朗，约合 966 元人民币)高出 8 倍，比亚洲其他国家到挪威旅游的游客的每日人均消费 4410 克朗(约合 4016 元人民币)，高出近一半，比南欧游客和美国游客高出 3 分之一左右，到挪威旅游的中国大陆游客数量不及其他国家，但是在人均日消费额方面遥遥领先于来自其他国家和地区的游客。二是挪威国民经济的支柱产业历来是油气产业、金属、渔业等，旅游业除近年中国游客数量及其消费的贡献较大而外，其他国家游客虽然数量多，但是消费对挪威国民经济的贡献并不显著。三是旅游业的发展并不总是会促进经济增长。已有不少文献对此进行了论证。Chi-Ok(2005)以韩国旅游业为例，说明了韩国的旅游业发展与经济增长之间并不存在长期的均衡关系，杨勇(2006)根据对我国旅游消费支出与经济发展的时间序列数据的协整检验，发现我国旅游消费支出与经济增长也不存在长期均衡关系。

尽管国内外学者从不同维度，采用不同的评价指标对旅游是否促进经济增长进行了多视角的探讨，得出了不同的结论，但是，本文根据中外不同的游客数量及其消费对挪威经济增长的实证分析，说明了旅挪游客数量及其消费，尤其是购物消费，是影响挪威经济增长的主要因素，而中国游客数量的增加以及在购物和其他方面的强劲旅游消费，对挪威经济增长起到积极作用，中挪旅游经济合作有助于双边经济互利双赢。

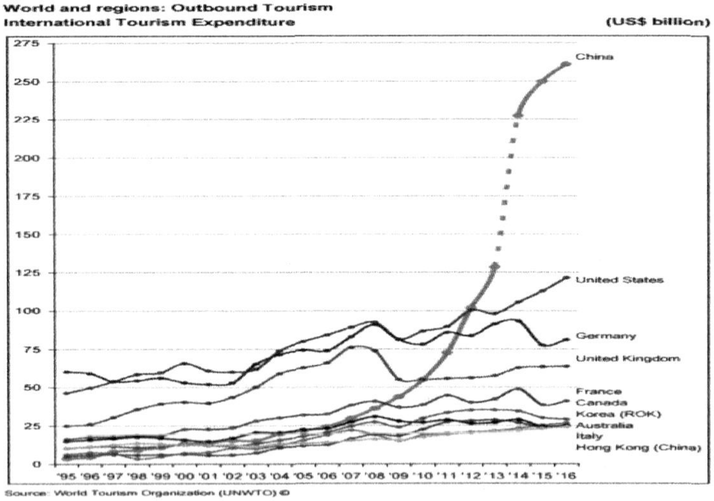

图 6-10 中外游客境外旅游消费比较(1995—2016)

资料来源：世界旅游组织网站。

第三节 中挪旅游经济合作的潜在问题与完善合作机制

一、中挪旅游经济不同的合作模式可能出现的潜在问题

中挪旅游经济合作可能出现的问题，与双方合作的主要模式有关。合作的模式可分为全域旅游模式，即参与挪威旅游产业链、旅游基础设

施建设等多方面的合作，这种合作模式有利用中国旅游产业链企业“走出去”，对外直接投资；常规合作模式，即在旅游规模、人数、结构方面的合作；项目合作模式，即对于双边共同感兴趣的旅游项目进行合作。不同的合作模式，会面临不同的需要解决的问题。

(一) 中挪旅游经济常规式合作的潜在问题

常规性旅游经济合作模式，即中挪双方在旅游规模、人数、结构方面的合作。中方对北欧国家的高端游正在方兴未艾，中国游客于2018年8月仅是旅挪威人数就达10万人次以上，比起2010年同期增加了10倍，在世界各国旅挪总人数中占比10%，并且中国旅挪人数和规模还有不断扩大趋势。然而，挪威所面临的极为脆弱的生态环境、现有的较为脆弱的旅游交通运输基建设施条件、某些重要旅游都市的高危房率，可能使挪威对国外游客的承接规模收到限制。

(二) 中挪旅游经济全域合作模式的潜在问题

1. 中挪全域旅游模式合作与中国企业技术水平是否达到欧洲技术标准的问题

国内企业生产产品的技术标准通常以国内为准。但是挪威的基础设施建设，是以欧洲标准，尤其是按照挪威的技术标准进行施工和验收。截至2018年6月，仅有一家中国公司承担了挪威的桥梁建设工程，其他中国公司均由于技术达不到挪威标准而被拒绝。尽管国内企业在进行城市化、城镇化建设中已经积累了丰富的经验，但是中国公司的基建和房屋的建筑技术、维修技术，能否适用于挪威寒冷天气、降水量大和海洋条件的变化，能否达到挪威的技术标准，这对中国企业是一个严峻的挑战。只要中国企业能够突破这一难关，与挪威在这方面合作的机会将大增。

2. 中挪全域旅游模式合作的资金来源和融资渠道问题

中国公司若参与挪威旅游基础设施建设合作，必然会涉及资金来源和融资渠道问题。资金来源如果主要依靠挪方，按照挪威惯例，挪威金融部主管政府财政预算，道路铁路等基建设施项目一般需要2—3年才可能得到政府部门批准。挪威创新署可以为挪威旅游业提供一部分金融支持(Innovation Nuoway，2018)。① 资金来源如果主要依靠中国，是依靠国内金融机构，还是亚投行？可行的融资渠道是哪些？潜在的融资风险是什么？这些问题都需要进行评估和测算，以明确其可行性和可操作性。

(三)中挪旅游经济项目式合作的潜在问题

双边对于共同感兴趣的旅游项目进行合作，虽然更具针对性和更容易实施，但是如果对项目投资的投资风险估计不足，资金不到位、合同出现问题，都会影响项目的顺利进行和完成。

根据中挪上述现状，双边旅游经济合作模式可以继续推行简单易行的项目式合作、常规式合作，逐渐发展到全域式合作。

二、建全和完善中挪旅游经济合作机制

(一)完善中挪旅游经济合作协调机制

旅游经济合作发展目标通常是在国家层面上发起和推广。建立和完善必要的双方旅游经济合作协调机制，能够确定中挪双方旅游经济合作的总体方向和优先事项，促进沟通双方在旅游经济合作方面的渠道，并通过有关机制建立双方联系，进行立法、监督和执行，以促进双方合作的便捷性和连续性，提高合作的效率。

现阶段，中方国家层面的旅游主管部委和机构是中国文化旅游部、国务院旅游工作部际联席会议等。地方层面的旅游主管部门是地方各级政府旅游局等，挪方则由挪威工业贸易部、挪威创新等国家层面机构主管，地方则由各级地方政府有关部门负责。但是中挪双方在各级政府层面建立和完善的旅游经济合作协调机制并不多见。中方规划确定了哪些国家部委和地方政府牵头推进旅游业"走出去"，挪威也在积极扩大对其他国家宣传，把挪威作为世界旅游目的地，但是中挪双方还未广泛地建立和完善旅游经济合作的重要的和统一的协调机制。

如果将中挪旅游经济合作按阶段性规划来进行，即第一阶段：双边旅游签证便捷化；第二阶段：双边旅游政策法规协调化；第三阶段：双

① 挪威创新署网站。

边特色旅游项目、全域旅游项目、学术交流项目等合作常态化，则需要完善以下合作机制：

1. 旅游签证便捷化合作机制

通过中挪双方在国家层面，设置旅游签证便捷化机制和程序，制定旅游免签证政策、旅游免签阶段性议程、旅游免签种类、旅游免签程序、旅游免签时间安排等，完善和提高中挪双边旅游签证机制效率，促进双边旅游规模的扩大。

2. 旅游政策协调机制

中挪旅游政策将规范双边旅游合作法律框架，并通过法律程序加以监管、实施和保持政策的有效性和连续性。我国有关旅游的法规，包括《中华人民共和国旅游法》《国民旅游休闲纲要（2013—2020年）》、《国务院关于促进旅游业改革发展的若干意见》（国发〔2014〕31号），各地旅游条例等。挪威的旅游法规大多与工业、贸易、环保、文化保护等法规结合在一起，并且不同的郡还有特殊的规定。

鉴于极地生态脆弱和环境保护要求高的特点，中挪双方有必要建立旅游政策合作机制，完善有关极地旅游环保方面的法律法规，进一步协调制定双方对极地旅游的绿色旅游标准体系、景区游客流量控制与环境容量控制、对生态脆弱区的旅游项目的类型限制、空间规制和强度管制、文明旅游监管等法规。并对中挪双边旅游涉及共同性的问题，进行政策和法律方面的协调。

3. 双边特色旅游项目、全域旅游项目、学术交流项目合作机制

（1）借助现有双方合作平台进一步完善旅游特色项目合作机制。中挪双方的旅游旅游特色项目合作平台通常表现为各级政府、行业、企业、旅行社的互访、签约等方式，但在形式上较为松散。如果双边进一步完善旅游特色项目合作机制，共建和共同创新各类特色旅游项目（体育旅游、环保旅游、亲子家庭旅游、乡村旅游、会展旅游、文化遗址旅游），有利于双方推出新的旅游产品，不断开拓新的旅游市场。

（2）建立和完善旅游建筑、旅游基础设施建设投资和融资合作机制。为了更好地吸引中国游客将挪威作为旅游目的地，挪威某些旅游城市建筑和旅游基础设施需要维修完善，才能承接不断增加的中国游客数量。通过建立和完善中挪旅游建筑、旅游基础设施建设投资和融资合作机制，增加双边商务考察、技术培训、投资和融资合作，不仅能够改善

挪威旅游景区的建筑状况、交通运输瓶颈，而且有利于我国旅游企业“走出去”投入“一带一路”和“冰上丝绸之路”建设。中国通过银行贷款、投资基金和债券市场等途径为沿线国家提供了规模可观的金融支持，但面临着独自承担大量融资压力和风险、私营资本参与度不高、资本市场未能发挥有效作用、区域和行业分布不平衡等挑战。中挪可以建立旅游经济金融合作框架体系，加强境内外资本和国际资本的合作、拓展公私合营机制、强化资本市场联通和建设金融服务体系。①

(3)建立和完善双边旅游学术研究合作机制。挪威政府近期多次提及中挪在现有合作的基础上，重视加强与中国在商务和科研方面的合作，挪威特别“需要的不仅仅是企业之间的合作或投资，还应注重两国高校学术上的共同研究，这不仅仅针对于绿色产业，还有许多其他我们有共同利益，或可以优势互补的领域”(挪威驻广州总领事司铎莱，2018)。② 然而，中挪双方研究旅游的高校和研究机构目前仅通过会议间断的接触和交流，缺乏就双方共同关切的问题进行项目合作、相互密切的学术交流和研究。2017 年，挪威研究理事会和中国国家自然科学基金(NSFC)已同意为双方的合作研究项目提供基金支持，③ 如果能进一步对双方的人文社会科学合作研究项目提供中挪国家人文社会科学基金支持，省/郡级的相关研究基金支持，建立和完善双边旅游学术研究合作机制，建立双边旅游经济研究学会、双边旅游合作研究协会、建立双边数据和信息共享平台、建立中挪高校合作科研教学平台等，有利于打破相互相对隔离，相对封闭的研究状态，在共同关切的旅游经济合作的学术研究方面取得突破性进展。

4. 完善旅游环保安全合作机制

挪威是中国游客的新兴旅游国度。但是中国游客在挪失窃案件有上升趋势，尤其是夏季，④ 而且，挪威山路较多，缺乏语言指示牌。挪威

---

① 宋爽、王永中．中国对“一带一路”建设金融支持的特征、挑战与对策[J]．国际经济评论，2018(1)．

② 司铎莱．北极能源与航道将开辟中挪合作空间[N]．21 世纪经济报道，2018-03-12.

③ 挪威驻北京大使馆网站，2018。

④ 中华人民共和国外交部，提醒赴挪威的中国游客注意安全，2017 年 7 月 11 日。

北部高纬度区域的宽带覆盖率低且不稳定，致使海上搜救，溢油保护等安全和应急服务难以开展。挪威政府希望通过卫星为北部高纬度地区提供稳定、可靠的宽带通信服务，但是挪威计划的卫星将于2022年才能发射。① 另外，北极航行一直存在冰山、低温、高纬度地理三个重大安全风险，② 加上极地海冰融化，挪威原有的海运基础设施不够完善，某些旅游区偏远，都会增加搜寻和救援行动的困难。

中国政府正致力于不断完善北极旅游安全、保险保障和救援保障体系，切实保障各国游客的安全，坚持对北极旅游从业机构与人员进行培训和监管。③

中挪可以合作建立健全极地旅游安全预警和联合搜救机制。加强极地旅行安全提示、完善极地旅行社、旅游饭店、旅游景区安全规范。开展极地热点景区景点最大承载量警示和管控、极地旅游目的地安全风险提示。实施极地高风险旅游项目客运船只和车辆安装卫星定位装置并实行联网联控、④ 联合培训极地旅游搜救机构和人员。

结　论

中挪旅游经济合作有着共同的目标和愿景，中挪旅游经济政策合作都遵循互利双赢的原则，双方互为旅游客源地的市场潜力巨大。中挪旅游经济合作有助于将我国新兴的以高端游、生态游为热点的北欧旅游的发展，与我国参与极地治理、“一带一路”倡议，“冰上丝绸之路”全球倡议、我国与北欧国家合作共同开发北极旅游资源、融入北欧国际产能合作、推动北极旅游业可持续发展的北极政策和目标相结合，为我国参与极地治理创造良好的国际氛围和条件。

中挪旅游经济合作也有利于促进挪威旅游产业的发展、完善挪威旅游基础设施建设、对挪威国内生产总值的提高具有积极作用。

---

① 挪威工业贸易渔业部网站，政府致力于北部高纬度地区互联网建设，2018。

② 高健，邓超风，徐鸿志．北极航行船舶安全风险管理研究[J]．珠江水运，2016(23)：59-60。

③ 国务院新闻办公室．《中国的北极政策》白皮书．2018年1月26日。

④ 中华人民共和国国务院．“十三五”旅游业发展规划．2016年12月26日。

中挪旅游经济不仅需要加强双边合作，还需要在此基础上，扩大与北欧各国的旅游经济合作范围，共同打造中挪旅游经济合作圈、中国—斯堪的纳维亚半岛旅游经济合作圈、中国—北欧五国旅游经济合作圈，实现以互利共赢、促进共同利益为基础的合作与发展。

参考文献

[1]商务部国际贸易经济合作研究院，商务部投资促进事务局，中国驻冰岛大使馆经济商务参赞处．投资环境报告——冰岛[R]. 2016.

[2]张侠，刘玉新，凌晓良，颜其德，屠景芳．北极地区人口数量、组成与分布[J]. 世界地理研究，2008，17(4)：132-141.

[3]郭培清，孙凯．北极理事会的“努克标准”和中国的北极参与之路[J]. 世界经济与政治，2013(12)：118-139，159-160.

[4]郭培清，张侠，梅红等．北极航道的国际问题研究[M]. 北京：海洋出版社，2009.

[5]李振福．北极航线的中国战略分析[J]. 中国软科学，2009(01)：1-7.

[6]刘惠荣，陈奕彤．北极理事会的亚洲观察员与北极治理[J]. 武汉大学学报(哲学社会科学版)，2014，67(3)：45-50.

[7]杨剑．北极航运与中国北极政策定位[J]. 国际观察，2014(1)：123-137.

[8]杨剑等．北极治理新论[M]. 北京：时事出版社，2014.

[9]赵隆等．北极治理范式研究[M]. 北京：时事出版社，2014.

[10]张朝枝，邓曾，游旺．基于旅游体验视角的旅游产业价值链分析[J]. 旅游学刊，2010，25(6)：19-25.

[11]上海国际问题研究院北极治理课题组．北极治理与中国极地战略[R]. 上海国际问题研究院系列课题报告 201504 号，2015.

[12]夏立平，谢茜．北极区域合作机制与“冰上丝绸之路”[J]. 同济大学学报(社会科学版)，2018 .

[13]中华人民共和国国务院新闻办公室．中国的北极政策[R]. 北京：中国国务院，2018.

[14]商务部国际贸易经济合作研究院，商务部投资促进事务局，中国驻冰岛大使馆经济商务参赞处．投资环境报告—冰岛[R]．2016.

[15]崔峰，包娟．浙江省旅游产业关联与产业波及效应分析[J]．旅游学刊，2010，25(3)：13-20.

[16]杨宏浩．中国出境旅游产业发展特征研究[J]．旅游学刊，2010，25(3)：21-27.

[17]张凌云．“十二五”我国旅游业发展战略的思考[J]．旅游学刊，2010，25(1)：6-7.

[18]马波．旅游业：战略性产业定位及其实现[J]．旅游学刊，2010，25(2)：8-9.

[19]孙根年，侯芳芳．旅游消费增长对拉动国民消费的贡献：以浙江为例[J]．旅游学刊，2010，25(10)：31-36.

[20]陶伟，倪明．中西方旅游需求预测对比研究：理论基础与模型[J]．旅游学刊，2010，25(8)：12-17.

[21]麻学锋，张世兵，龙茂兴．旅游产业融合路径分析[J]．经济地理，2010，30(4)：678-681.

[22]刘名俭，唐静．旅游产业竞争力提升的动力机制研究[J]．经济管理，2010，32(12)：104-110.

[23]杨勇．中国旅游产业区域聚集程度变动趋势的实证研究[J]．旅游学刊，2010，25(10)：37-42.

[24]王良健，袁凤英，何琼峰．基于异质面板模型的我国省际旅游业发展与经济增长研究[J]．经济地理，2010，30(2)：311-316.

[25]张河清，田晓辉，王蕾蕾．区域旅游业竞合发展实证研究——基于珠三角与长三角城市旅游竞争力的比较分析[J]．经济地理，2010，30(5)：871-875.

[26]南宇．西北丝绸之路区旅游中心城市合作开发网络模式研究[J]．经济地理，2010，30(6)：1038-1042.

[27]蔡萌，汪宇明．低碳旅游：一种新的旅游发展方式[J]．旅游学刊，2010，25(1)：13-17.

[28]谢园方，赵媛．国内外低碳旅游研究进展及启示[J]．人文地理，2010，25(5)：27-31.

[29]石培华，吴普．发展低碳旅游的思路与举措(上)[N]．中国旅游

报，2010-01-08.
[30]雷莹，蒲勇健．基于旅游空间承载力约束下的旅游项目评估[J]．管理世界，2010(8)：173-174.
[31]张荣娟．历史文化遗产保护与旅游经济可持续发展[J]．东北财经大学学报，2010(2)：64-67.
[32]张怀英，蒋辉．旅游相关企业松散型纵向一体化战略联盟研究[J]．资源开发与市场，2010，26(1)：10-13.
[33]苏平，张逸凡．中丹北极关系适用性及障碍分析[J]．南方论刊，2017.
[34]肖洋．格陵兰．丹麦北极战略转型中的锚点？[J]．太平洋学报，2018.
[35]慕溪．2017 中国游客赴北欧旅游调查报告[R]．北京：慕溪北欧旅游在线数据监测，2018.
[36]王晨光．中国“北极伙伴关系”：现实考量与建设构想[J]．中国海洋大学学报，2018.
[37]肖洋．“冰上丝绸之路”的战略支点——格陵兰“独立化”及其地缘价值[J]．和平与发展，2017.
[38]唐荣，李萍．极地旅游发展研究 [J]．海洋开发与管理，2018.
[39]张季云，易玉婷．北欧国家低碳旅游发展的经验与启示[J]．生态环境保护，2018.
[40]刘立群．列国志——冰岛[M]．北京：社会科学文献出版社，2007.
[41]马里·基维尼米．冰岛经济 2017 调研报告[R]．巴黎：世界经合组织，2018.
[42]李维长．国际生态旅游发展概况[J]．世界林业研究，2002．
[43]瑞典生态城市发展经验 可为成都提供参考[N]．华西都市报，2018-09-20.
[44]李维长．国际生态旅游发展概况[J]．世界林业研究，2002 (15).
[45]牛亚菲．可持续旅游、生态旅游及实施方案[J]．地理研究，1999 (6).
[46]宋瑞．改变陌生“熟人”境况[N]．中国旅游报，2015-03-23.
[47]瑞典中企召开 “一带一路”建设、中国制造 2025 战略座谈会[N]．http：//world. people. com. cn/n/2015/0402/c1002-26786538. html.

[48]“一带一路”之瑞典市场投资发展机遇分析报告[R]. 2017, 2018.
[49]宋瑞. 瑞典来华旅游市场舆情分析与相关建议[J]. 第一旅游网: www. toptour. cn.
[50]张国平."一带一路"区域之北欧: 新琥珀之路[J]. 综研国策.
[51]张瑜. 来华北美游客旅游认知行为研究[D]. 陕西师范大学, 2006
[52]中国旅游研究院."2018 旅游经济运行盘点"系列报告(五): 世界旅游发展与国际旅游合作[R]. 2019. 01.
[53]罗静雯. 重庆市与瑞典西哥特兰省签署了建立友好合作关系[N]. 新华网, 2018 年 10 月 24 日 http: //www. cq. xinhuanet. com/2018-10/24/c_1123603456. htm.
[54]武葳. 与租车平台合作瑞典提升自驾游服务[N]. 中国旅游报, 2017 年 7 月 21 日
[55]国际贸易持续低迷, 中瑞逆势增长! 瑞典驻华大使: 合作潜力巨大, http: //www. sohu. com/a/274808835_621003.
[56]中华人民共和国驻瑞典大使馆. 中国同瑞典的关系[N]. https: //www. fmprc. gov. cn/ce/cese/chn/zrgxs/sbgx/t1585543. htm.
[57]吕文. 万里茶道走进诺贝尔颁奖殿堂[N]. 中国旅游报, 2017-07-03.
[58]苏平, 张逸凡. 中丹北极关系适用性及障碍分析[J]. 南方论刊, 2017.
[59]肖洋. 格陵兰: 丹麦北极战略转型中的锚点? [J]. 太平洋学报, 2018.
[60]慕溪. 2017 中国游客赴北欧旅游调查报告[R]. 北京: 慕溪北欧旅游在线数据监测, 2018.
[61]王晨光. 中国"北极伙伴关系": 现实考量与建设构想[J]. 中国海洋大学学报, 2018.
[62]肖洋."冰上丝绸之路"的战略支点——格陵兰"独立化"及其地缘价值[J]. 和平与发展, 2017.
[63]唐荣, 李萍等. 极地旅游发展研究 [J]. 海洋开发与管理, 2018.
[64] Aivaro, M., Peter, N. J., and Paulo, N., Advances in Modern Tourism Research: Economic Perspectives [M]. Physica-Verlag HD, 2010.

[65] Alexander, H. J. Otgaar, L. V. B., Christian, B., and Rachel, X. F., Industrial Tourism: Opportunities For City and Enterprise [J]. Ashgate Publishing Limited, 2010.

[66] Andy, S., Choi, B. W., and Ritchie, F. P., Jeff Bennett. Economic Valuation of Cultural Heritage Sites: A Choice Modeling Approach [J]. Tourism Management, 2010 (31): 213-220.

[67] Howard R., The Arctic Gold Rush: The New Race for Tomorrow's Natural Resources, London, New York: Continuum, 2009.

[68] Janet, D., and Les, L., Slow Travel and Tourism [M]. Earthscan, 2010.

[69] Joaqul, A., Sara, M., and Llorenc, P., An Analysis of Households' Apprasisal of Their Budget Constraints for Potential in Tourism [J]. Tourism Management, 2010(31): 45-56.

[70] Magnus, B., Daniel, B., and Jörgen, E., The Development of Swedish Tourism Public Policy 1930-2010, SJPA 2018(1): 92-119.

[71] Malighetti, S. P., and Renato, R., Has Ryanair's Pricing Strategy Changed over Time? An Empirical Analysis of its 2006-2007 Flights [J]. Tourism Management, 2010(31): 36-44.

[72] Mikael, W., and Elin, R., Sweden's approach to China's Belt and Road Initiative [J]. Ulpaper, 2017(01): 50-67.

[73] Norbert, Vanhove., The Economics of Tourism Destinations(2nd edition) [M]. Routledge, London, 2010.

[74] OECD, OECD Tourism Trends and Policies, 2018[R].

[75] Oskar, H., Joakim, L., and Ulrik, U., Attracting Chinese tourism—How Sweden can gain a larger share of the Chinese outbound tourism [D]. 2006.

[76] Stokke O., International Cooperation and Arctic Governance: Regime Effectiveness and Northern Region Building, London, New York: Routledge, 2007.

[77] Sarath, D., Economics of Tourist's Consumption Behavior: Some Evidence from Australia [J]. Tourism Management, 2010 (31): 629-636.

[78]Stefano, D., Gabriele, C., and Antonella, Z., Resource-based Local Development and Networked Core-competencies for Tourism Excellence [J]. Tourism Management, 2010(31): 260-266.

[79]Stefan, S., and Kay, W. A., Urban Rhythms and Travel Behavior: Spatial and Temporal Phenomena of Daily Travel [M]. Ashgate Publishing Limited, 2010.

[80]The Swedish Trade and Invest Council, Travel and Tourism in Sweden Sector overview, 2016.

[81]Xiang, L., Rich, H., Muzaffer, U., Traverse, B., and Zhan, X., Estimating the Size of the Chinese outbound Travel Market: A Demand-side Approach [J]. Tourism Management, 2010 (31): 250-259.